戦国史研究叢書13

越後上杉氏と京都雑掌

小林健彦 著

岩田書院

越後上杉氏と京都雑掌　目次

序　章 5
第一章　越後上杉氏の京都外交 15
一　朝廷と大名 15
二　長尾為景・晴景の対朝廷政策 27
三　為景・謙信父子の対朝廷政策 35
四　上杉謙信の対朝廷政策 42
おわりに 62
付論　京都泉涌寺文書と越後上杉氏 73
第二章　戦国大名上杉氏の対朝幕交渉 85
はじめに 85
一　越後上杉氏に於ける都とのつながり 88
1　越後上杉氏在京雑掌神余氏 88

2　越後守護上杉氏時代に於ける京都外交　98
二　在京雑掌としての神余氏……112
1　神余氏の職掌　112
2　花蔵院に関して　147
三　神余氏の越後下向……156
1　神余氏の越後下向と織田信長入洛　156
2　河田・直江外交の登場　162
四　御館の乱に於ける神余氏……172
1　上杉謙信の死　172
2　御館の乱に於ける神余氏の動向　178
3　三条城主神余氏の滅亡　186
おわりに……208
付論一　戦国大名家在京雑掌の経済的活動―上杉氏雑掌神余氏の場合――231
付論二　上杉氏在京雑掌神余氏を巡る問題――235
付論三　上杉氏在京雑掌神余氏と京都禅林――239
付論四　大内義隆の上洛志向と長尾為景――243
付論五　大内氏在京雑掌を巡って――247

第三章　上杉氏京都雑掌神余氏と連歌師――257
はじめに……257
一　大名と文芸……258
二　酒宴と談合……265
三　芸能の張行と古典の講釈……270
おわりに……274
第四章　越後上杉氏京都雑掌神余氏と三条西実隆――279
はじめに……279
一　『実隆公記』紙背文書に関して……280
二　三条西家宛神余氏書状等……282
三　三条西家と神余氏……286
四　三条西実隆書状……298
おわりに……301
第五章　上杉氏在京雑掌神余氏に見る「京都之時宜」――311
はじめに……311

一　神余昌綱書状を巡って……312
二　神余実綱書状を巡って……316
おわりに……322
付論一　越後上杉氏在京雑掌神余氏と「時宜」注進――327
付論二　越後上杉氏在京雑掌神余氏と「京都之時宜」――335
終　章――345
あとがき……353
初出一覧……356

序章

室町時代より戦国時代、及び織豊期にかけての時期に、各地で成長した地域の権力としての大名は、領域支配の根拠として、出自が守護や国司といった行政官であることを標榜していたが、最早それが実体を失いつつある官職や職制に基づくものであるかも知れず、そのため自らの存在に対する不安を持っていたと見られる。しかしその不安は、権力自体が強固か脆弱か、版図が広範か狭小か、更に軍事力・経済力・文化発信力が強いか弱いか等々という要件とは関わりなく、それとは別の因子に依って、外部または内部から、いつ崩壊させられるも分からない、という漠然とした不安であったであろう。この不安は、守護や国司に依る管轄権が国や郡を単位としている以上、武家である彼らの存在に拘わる不安であった。

一方、大名権力は自己完結的であったという評価がなされることもあるが、それは一面では正しく、又、異なった視角に於いては間違った見方でもある。自己完結的であるという以上、その権力は、独自に外部との連絡、交渉、指示ができ、更に補給が無くても自立可能な状態が長期間維持できるものであることを意味するが、少なくとも、日本の大名の事例にあっては、自己完結的な権力とは成り得なかった。

古代に定められて以降、殆んど変遷が無かった律令的な「国」「郡」の範囲という意識が、戦国期にあっても、大名の中に存在していたことは確かである。事実、室町幕府段階の守護でも、その補任の単位の基本原則は国や郡という日本風の律令原則に基づいたものであって、それとは全く関係の無いボーダーを以て任命されることは無かったのである。

然し、実際上、大名の軍はそこで留まることをせずに、その範囲を越えて外へ出て行ったのである。これは、日本の大名の場合にあっては、自己完結的状態の維持が不可能であった証左でもある。従って、少なくとも、この時期の日本が領邦君主制の段階にあったとする意見には、同意しかねる。現代にあっても、ある企業が後退することなく成長を維持し続けて、その結果、市場を一〇〇パーセント占有することが不可能な様に、大名権力もどこかで他者との折り合いをつけながら、力に依る均衡状態を作り出さざるを得なかったのである。そうであったからこそ、上記の如き自らの存在に拘わる不安は、常に付きまとっていたのである。

大名権力の自己完結的状況の維持が無理であるならば、通常はそれに対する保障措置をそれより上部（の機構）に求めるであろう。大名の出身母体が守護であれば、それを補任する主体は室町幕府、征夷大将軍であるが、実際には大名にまで展開した全ての権力が守護や守護代を母体としていた訳ではなく、国人や国人一揆、商人、その他の事例もあって、全ての大名が足利将軍家を直接的に頼ることは不可能であるし、実際上もその様な傾向には無かった。又、その様な制度も無かったのである。ただ、本書でも述べる様に、守護代が守護を軍事力や、権力闘争等の手段を以て無力化し、実質上それと交替した越後国の守護上杉氏、守護代長尾氏等の事例では、幕府側に於いては守護代側に守護と同等の保障（待遇）措置を与えることに対する一種の躊躇があったであろう。これは、足利将軍家が自らの将来を察していたからであるとも言える。

幕府を主催した征夷大将軍も朝廷の臨時の官職、令制外の官である以上、制度上は朝廷が将軍の上位に立っていた筈である。守護にあっては、制度上、幕府を通さなければ直接朝廷と交渉を持つことは出来なかった。守護は室町幕府の行政官である一方、将軍の家臣としての性格も有したが、彼らが朝廷と拘わりを持つのは多くの場合、位階や官職の授与に際してであろう。特に十五世紀中葉以降に於いて、将軍家が自らの処遇や、京都・畿内を中心とした地域以外の情勢に興味を示さなくなると、相対的に朝廷の発した位階・官職が、都より遠隔の地域に於いては想定外の威力と存在感を持つに至っていた可能性もある。更に、大名と一向一揆・本願寺教団との関係は、地域の政治・軍事情勢に与えた影響も大きく、軍事衝突で解決する以外の方策も模索せざるを得なかったのである。

この様に見てくると、大名が自身の支配を安定・維持させるためには、軍事力以外の方法も採用せざるを得なかったのであり、その目標を達成させる一つの手段が幕府・朝廷・宗教勢力との恒常的な回線の維持と、その活用であった。大名にとっての最善の状態とは、どの勢力に傾倒するということでもなく、それらとの均衡状態を保持することであったものと見られる。戦うべき相手を作らず、戦わずして勝つと言う兵法の基本原理を踏襲するには、当時の日本にあってはそれが最善の策である、と彼らに認識されていたのかどうかを検証する必要がある。そこで本書では、取り分け越後国の上杉氏・長尾氏に於ける事例を基にして、室町期〜織豊期の大名に於けるそうした交渉の状況を検討する。

ところで、本書で扱う具体的素材は、「京都雑掌」とか「在京雑掌」と称される、在京の武士である。雑掌とは、元来は諸官衙に於いて庶務を処理する事務担当者をその様に称したとされるが、一般的には荘園領主が在地、又は都にあって、年貢・公事徴収や訴訟手続き等の事務・管理を委嘱した荘官をその様に呼んでいたが、公家衆や寺社の家司をも雑掌と言う様になった。奈良期には、既に呼称として存在する。本書で言うところの雑掌とは、どちらかと言えば家司に近いタイプの存在であった。室町時代後半期から戦国時代にかけての時期には、多くの有力武家に於いて都に代官を設置していたことが確認されている。それは、応仁・文明の乱を経て、守護に依る在京原則が崩壊したという現実的な需要にも依るが、そうではあったものの、なお京都が倭国の中心であるとする認識が大名らの中にもあったことの表れでもあろう。

中心である事の意味するものは、政治的な因子、文化的な因子、そして物流の拠点、消費地としての因子である。政治的には、天皇の居所があったことは勿論であるが、そこがあらゆる情報の集積地であるという理由も大きかったものと推測する。地方の情勢に関する情報も、直接的な注進や「噂」の拡散といった方法に依り、一旦、京都に自然と集約されることも多く、その意味では、自国の隣国に拘わる情報も、遠く離れた京都の地で得られることもあったのである。天皇の存在は、多くの武家にとっては直接的な結びつきの無いものであり、上級公家に依る斡旋や資金力、そして余程の大義名分が無い限り関係の無いものではあるが、先に否定した領邦君主制国家の要としての位置にあり、中国風な「邦畿(礼器図)」の中心に据えられた、日本的天下の根源としてのものの見方は大名らの中にもあったかもしれない。

越後上杉氏の京都雑掌をしていた神余(かなまり)氏は、上杉氏・長尾氏よりの指示に依って、朝廷や室町幕府、寺社の関係者らに対して種々の政治的な働きかけも行なっていたが、その最たるものは上杉謙信が実施した二回に亘る上洛行動を成功させるための工作であろう。文化的な面では、京都が伝統的な文化資源の集積地であると言うことである。この認識を当時の武家が共通して持っていたであろうことに関しては、疑いの余地が無いのではあるまいか。特に三条西実隆・近衛尚通・飯尾宗祇といった、「古今伝授」を通じて結び付いていた当代文芸の担い手たちがそこに居住していたことの、とりわけ地方在住武家にとっての意義は計り知れない程、大きかったと見られる。

都で連綿として受け継がれ、特に当該期に盛行した、茶寄合としての闘茶(回茶)、連歌・香道・古典講釈といった、ある種ゲーム化され、素人にも取り付き易く改造された文芸・芸能や学術は、そうした地方の武家が伝統的文化に接触する機会を増やしていったのである。そのための環境や資金を、彼らは持ち合わせていた。しかし、実際の問題として、環境や資金があるだけではそうした伝統文化への接触は困難であった。そこには、公家社会の抱える特質、現代風に言い換えれば、「一見さんお断り」「行けず」な伝統が立ちふさがり、容易には門戸を開放していたとは言い難い面も確かに存在していた。彼らの門を開かせるには、人脈や信用が必須の条件としてあったのである。それ故、大名らは京都に恒常的な事務処理担当者を駐在させ、長い時間をかけて、彼らとの交流実績を積み上げ、信頼関係を構築させていったのである。

本書で扱う、越後上杉氏の京都雑掌を務めていた神余氏は、越後国出身の武家ではなく、元々京都にあった禅林に関わりを持った武家、若しくはその警護の武士などであった可能性もある。つまり、都での習慣や思考、人脈にも一定の理解があった人物であって、上杉氏・長尾氏との契約に依って在京のままその職に就いたものと推測する。それ故、そこに於いて身に付けた教養を以て、三条西実隆等との文芸交渉にもついて行くことができたのであろう。神余氏は、分国よりの指示に従って、文芸的な情報や文物の入手、講師の分国への派遣等の作業をこなしていたのである。

京都は又、当時に於ける物流の拠点である一方、一大消費地でもあった。本書で扱う越後国(古代の越国、こしのくに)より京都に至る日本海交易に於ける物流のルートは、古代以前より存在していた沿岸航路であって、紀元後にあっても硬玉(ヒスイ)や鉄といったこの地域で生産された製品を畿内へと運搬する海の道でもあった。更に、ここは越国を通じた韓半島との交流の窓口でもあったが、それは、絶えず筑紫道を推奨していた倭国が望んだものとは言えず、なし崩し的に交流の窓口となったのである。古代にあっては、都へ至る日本海側の拠点となったのは越前国敦賀であり、そこには都の鬼門守護としての気比神社があり、松原客館も設置された朝廷の最重要ポイントであった[1]。

しかし、とりわけ室町中期以降に入ると、このルート上にある若狭国小浜(湊)の方が上杉氏にとっても三条西氏にとっても重要な意味を持つようになり、ここを支配した若狭武田氏の関係者も三条西邸へ頻繁に出入りする様になっていた。そこで神余氏は同邸に於いて彼らとの交渉を持つに至るのであり、そのことは三条西実隆にとっても好ましいものであった。つまり、越後国の内陸部で栽培された苧を素材として作られる「越後布」の原材料が「青苧」であって、その座本所が三条西家であったからである。

青苧座に対する本所としての権益は、三条西家がその本家である正親町三条家より分家する際に譲与されたとするが、何故か実隆の時代になると座衆より納入されるべき公事(銭)収入は極端に減少し、同家にとってはダメージが大きかったことが、三条西実隆の私日記である『実隆公記』に頻出する。それは、市座を持たない新儀商人が台頭したことにも依るが、その本質は越後国に於いて上杉氏や長尾氏に依る青苧への直接的な介入があったためであろう。不動産としての荘園がそうであった様に、座のシステムも又、在地の武士に依る侵略・押領の対象となっていたのである。

しかし、上杉氏らは青苧への課役を全て自らの収入とはしなかった。それは、三条西家との関係を考慮したものであり、神余氏を通じて小出しにしては、実隆の歓心を買おうとしていたのである。ここでは、先の連歌師、就中、宗祇一門の連歌師たちが越後国よりの青苧公事納入に登場する。それは、三条西家側よりの要請に基づくものであったらしく、神余氏も消極的ながらそれに対処せざるを得なかった。穿った見方をすれば、青苧に拘わる権益を三条西家より穏便な形で略奪するための工作を、神余氏は越後よりの意向を受けて行なっていたということも出来るかも知れない。

以下、本書の構成に関して簡略に述べておく。

先ず第一章では、とりわけ上杉謙信とその実父である長尾為景期に於ける対京都交渉に就いてまとめた。先述の様に、室町期の守護が恒常的に在京しなくなって久しいこの時期に於いて、如何なるアクションを朝廷や室町幕府、寺社勢力に起こしていたのかに関して検証を試みた。特に、謙信に依る二回の上洛行動にどの様な目的があったのかに就いても、究明をしようと試みたものである。

第二章は、神余氏の行動を中心として、越後上杉氏の対外政策の内、特に都に対する働きかけを中心に纏めたものである。後半部分では、神余氏が京都より越後国へ移され、短期間ではあるが、国許での外交参与として行なった活動、及び御館の乱に於ける軍事的な動向と滅亡等について記し、その後、同氏がどの様な命運を辿ったのかについても述べてある。

第三章は、神余氏が三条西邸に於いて、宗祇一門の連歌師たちを中心として、彼らとどの様な関わり合いを持っていたのかに就いて述べた。及び、その目的とすることに関しても推察を行なった。三条西邸は当時のサロンであって、連歌師・武家・医師・茶人・公家衆等、多彩な顔ぶれが文芸を通じて交流を持っていたことが知られる。当時既に文芸活動や古典研究自体に高い価値が認められており、そうした文化交流が果たして教養を高める目的のみで行なわれていたのか否かに就いて、検証を行なった。

次いで第四章は、三条西実隆の日記である『実隆公記』の記述、及びその紙背文書の分析を通じて、実隆が何故神余氏の如き下級武士と交流を維持していたのか、又、越後国や上杉氏に対してどの様な見解を持っていたのか、そして現状をどの様に打開しようとしていたのか等に関して、検討を加えた。

最後になる第五章では、「京都之時宜」の持つ意味合いに就いて検証を行なった。ここで言うところの「京都之時宜」とは、京都を中心とした地域に関する情勢とその分析、又、京都で得られた西国に関する情報である。当時に於ける情報伝達は、いい加減な情報と、正確な情報とが入り乱れ、それらを取捨選別しながら本国へ注進する必要があった。その中でも、上杉氏が望んでいた「京都之時宜」とは如何なる内容を含むものであったのかに就いて、神余氏が発給した書状等の分析を通じて明らかにしようと試みた。本章は当該期の大名が必要としていた情報の特質に関して、検討を加えたものである。

本書で中心的なテーマとして掲げる、室町期~織豊期に展開された、大名らに依る対京都交渉の概要やポイントに関して簡略に触れて来た。これは、冒頭でも述べた、大名権力に於けるある種の脆弱性、自己の存在に対する不安に対して、外部に存在する何らかの正当的な勢力を、自身の権力機構の中へ取り込むことに依って解消しようとした、政策の一環をなすものであった。戦国大名の存在が誰からか依頼されてそこにあるものではなかった以上、自らの版図支配の根拠を領域内外の人々に対して指し示す必要性に迫られつつあったのである。それは、自己の保有する軍事力が極めて強大であって、日の出の勢いの時期にあっては大した問題とはならないが、そうではない場合には特に重要性を帯びたものと推察する。

私的な存在である自身の家を、理論武装をも駆使しながら何とか公的なもの、できれば「公儀」の家に転化させることに成功することができたならば、それが当面の領域統治上の到達目標であったのであろう。その目標を達成するには、いくつかの政策を実行しなければならなかった筈である。それらの構成要素の一つが、今回究明を試みた「対京都交渉」なのである。無論、それのみで直ちに公儀化を達成できたというものではなく、軍事部門の整備・強化を始めとして、資金の蓄積、経済の自由化・活性化の推進、領域内に存在した荘園(領主等との関係)の整理・検地実施、道路・堤・橋梁・港湾施設等の土木工事実施、領域内に存在した武家諸階層との関係の整理や彼らへの軍役賦課、及び家臣団編成実施、法制整備、寺社勢力の懐柔等、非常に多岐に亘る政策を広域的にバランス良く実施することが出来た大名のみが、公儀を手中にすることができたのである。戦国大名と言うと、合戦やその成果に基づく現状変更を想起するが、それだけではない領域統治策の発掘を行なう目的で本書を構成したものである。

以上、今回、本論文集を刊行するに際して、その意義、及び本書の構成、特質等に関してまとめた。

註

（1）古代に於ける、越国を通じた倭国と韓半島との政治的・文化的な交流の様相に関しては、拙稿「韓半島と越国との文化、政治的交渉—日本語で記録された両者の交流を中心として—」（国際日韓比較言語学会『日韓比較言語文化研究』三、二〇一二年、五九～一一五頁）参照。

第一章　越後上杉氏の京都外交

一　朝廷と大名

1　在京と在国

戦国期、各地で私的実力＝軍事力をもって、ある一定のまとまりを持った土地と人民とを一元的に支配した権力、それが戦国大名である。戦国大名と一概に言っても、その成り立ちからみると、いくつかのパターンに分けられる。

①もともとその地域の守護として室町幕府の地方官的存在であったものが、いわゆる守護領国制の展開に成功して戦国大名に成長したもの。

②守護在京中に領国支配の実質的掌握者となった守護代より戦国大名に転化したもの。

③有力国人、国人一揆より戦国大名となったもの。

④その他の出自を持つものより戦国大名となったもの。

などである。

一般的には、①④の部類の戦国大名は少なく、②③のパターンが多数派であるとされている。

守護は室町幕府においては地方行政官、その任国における幕府の代官である一方、幕政に参与する重臣的な存在としてもあった。越後国守護であった上杉房方などは、幕府の評定衆に列せられている。また、室町期の守護は平時については在京して将軍に奉公することが原則であり、管国内の諸氏に対しては在京役などの軍役や有事の動員を課して守護の兵力としていたが、それはまた、室町将軍家の兵力の重要な部分をも占めていた。

越後上杉氏にあっても、憲顕以降、房朝までの歴代越後国守護は、ほとんど在京生活を送っていて、任国に下向するのはそこで特別な事態が発生した場合に限られている。しかし、上杉房定の代になると、様相は一変した。十五世紀中ごろのことである。房定は、前代の房朝までの守護とは違い、在京の所見はごくわずかとなり、在国化するようになる。これは、次代の房能や最後の守護となる定実にも引き継がれ、彼らには上洛の所見すら見出すことが困難となる。

他方、国政を実質的に握った、上杉氏越後入部以来の重臣で守護代の長尾氏らは、当然のことながら在国が基本となる。とりわけ、のちに長尾為景や上杉謙信を輩出した長尾氏の一族は、もともと相模国を本貫とした武士で、鎌倉期以来、上杉氏の重臣となり、室町期には守護代や郡司として越後国内の主導的な立場にあったと見られている。そのような在地支配を担当した一族であるがゆえに、彼らが在京するのはごく稀なことであった。

永享年間(一四二九~四一)に長尾邦景・実景父子の在京が確認されるものの、これは幼少の守護幸龍丸(上杉房朝)の存在を無視し、直接、将軍足利義教と結びつくためであり、その後、上杉謙信の父長尾為景も、一度も上洛することはなかった。ただ、『満済准后日記』(1)応永二十一年(一四一四)十月二十日条に、京都五条あたりにあった上杉被官人長尾家が焼失するという記事があり、守護代邸ともいえるものが京都に維持されていたことも考えられる。

2　武家と朝廷

このように、越後国においては長尾邦景・実景父子の一時期を除いて、守護上杉氏が在京して将軍への奉公を行ない、守護代長尾氏が在国して国務を執行するという形をとっていた。そのためか、長尾氏らの在国武士が直接間接に朝廷と交渉を持っていたという形跡は明確ではないものの、上杉氏については、十五世紀中葉以前、ほとんど常時在京していたこともあって、いくつか朝廷との接点を見出すことができる。しかし、総体的にみると、謙信期をも含めてそれは朝廷—幕府—守護・守護代という構造の中での事態であって、守護上杉氏が何らかの意図をもって、ことさら独自に朝廷との関係を構築しようとしたものではない。謙信期にあっても、その大枠がくずれさることはなかったと見られる。室町幕府あっての守護、ということであろうか。

室町幕府は戦国期に至るまで、将軍家を武家の頂点に立つ者として位置づけ、幕府の地方官である守護を補任し、大名家の家督相続にも介入した。また、征夷大将軍を任じる立場にあった朝廷と、諸武家との仲をとりもち、武家に対する位階・官職を仲介し、それに対する叙任権を独占したが、逆に朝廷にかかわる費用の負担を彼らに求めた。このような手法で、室町幕府は、将軍家以外の武家が直接朝廷と接触する機会を失わせたのである。

しかし、これとは逆に各地の武家の朝廷に対する憧憬は、時代が下るにしたがって増大していく。それが顕在化するのが、少しでも高い位階・官職に対する武家側の獲得行動であることは、知られているところである。とくに、戦国期、いくつかの大名が自らの実効支配する地域の受領名を名乗り出したことは、注目されるところである。周知のところでは、織田信長の尾張守、徳川家康の三河守といった例がある。このことは、落日の様相を呈した幕府の守護職よりは、朝廷の国司の方により求心力があったという理解がなされている。

大名にとっては、その支配領域に対する自らの存在の正当性と、実際の支配権の双方を手に入れたことになる。もちろん、かつての受領国司のように、それに任用されたからといって、ただちに新たな収入や職権が確保できるものではなかったが、地方の多くの武家にとって朝廷の官途に就くことは、散財するだけの価値ある大変魅力的なものであったことだけは確かである。

それは、「日本国」という国家の領域を出ないかぎり、天皇を首長とする朝廷と、それが依拠していた律令的国制や官制は、すべての人民に対して強制力を及ぼすことのできる一元性を持っていたからである。だが、そのことで、即、多くの武家が室町将軍家を否定し、朝廷に走ったということではない。のちに上杉謙信が上杉憲政より室町幕府による鎌倉府の次官の職（関東管領）を受けたのも、陸奥国の伊達稙宗がはじめて陸奥国の守護に補任されたのも、十六世紀も半ばにさしかかってからのことであった。(2)

3　守護上杉氏、守護代長尾氏と朝廷

越後国守護家の上杉氏においては、房定は高い朝廷の官途に魅力を感じた一人であった。彼は、文明十八年（一四八六）三月十日、相模守に任じられ、さらに時期は不明なものの、従四位下にも叙せられた。(3)相模国はもちろん室町時代には鎌倉府の所在地でもあるが、一方、相模守という官職自体、鎌倉時代にあっては北条氏の一門でほぼ独占されていた。北条氏以外では、大内氏に授与されたくらいであった。また、四位という位も、律令体制の官位相当では、神祇伯や蔵人頭に該当する勅授の位であり、一介の武家ではなかなか手に入らないものであった。

彼はそのために関白・太政大臣・准三后となった、藤原氏の氏長者近衛政家に斡旋を依頼し、平安京における同氏の氏神的存在である吉田社の造営費や謝礼など合わせて銭一万五〇〇〇疋余もの出費をしている。そのほか、上卿をつとめた中御門宣胤や室町将軍家への礼物も多大であった。政家を交渉の相手に選んだことについて、房定は、上杉

家も近衛家と同じ藤原氏の一流であり、その嫡流である近衛家のことを崇敬しているからと、上洛させた使僧に説明させている。[4]これがこの後、謙信期に至る近衛家と上杉(長尾)氏とのかかわりあいの始まりであった。

このころ、房定は、在京していたときには特に感じることもなかった朝廷の権威に、在地支配に際しての厳しさから、その必要性を痛感するようになっていたのかもしれない。朝廷の位階・官職が、京都以外の地域においては、いまだに思いのほか威力を発揮する場面もあったのであろう。このように多大な金品と労力を費やしてまでも、朝廷の権威にこだわったのは、単なるステータスシンボルとしてではなく、実際上の効力を期待してのことであったかもしれない。しかし、これらの叙任に関することは、あくまでも幕府の管理下においてなされたことを忘れてはならない。[5]

上杉氏は、藤原北家冬嗣の孫勧修寺高藤を祖とし、その末裔重房が初めて領地名を名乗り、上杉氏を号したと言われる一族である。重房が宗尊親王とともに建長四年(一二五二)鎌倉に下向したのが、上杉氏と東国との結びつきの契機であるとされている。重房以前は別として、それ以降の上杉氏の叙任状況を見てみると、[6]官位では足利尊氏の母清子の従二位、上杉義同(三浦介・道寸)の従四位下、朝興の従四位等というものもあるが、概して従五位上止まりが多く、そのほか叙位の形跡すらない者がほとんどである。ただ、記録として残存していないだけで、実際に官位を授与されなかったとは言いきれない。謙信でさえ、従五位下であった[7]ことを考えると、それ以前においては房定の従四位下という官位は特筆されよう。五位以上が、一般に貴族と称される階層なのである。

一方、官職では、越後守護家上杉氏にあっては憲顕以降、京官である民部大輔を多く称していて、受領名はあまり多くない。それ以外の上杉氏では、謙信も称した弾正少弼や、安房守、(左・右)馬寮の頭および助、兵庫頭・助、掃部助、修理大夫・亮、中務少輔、兵部少輔、右京亮などが比較的多くなっており、安房守を除いては京官が圧倒的に多い。いずれも、官位相当では五～六位相当の官職であるが、なかには修理大夫という従四位下相当のものも含まれている。また、房定は、相模守に任じられていたが、一方では越後守の受領名をも持っていたとされる。(8) もしそうであるならば、室町期に越後国守護で、かつ越後守に任じられた者は初代の憲顕を除くと（註（6）参照）、房定だけである。建武新政下で新田義貞がその両職を兼帯して以来の出来事であった。(9)

房定は病気で急死した前守護房朝の跡を受けて守護にたてられたが、まもなく宝徳二年（一四五〇）十二月、越後国に下向して守護代長尾邦景父子を政務の座から追放し、みずから府中で越後の国務を執った。しかしその後、関東の公方足利成氏による管領上杉憲忠謀殺に際して、長期にわたり関東に出陣するほか、房定は国内政治や周辺地域の鎮圧などにも忙殺され、京都に多少の軍勢を駐在させながらも、おそらく自らは、越後に下向した後、上洛することはなかったのではないかと推測される。

房定の在国期においては、連歌師飯尾宗祇、禅僧万里集九、前権中納言飛鳥井雅康（歌鞠の家）などの京都に由緒ある文化人や、前管領細川政元・冷泉中納言為広が来国したり、また寛正六年（一四六五）末には後土御門天皇即位の費用として合計九〇貫文余の銭を献納するなど(10)、京都には依然として深い興味を示していた。それは、もはやもとのように在京することなく、在国して領域経営に乗り出さざるを得なかった房定の、中央朝廷や室町幕府に対する自らの存在や、等閑なき意を表する絶好の機会であり、中央の文芸が地方にもたらされる一つの契機を与えた。房定時代は、越後国守護家上杉氏歴代を前後に分ける転換点でもあった。

次に越後国守護代長尾氏の場合について、みておく。

長尾氏は、初代守護上杉憲顕の執事景忠以降、血族としては長尾氏である謙信にいたるまで、比較的多い京官では、左衛門尉、弾正左衛門尉、右京亮などがある。外官では越前・備中・豊前・筑前・上野・上総・下野・淡路・因幡・信濃などの諸国の、いずれも国司の長官である「守」が称されている。ただ、上野国や上総国は元来長官が親王である親王任国であって、正式にはそのようなものをいくら上杉氏の重臣の一族であるからと言って、地方の武家がたやすく名乗れるはずもない。また、官位相当では衛門府の判官である(大・少)尉が正七位上〜従六位下、右京亮が従五位下、国司では大国である上野・上総・越前国の守が従五位上、そのほかの上国の守が従五位下相当である。

官位相当だけからいえば、守護家上杉氏の一族と差はまったくないといってよいだろう。しかし、これらのものは、むしろ上杉氏が私的に官途状を発給するなどして官途名を許可したか、あるいは僭称していた可能性も高い。つまり、幕府を通して将軍の袖判のある口宣案が本人に交付され、しかも官位も伴った正規のものではなかったということである。

天文二十一年(一五五二)、謙信は弾正台の次官である少弼に正式に任官するが、そもそも弾正台は二官八省より離れて独自に官僚の不法行為を追及する官庁であり、長尾氏の中にも弾正左衛門尉という形で名乗っていた人たちがあった。謙信の兄晴景、父為景、祖父能景など、景恒以降、謙信にいたる長尾氏歴代は、ほとんどこの官途名を称していた。それゆえ謙信も、この官名をみずから望んで朝廷に要請したのかもしれない。領域内外の非違を糾弾し、元の秩序を回復したいとする意向の表れであろうか。

4　朝廷と戦国時代

戦国大名は、広域にわたる土地と、そこに住む人民とを、長期間安定的になぜ支配することが可能であったのかという疑問に対して、明確な解答を出すことは困難であろう。

もちろん、第一には組織化された官僚機構と卓越した軍事力とが必要であったことは言うまでもないが、果たしてそれだけで支配が実現できたであろうか。室町幕府による守護職の補任などはあっても、戦国大名は地域支配の前提として、みずからが実効支配している地域の統治を誰からも委任されてはいないのである。

朝廷の任命する国司の管轄範囲は当然のことながら「国」を単位としているし、室町幕府の守護職補任も国(一国・半国)、分郡という律令国家的国・郡制を基礎としているのに対して、戦国大名の版図(分国)の領境は、必ずしもそれらの境界線とは一致していなかった。つまり、戦国大名の地域支配とは、そうした境界線とは必ずしも関連のない、その時点における大名の最大勢力範囲を示すだけのものであったのである。

律令制的国・郡制は、七世紀の大化改新によりはじまり、途中、改変はあるものの、明治時代に府・県制が発足するまで存続し、「郡」名にいたっては現在でも名目的にせよ存在している。「国」には中央より地方官として国司が派遣されたが、後には自らは赴任しない遥任国司が増加し、平安時代の末ころから知行国制も敷かれるようになる。さらに鎌倉幕府が成立するや否や、守護の設置を見、一国を支配する国衙機構と公領(国衙領)とが幕府・守護のもとに実質的に位置づけられた。

越後国は、十二世紀末に源頼朝の知行国、いわゆる関東御分国となって以来、将軍家に伝来して幕末に及んでおり、建武新政下に新田義貞が越後守・越後国守護を兼帯したが、その死後、上杉氏に継承されていくこととなる。上杉氏が越後国に入部したとき、地方統治組織の実体としての国衙政庁はすでに廃絶してしまっていたと推測されるが、その支配下の土地(国衙領)は、越後国守護上杉氏の直轄領の基本的な部分を形成していたとされている[11](鎌倉期に作成された大田文が越後・佐渡両国の分が残存していないため、詳細は不明である)。

現在、「上杉家文書」の中には関東管領上杉憲実が遺した置文が収められている[12]が、それによると越後国の国衙領は、室町期初代守護憲顕の父道欽(永嘉門院蔵人上杉憲房)が「一円仁領掌」したとあり、上杉氏が一括して継承したことがわかる。憲房は足利尊氏の叔父でもあるが、その後、憲房の子道昌(憲顕)と中務少輔(憲藤)とにそれぞれ「半分充相分知行」される状況となった。当該置文より相伝の模様を記すと、図1のようになる。

図1　越後国国衙領、同守護職相伝系図

○国衙領

一円知行
上杉憲房
　├ 憲顕―能憲・憲春―憲方……→憲実
　│ 半分知行　（一部を知行）（悉合知行）
　│ 〔関東上杉氏伝来分〕
　└ 憲藤―朝房―房方……→房朝
　　 半分知行
　　 〔越後上杉氏伝来分〕

○守護職

上杉憲顕―憲栄―房方

これをみると、初代守護上杉憲顕が知行した越後国国衙領の半分は、その後、なぜか次の守護となる憲栄には伝来されず、その兄である能憲・憲春に譲与されている。しかし、それぞれ永和四年（一三七八）、康暦元年（一三七九）と立て続けに死去したため、弟の憲方が合わせて知行し、この分が憲実へと継承された。

一方、犬懸家の祖憲藤が知行した残りの半分については、その子朝房に譲与されており、その後、憲方の子房方は朝房の養子となってこれを継承した。房定は、のちに憲栄の養子となり、守護職と国衙領半分とを併せ持って在京奉公し、これ以降、房朝に伝来されたとされる。

「上杉系図大概」によれば、憲栄はあまり俗事には関心がなかったと記述されている人物であり、ほとんど中途で守護職を放棄するがごとく、但馬国の月潭寺に出家してしまったという(13)。このような事情からか、守護職には補任されながらも、その後の守護領となる国衙領については譲与されなかったのであろう。

また、憲実の置文の最後には、「凡国衙分事者、可属守護職之、煩於以後令出来者、常越相続半分者、弾正少弼非越州守護而知行畢、不可用他引懸」という部分がある(14)。本来、国衙領は守護職と一体のものであるという認識を示しながらも、二分された自身の知行分の正当性に対し、越後上杉氏伝来分について朝房(15)は、越後国守護でもないのに知行していたという先例を持ち出している。これは、同族として関東・越後の両上杉氏は関係が深いとは言いながら、越後国内に所在する公領の半分を所有していくことにより、今後も憲実自身の実家でもある越後上杉家とかかわりを持ちたい、影響力を行使したい、とする彼の意志の表れであろうか。

このような経緯で守護家上杉氏、そして後に長尾(上杉)氏の掌中に帰す国衙領は、越後国内でも政治・経済・交通の中心であった頸城平野や、関東地方との関係も深い魚沼郡内などに多く存在していたものとみられている。さらに蒲原津といった重要な港湾も国衙領として設定されていたことがうかがわれる(16)。

このことは、守護上杉氏、そして後の大名上杉氏が領域支配を推進するのに、非常に有力な財源ともなったと考えられる。それよりも、律令国家体制下にあっては公領、つまり朝廷の直轄地であった地域を継承、自らの支配下に組み入れているという事実をもって、分国内外諸階層の人々に自身の支配権が超然的権力であることを説明し得る一つの要素となったと考えられる(17)。これは先に示した、朝廷の官職や位階を利用していくことと一体・同源のものと考えてよいであろう。

以上のように、朝廷の支配下にあった国衙領の継承は経済的に、そして位階・官職の授与は精神的に、大名としての支配を強化するのに寄与したのである。

5 大名領国と朝廷・国家

以上のように、越後上杉氏に於いても、朝廷の発する秩序（律令的官職・位階体系）や公領（国衙領）が、支配権確立の基礎となっていたことを見てきた。

一方、他の地域に於いては朝廷の国司そのものを標榜する大名も現れていた。その代表的なものが、いわゆる三国司家と称される諸家であり、江戸時代に有職家伊勢貞丈は飛驒国司姉小路氏、伊勢国司北畠氏、阿波国司一宮氏がこれに当たるとした（『貞丈雑記』）。現在ではいずれの家が三国司家であると確定しているとは必ずしも言えないが、かつての朝廷の地方官として機能していた国司の名目が領域内支配を行うための糧とされていたことは、見逃すことができない。

室町期、当初守護自体は、補任されても将軍より在京を命じられるなど、ただちに任国に赴くことはなく、京都にあって在地の守護代に命じ、国務を遠隔操作し、その結果として室町期の地方統治体制は、守護自体や守護代・国人（一揆）の大名化に伴って機能しなくなっていった。かつての国司が自らの代理人として目代を派遣し、国政を行わせる中、在庁官人が武士化して成長していく過程と似たような道を、室町期守護もたどっていったのではなかろうか。いわゆる、「守護の国司化」(18)ともいうべき事態が、室町期を通じて進行していったのである。

また、一族の名称として受領名を使用した人々もあった。九州北部の少弐氏は、資頼が十三世紀初頭に大宰府の次官である少弐となり、西下して以来、十六世紀の半ばに龍造寺氏により滅ぼされるまで続いた。一方、常陸国の大掾氏も桓武平氏として東下し、常陸国の国司として判官に任官して以降、その官名を称して天正年間（一五七三～九二）に至っている。

こうした一族は、総体的に見れば確かに、ごくまれな存在であるといってもいいかもしれない。しかし、自らの称した官途名に何らかの利用目的や価値が認められなければ、果たしてそのようなものを自称したであろうか。多くの武家が本貫地の地名を称し、その土地との結びつきの正当性を主張したのと同様である。自らの存在や支配に対する不安、それを補完させるものが朝廷による秩序の枠組みであったとしても不思議ではない。それは日本全国どこでも通用する、統一的秩序の枠組みでもあった。

さらに戦国時代、多くの大名家では、その発給する文書に朝廷の定めた年号を使用している。ただし、関東地方を中心とした東国社会において、私年号がかなり広汎に使用されていたことは知られている[19]。とくに、室町幕府の出先機関の長である鎌倉公方や古河公方などが、故意に朝廷の改元を認めなかった事例もあるにせよ、総じてみれば、朝廷の改元を受け入れていた。

大名領国はそれ自体、自己完結的な性格を持ち、それより上位にある権力や権威を、少なくとも領域支配にかかわる部分においては拒否していたとみられている。しかし、実際年号に関しても一時期、地域的に私年号が使用されてはいても、多くの大名が独自に私年号を分国内に対して制定し、その使用を人々に強制していたわけではない。

基本的な部分において朝廷の存在は、大名にとって何ら障害となるものではなかったし、逆に朝廷の側も大名の支配を制限するような政策はとらなかったばかりか、大名の要請にしたがって、それに都合のよい治罰綸旨を発するなどして、大名側の要望に応えていた。それゆえ、朝廷は過酷な戦国時代を何とか無事に乗りきることができた、ともいえるのである。

ところで、大名の領域が必ずしも律令国家的国制における「国」の範囲とは一致していなかったが、当該「国」の権力の執行主体が、国司から守護、守護から(戦国)大名へと移り変わる中でも、大名は空間的領域としての「国」というよりも、むしろ「国」制そのものを維持し、その権力機構を吸収していった。

それは、天皇を首席とする朝廷は「国」制を基本とし、彼らが望んでいた受領名も「国」制を否定することにより消滅してしまうからである。当時の日本国が、領邦君主制国家であるといわれながらも、中央朝廷＝日本国に帰属し、その一員であるという意識が大名らの中にはあったのかもしれない。彼らに支配の安定性を付与し得た唯一のもの、それが天皇＝朝廷であった。

それゆえ、「戦国期における将軍・天皇の政治的機能は、地域権力支配の全国的構造の中で、畿内に対しては、幕府を中心とする支配体制の制度的頂点として、近国に対しては、各地域権力と一向一揆を通じた間接的権威として、中間地帯・遠国に対しては、戦国大名などの自立的地域権力の他権力に対する支配領域確保の一手段として、同心円的に存在していた[20]」とした指摘は、室町幕府をも包括したかたちにおいて、京都からの距離による浸透力の差異は存在するとしても、日本国の所有地域に一定の影響力を行使し得たもの、それが朝廷・幕府とするものであり、そのような同心円的構造は中世日本の社会を特色づけるものであった。

このように大名は朝廷が持っていた統治機構を自らの下で再編成していくという、きわめて中世的な作業を行うことによって、その権力を支えていたと見るべきである。

二　長尾為景・晴景の対朝廷政策

1　守護上杉氏と朝廷

守護上杉氏と朝廷は、上杉謙信期以前には、前述のとおり、あくまでも室町幕府体制下における関係を維持していたといえる。つまり、幕府の意に反して独自の関係を結ぼうとした形跡は見られない。守護家にしてみたところで、十五世紀の中頃までは在京が常態で、京都で室町将軍に奉公するという形をとっていた。したがって、幕府の目もあり、それを飛び越して朝廷や公家社会と接近することは、困難であったことがうかがわれる。しかしながら、公家社会や寺社などからは、逆に守護家に対して一定の期待がかけられていたことも事実である。それは、彼らが越後国内に所有していた荘園などの中世的権益を確保しようとするのに際し、守護家の影響力を当てにしたからであった。

越後国においても、荘園など旧体制権力によって保持されてきた経済的物件は、現地の代官や在地の武士が徐々に年貢を滞納しはじめ、事実上、彼らに押領されたかたちのものも少なくなかった。

寺社では、京都の東寺随心院領白鳥荘や北野天満宮寺領鵜川荘・上郷上小嶋保といったところで、年貢未進の発生が記され、京都より使者を下向させて直接交渉させている例もある。公家では九条家領白川荘や近衛家領大嶋荘などで、やはり年貢未進の記事があり、「近年有名無実ニシテ」[21]という状態であったというが、両者ともそれぞれ在京の上杉雑掌(長島氏等)をとおして、守護上杉房定に納入させるための影響力の行使を求めた。また、三条西家では、青苧座本所として座衆より公事銭を徴収し、その独占的な取引きを保護していたが、座衆以外の商人、いわゆる新儀商人が台頭するに及んで、その取締りを幕府に訴え、文明十八年五月二十六日、幕府は房定に対して越後国府中における彼らの活動停止を命じている(『実隆公記』巻十、自文明十九年四月十一日至二十一日条裏、続群書類従完成会、四六五頁)。

記録として残存しているものの他にも、事故の発生は考えられるが、このように守護上杉氏は公家や寺社の収入源を確保する目的のみにかぎり、彼らから信頼されていたのである。

それには武家側でも守護自体、または将軍家自身も、一方では荘園領主でもあるという性格を有していたし、公家社会に対してはそれぞれの家の経済的基盤を奪い、天皇の藩屏であるというプライドが著しく損なうような、彼らとの全面対決を避けたいとする意向も強く働いていたことは推測することができる。しかし、後述するように、三条西家との関係がこれ以降、長期間にわたり深まっていくこととなったのは、まさに偶然であった。

2　長尾為景・晴景父子と朝廷

この後、上杉謙信の実父である長尾為景の時代になると、越後上杉氏・長尾氏と朝廷との関係は一変する。まず、守護家であった上杉氏は房定以降、在国することがほとんどとなり、越後松之山で自害する房能も、そして最後の守護となった定実にも、在京の所見は見出すことができない。また、為景自身についても、おそらく生涯のうちにはまったく上洛しなかったのではないか、と考えられる。こうした状況の中、守護の権威は急速に低下し、逆に歴代守護代の地位に甘んじていた長尾氏(為景)は、事実上、国主の立場にあった。彼はそれまでの歴代上杉氏のとってきた方針・政策を事実上変更し、積極的に今まで見向きもしなかった朝廷の活用を図るようになっていった。

その一つの現れが、いわゆる「治罰」の綸旨などの申請である[22]。彼は手はじめに、天文四年(一五三五)、長尾家に先祖より伝来していたはずの御旗を紛失したと称して、その新調を朝廷に求めた。これは六月十三日付の後奈良天皇綸旨をもって許可され、為景のもとにもたらされたが、朝廷との交渉に際して為景は、当時、越後府中にあった臨済宗寺院至徳寺の塔頭であったとされる花蔵院(房)の僧侶を京都に派遣し、朝廷との折衝にあたらせていた。至徳寺は安国寺・雲門寺とともに越後三大刹として京都との深い関係を維持し、上杉家の外交担当として、対朝幕・対仏教界との交渉にあたっていた。また、永禄三年(一五六〇)、関白近衛前嗣が謙信を頼って越後国に下向した際に、その宿所とされたのも、この至徳寺であった。ここでは具体的な僧侶の名前はわからないが、長尾信濃守(為景)宛柳原資定書状[23]に「今度花蔵房懇求之条、廻籌策」とあるから、相当な意気込みであったことがうかがわれる。

現在、山形県米沢市にある上杉神社には「紺地日の丸」の軍旗が納められているが、この旗が天文四年に朝廷より下賜されたものであるとし、有事の際以外は春日山城にあった毘沙門堂内に保管されていたと伝えられている。[24] もちろん、合戦の場においては御旗を押し立てて進軍するから、可視的な意味でも敵味方に対する影響力は、綸旨(文書)に比べても、大きかったのではないかと思われる。

翌天文五年、今度は、「治罰綸旨」の発給をめぐって、やはり花蔵院(房)が活発な活動を展開していた。これは先の「禁裏御旗」より少し遅れて申請したものであろうが、二月十日付の長尾為景宛広橋兼秀書状[25]では、すでに「申調進之候」ことが記されているので、少なくとも同四年中には、かなりの事前工作が進められていたと考えられる。実際、花蔵院が交渉の相手としていたのは、権中納言広橋兼秀・同柳原資定・山形右衛門大夫光秀らの公家衆であった。とくに山形光秀は為景に宛てた書状[26]の中で、「治罰之儀、従花蔵院承候条、涯分致馳走」したとして、花蔵院よりの働きかけによって運動したとしており、彼はかなり長期間に亘って在京していたものと思われる――天文十九年、長尾景虎(謙信)は守護待遇としての白傘袋・毛氈鞍覆免許を幕府より認められるが、そのときにも京都にあって工作したのが、この花蔵院と上杉家京都雑掌神余氏であった――。

また、朝廷の方でも大名に対して無料奉仕するわけでなく、相当な額の献金を要求した。たまたまそれに加えて、後奈良天皇の即位の儀が二月二十六日に挙行され、その分の進上も加わって、越後方に付された。室町幕府もこの頃になると権威も低下し、その威令も行われなくなり、天皇即位式も諸大名からの献納によって、ようやく十年後に実施されるというありさまであった。

さらにこれより四年後の天文九年、すでに長尾家の家督を継承していた弥六郎晴景(為景の子・謙信の兄)は、「私敵治罰綸旨」の発給を申請し、九月二十七日付綸旨[27]を得ることに成功した。ところが、この晴景宛綸旨発給については、朝廷側でも短期間内の度重なる種々の申請に難色を示したものか、それに副えて出された女房奉書[28]には「りんしの事れうし（聊爾）にはあるましき事にて候へとも、御中の事にて候ほとに、なされ候」との一節があり、（後奈良天皇の）意向としてその発給には消極的であったと推測される。

それは、室町幕府の威令低下に伴って、せっかく浮揚しかかってきた朝廷の権威が、大名らの要請によって綸旨などを乱発すれば、それによって献納などは期待できても、逆に安売りしたことで天皇の権威自体は引き下げられてしまうことがある。特に「治罰綸旨」の場合には、具体的に「誰々を討て」と記すわけでないが、それを受給した者の敵、つまり朝敵が発生してしまうことが予想された。依頼主より金銭を受け取る代わりに、発給する以上、必ずしもそれらの人々の側に事柄の道理や正当性があるとは限らないし、戦国時代、綸旨を発給したことによって天皇が地域紛争に巻き込まれないという保障はどこにもなかった。

天皇を守るべき室町幕府も、天皇即位費をすべてまかなうことができるほどの余力もなく、また足利義澄・義晴・義輝と三代にわたる将軍家自体の度重なる近江国出奔もあって、もはやその統治能力を喪失していることは誰の目にも明らかであった。しかし、天皇の即位が大内義隆・北条氏綱・今川氏輝・朝倉孝景・本願寺証如等の大名衆の支援がなければ行えなかったともされており(29)、綸旨発給もやむを得ないと考えたのではないであろうか。さらにまた、先の天文四年の御旗新調とそれを認めた綸旨とを受領する際の「御礼」、つまり礼銭の支払いに関して何らかの行き違いが生じたことも、その一因であったようである。

長尾為景・晴景父子が天文五年から九年にかけて朝廷の関係者に贈った礼銭は、表1のとおりである。表1№3・4・6の五〇〇〇疋は、同一のものを指している。そして№3には「いつそやえちこのなかおしなの、かみ申候とて、はたの事申入候つる、その丶ちなにとも申入候ハて、心もとなく存申候」という部分があり、朝廷側では「御旗・綸旨」の御礼がいまだ済んでいないという認識を示している。しかし、長尾為景は№1・2にあるように、天文五年中にすでに一万疋を送金しており(「御旗・綸旨」と「治罰綸旨」それぞれに五〇〇〇疋と思われる)、さらに№3は1・2より四年も経過した後のことで、これは不明な点である。あるいは朝廷側よりすれば、「御旗それ自体」「御旗の綸旨」「治罰綸旨」で各五〇〇〇疋であるという勘定だったのかもしれない。

いずれにしても為景は、朝廷に言われるがまま、天文九年八月以前には追加分五〇〇〇疋を進上した。この天文九年時の対朝廷交渉では、花蔵院の活動の形跡は確認できないが、在京雑掌神余実綱がその任に当たっていたのかもしれない。また、為景はすでに当主の座から退いていたものの、対朝廷交渉においても主導権は為景が掌握していたものと考えられる。(30)

以上の対朝廷交渉について、幕府が干渉、あるいは幕府を通して交渉した形跡は見られない。長尾氏は独自に朝廷との交渉を展開するとともに、交渉を性急に進めていたことも指摘される。これは越後国内の情勢が、その根源にあったことは言うまでもない。朝廷の威令を背景に、早く自軍を官軍たらしめる必要があったし、具体的な物を証拠として所持し、それを次代の晴景へとつなげたいという思いが為景にはあった。享禄四年(一五三一)の管領細川高国死去以降、為景はそれまで頼りにしていた幕府に見切りをつけ、朝廷重視へと政策を転換させた。それは、上条定憲・上杉定実に呼応して為景を窮地に陥れた対揚北衆対策、同族である府内・上田長尾氏の対立、さらには定実・定憲を軸とする守護権力への対処など、当面する問題は複雑で山積していたのに、高国が自害した後は、それまで続けていた幕府の威令を背景とした幕府一辺倒政策を維持していくことが、不可能になったからである。

このしばらく後、天文十三年四月二十日、晴景は突如として後奈良天皇よりの綸旨を再び拝領することとなる。(31)しかし、この度の綸旨は、晴景側より申請したものでなく、天皇側の発願によるものらしい。ただ、このときすでに父為景は死去しており、(32)晴景にとっては勅使を奉じてその存立基盤を強化させるのに、この綸旨は大きく寄与したにち

表1　長尾為景・晴景による朝廷関係者への礼銭（天文五～九年）

No.	文書名	日付	発給者	受給者	金額	名目	出典
1	柳原資定女房奉書副状	（天文5ヵ）・6・26（一五三六）	（柳原）資定	長尾信濃守（為景）	五千疋	為御旗幷綸旨御礼	一〇〇二
2	山形光秀書状	（天文5ヵ）・9・27（一五三六）	（山形）光秀	長尾信濃入道（為景）	万疋 千疋	為　御旗幷治罰綸旨御頂戴御礼 私江千疋送給候	一〇〇四
3	後奈良天皇女房奉書	天文9・8・5（一五四〇）	（後奈良天皇女房）	日野大納言（柳原資定）	五千疋	はたの事（中略）その御れいとして	九八一
4	後奈良天皇女房奉書	天文9・8・5（一五四〇）	（後奈良天皇女房）	ひろハし中納言（兼秀）	五千疋	りんしの御れいとして	九七九
5	長橋局消息		御局（長橋局）	ひろハし（兼秀）	千疋	わたくしへも千疋たひ（給）候	九八二
6	広橋兼秀女房奉書副状	（天文9）・8・5（一五四〇）	［広橋兼秀］	長尾信濃守（為景）	五千疋 三千疋	為　綸旨御礼 私江同三千疋送給候	九九七 九九七
7	右京大夫局消息	（天文9ヵ）＊	右京の大夫（右京大夫局）	なかをしなのゝかミ（為景）	二千疋	御つほねさまへ御れい	九八三
8	高橋宗頼書状	（天文9）・9・27（一五四〇）	（高橋）宗頼	長尾信濃守（為景）	五百疋	対私五百疋被送下候	九九九

『新潟県史』資料編3の文書番号
＊包紙ウハ書には天文4年とある

がいない。

その内容は、越後国における静謐と豊年満作とを願って天皇自身が紺紙に金泥で摩訶般若波羅蜜多心経を書写したもの(33)を越後国に下し、神前に奉納せよとするものであり、勧修寺入道大納言尚顕を勅使として、その二点が晴景のもとにもたらされた。しかも、守護上杉定実が存在しているのにもかかわらず、宛先が晴景であることは、もはや定実は朝廷からも「其国之領主」(34)であるとは認知されていなかったことを、あたかも示している。六六ケ国島国にいたるまで納められたという天皇宸筆の心経のうち、尚顕はこのとき、それを伝遣するために越後国のほかにも近江・下野両国に下向している。朝廷の目的は、天皇権威の復活と大名らによる「御礼」であったと考えられる。

ところで、弘治二年(一五五六)六月二十八日、上杉謙信が長慶寺に宛てて出した書状(35)には、長尾氏や自身の来歴、戦績などを長文にしたためているが、そこには永享十一年(一四三九)の、関東公方足利持氏自害後、その与党の根拠地となっていた下総国結城城を攻略する際に、越後守護代長尾邦景の子実景の活躍とそれを賞して将軍足利義教より、「赤漆之御輿」の御免と感状とが与えられたと記されている。さらに「綸旨幷都鄙於代、御内書数通頂戴、于今所持」しているとも記している。もちろん、このときの綸旨は長尾氏側より申請したものではなく、勲功賞として幕府が発給を申請し、「京都御代官」実景に与えたものであって、先の為景・晴景父子に与えられた綸旨とはその性格を異にする。実景は、かつて父邦景の代官として在京していたこともあったし(36)、邦景自身もまた、在京する若年の守護上杉房朝らとの対抗上、上洛することもあったが、その眼目は朝廷ではなく、対幕府交渉を中心として展開していた。

三　為景・謙信父子の対朝廷政策

1　為景・謙信父子と京都雑掌

応仁・文明の乱後における、越後上杉氏、長尾氏の対京都（朝廷・室町幕府・寺社等）交渉を考える上で、見落とすことのできないのが、その被官人らを常時在京させ、越後国の代弁者として活動させた、いわゆる「京都雑掌」の存在である。

そもそも「雑掌」とは、本来、諸官衙の雑務を掌る者の呼称としてあり、特に各地の武士や大名のうち京都に屋敷を有する者が、その一族や被官人らを在京させて雑務を処理させたものを「都雑掌」と称した(37)。さらに室町・戦国期における雑掌については、『武家名目抄』(38)の「雑掌人」の項で「京都祗候の大名諸家なべて雑掌の職を設置こと、なりて、主人在邑の時雑掌は京師に留守し、柳営にも出入して公私の雑事をうけ給りしなり。其進退当今いはゆる留守居役に相類せり。又久しく在国せる大名にても雑掌を設け、京師に往来して事を弁ずること当時の風なり」と記し、同書の編纂に当たった塙保己一は、それを近世の藩制における「留守居役」に似たものであるとしている。

室町・戦国期、諸大名家においては前記の「公私の雑事」を処理させるため、京都に被官人らを駐在させて、朝廷や幕府・寺社との交渉に従事させた(39)。このような「京都雑掌」設置の契機となったのは、一般的には応仁・文明期を通じての社会的混乱と、それに伴う守護（大名）の任地への下向と理解してよいであろう。彼らの職掌は、それぞれの大名家の事情により異なるものの、およそ次の四点に集約される。

①首府である京都を中心とした畿内各地域の動向に関する情報の本国への注進。とりわけ、室町後期になると、足

利将軍家自身、京都と近江国とのあいだの逃避行を繰り返し、前述の長尾為景が国内支配において頼りとしていた細川高国(常桓)もそのような幕府の管領であった。為景は細川高国の動向を探らせるために、上杉氏京都雑掌神余越前守昌綱を京都より摂津国まで派遣して彼と会見させている。分国内支配においても、朝廷・幕府の情勢が影響を及ぼさずにはおかなかったのである(40)。

②本国を代表しての全権大使としての役割、つまり、政治的交渉・工作、朝廷・幕府・宗教界の影響力を期待し、その力をもって主家の立場を最大限有利な方向に展開させようとする活動である。具体的には、叙位、任官、綸旨の発給に関する関係者への働きかけ、守護職あるいは同待遇の獲得、地域紛争の仲裁や停止など、朝・幕の持っている伝統的権威のもとで問題の解決を図ろうとするものである。

③使節・使者としての役目。これは、分国と朝廷・幕府関係者とのあいだに交わされる金品や文書の取次ぎと、それに付随した状況の注進である。特に書面に「委細某方可被申入候」といった文言が記されている場合は、その内容について「雑掌」がさらに詳細に口頭で受給者に対して説明を行う必要がある。これは、当該文書に書かれている事柄が非常に重要である場合や秘匿性の高い場合、「雑掌」の地位が総体的に高いか、あるいは「雑掌」と文書の内容とに関連性のある場合などに限られる。当時の越後国と京都との往来途中における略奪や紛失といった事故を考えても、あまり重要な項目は文字化せず、すべて口頭で伝達していたことが考えられる。

④文芸的な交流。このことは「雑掌」自身が京都にあって公家・武家・寺社の人々と交渉していく上で、文化的な教養が欠かせなかったことと、そうした文芸的な交流の場(和歌・連歌の会やその指導、古典の講釈など)においてこそ、種々の貴重な情報を収集することができたのであり、当代文芸の大名領国内への伝播をも可能としたからであった。「雑掌」自体は武家より派遣された被官であるが、その一方では、高度の教養に裏打ちされた文化人であることが要

求されていたのであった。

2 京都雑掌神余氏

越後上杉氏、長尾氏の代官として代々在京し、その「京都雑掌」の任にあったのが、神余氏の一族である。現在確認されるところでは、越前守昌綱、隼人佑実綱、小次郎親綱の三代にわたる在京が判明している。しかし、親綱以前には越後国内における在地との結びつきもないうえ、軍役も規定されてはいない。親綱は永禄十一年（一五六八）九月の、足利義昭を擁しての織田信長入洛以前には京都を退去し、最終的に越後国に下向したものとみられる。

神余氏の在京の初見は、『蔭凉軒日録』[41]文明十八年（一四八六）正月二十二日条記事に「守林院神余越前守。同小次郎」と見えるものであるが、室町幕府との関係も深い臨済宗の相国寺や東福寺に何らかのかかわりのある寺院か、またはその塔頭のひとつに起居していた可能性が高いと推測される。[42]神余氏は上杉・長尾氏の被官であるといっても、在地との結びつきが強固な根本被官というのではなく、室町禅林に所縁ある京都在住の武家であって、上杉氏との契約によって、その雑掌を務めるようになったものであろう。

ところで、為景・謙信期における神余氏と朝廷関係者との交渉をみる場合、何といっても、その中心となるのが『実隆公記』の記主でもあり、また歌人・学者で連歌師飯尾宗祇から古今伝授も受けた、三条西実隆との交流であろう。三条西家は、摂関家ではないものの、実隆は内大臣にまで昇任している。その『実隆公記』は、実に六十年余にわたって筆録された記録であり、当時の政治・経済・社会・文芸の各分野にわたる好史料として知られている。神余氏が交渉相手としていた公家衆は、むろん、三条西家だけでなく、関白太政大臣近衛政家（『後法興院記』）、権大納言山科言継（『言継卿記』）らとの交渉も、その日記によって知ることができる。ただその内容は、色紙染筆の御礼や、時儀など比較的軽微な交流に留まっていて、何といっても、神余氏の交流の中心は、公家衆ではやはり三条西家であり、それは分国の意向でもあったと考えられる。その理由には、いくつかのものがある。

①三条西家が座の本所であった、青苧座とのかかわりがあげられる。三条西家は、本家の正親町三条家から分家する際に、青苧公事知行権を与えられたと考えられ[43]、それ以降、青苧公銭は三条西家の重要な収入源になっていた。しかし、越後府中での新儀商人の営業活動や青苧公事未進などにより、青苧座本所としての同家の威信は低下し、公銭収入自体も減少していた。この事態に対して三条西家は、当時の越後国の支配者であった守護上杉房定や、守護代長尾為景に、実力で同家の権益を回復するよう依頼している。青苧の原料である苧の主要産地であった越後国と、それを支配している上杉・長尾氏に対しては、実隆の側も深い関心を示していたのである。

青苧公事の三条西家への未進がにわかに目立つようになるのは、永正年間以降（永正七年〈一五一〇〉初出）のことである。『実隆公記』上に神余氏に関する記事が現れるのも、永正元年三月のことであった。おそらく、神余氏が実隆に接近を図ったのは、長尾氏が戦国大名へと踏み出していく過程において、越後青苧座を自らの統制下に置き、青苧流通に関与して収益を確保するとともに、国内に存在する京都権門による中世的収益機構を打破しようとしたからではなかったか。

②実隆自身にかかわる問題があげられる。前述の通り、実隆は和漢の古典、有職故実にも通じ、能筆家としてもその名の知られた、いってみれば当代を代表する文芸人であった。それゆえ、彼の邸は公家衆・歌人・連歌師・武家雑掌・医師など、当代の文芸を担った人々の集う場として提供されていた。特に連歌師は各地の武家のもとに寄寓して文芸を指導するなど、よく地方に旅行していたので、彼らによって各地の情報が実隆邸にもたらされていた。神余氏は三条西邸で得た各地の動向に関する情報を、分国へと注進しているから[44]、少なくとも情報源としてのその価値は認

めていたのであろう。もちろん、分国をめぐる情勢に関しても、ひんぱんに実隆に対して報告していた(45)。こうした情報提供は実隆の一番の関心事——青苧公事がいかに円滑に納入されるかが、越後国の静謐にかかっていたからであった。

また宗碩・宗坡・宗仲らの連歌師や歌人道堅(岩山四郎尚宗)は、越後国より三条西家への青苧公事納入に関与しており、実際に現地まで下向して、実隆に代わって越後方との直接交渉にも及んでいる。神余氏としては、こうした事態にも対処する必要があったのである。

そのほか、三条西邸に出入りしていた若狭国の守護家武田氏や、その被官粟屋・吉田氏らとの接触も指摘しておかなければならない。若狭武田氏が支配していた小浜湊は、越後国産青苧の流通上の要地であり、その雑掌吉田氏は越後府内にあった蔵田氏のごとく、三条西家よりの委嘱を受けて小浜での役銭徴収と、その同家への納入事務にあたっていたものと考えられる。

とりわけ、吉田与次(二)は、のちに江戸幕府のもとで安南国(ベトナム)との朱印船交易に従事していた、角倉了以の祖父宗忠(光信)であるとされる人物である。さらに武田氏重臣粟屋右京亮元隆は小浜代官として、港湾管理を行っていたとされ、またその娘は武家伝奏に補任されて朝廷・幕府間の交渉役となった勧修寺晴秀(晴右)の夫人として晴豊を産むなど、武家の被官でありながら有力公家への接近を図っていた。

さらに茶人武野紹鷗は、若狭武田氏の一族でもあったといわれ、三条西家にも出入りしていた堺の有力商人でもあった。

神余氏は、青苧にかかわり、有力公家や土倉・高利貸資本など強力な人脈もある若狭武田氏や、その被官らとの交渉をも深めていたのである。

ところで、もうひとつ、神余氏が交渉していた有力な公家衆として、関白太政大臣准三后近衛尚通をあげなければならない。近衛氏と上杉氏とは、前述の近衛政家以来のかかわりもあった。近衛家との交渉は、彼の日記『後法成寺関白記』[46]により知ることができるが、記事の質量とも『実隆公記』に及ばないものの、近衛氏と上杉氏との交流のようすをうかがい知ることはできる。

神余氏は、年末年始・七夕・重陽など、重要な時節には玄清・宗碩・周桂・等運・宗牧ら、飯尾宗祇一門の連歌師と尚通邸に祇候し、閑談や連歌の張行、酒宴などに及んでいた。尚通邸には、連歌師のほかにも元朝滅亡時に来日し、筑前国博多に居住していた医師陳順祖の子孫である陳外郎などの、おびただしい来邸も記録されている。そこは文芸交流の場であると同時に、連歌師や陳氏らによってもたらされる内外各地の情勢、それに尚通自身、朝廷内では最高の地位にあった人物であるから、彼よりは朝廷や幕府に関する情報も提供されたであろう。尚通邸は、こうしたさまざまな情報が交換される場でもあった。神余氏は、文芸を名目にして、枢機にかかわる情報を得ていたものと推測される。

時期は少しさかのぼるが、平安末期以来、朝廷にあって左・右弁官局の事務を総轄していた官務小槻氏にあっては、治部卿壬生晴富の日記『晴富宿禰記』[47]の明応五年（一四九六）八月十一日条に「遣状於松田豊前守(頼亮)許、越後雑掌神余隼人状等見送之、国者先属無為、但牢人等可出之由、雑説以外云々」という記事があり、晴富が越後雑掌神余隼人（昌綱か実綱）より送られてきた、越後・関東の情勢を報じたと思われる書状等を一見した後に、それを幕府奉行人の松田頼亮のもとに送った、とある。分国をめぐる情勢にはたいした変化もないと記されてあったようだが、牢人などが蜂起するといったうわさが京都で広まっていたものか、雑説であることを強調していたものと思われる。

そして、これより少し前の七月二十四日、関東管領上杉顕定は、越後の実家で守護の座にあった弟房能のもとで守護代をつとめていた長尾能景に対して書状を発給していた(48)。そこには越後国内の静謐を祝すとともに、弟房能に対してなお油断なきよう意見を加えることが肝要であると記されていた。と同時に、相模国での長尾景春・伊勢新九郎長氏の弟弥次郎方との戦闘における勝利による西郡情勢の一変や、さらに東郡で上田右衛門尉の守備する実《さね》(真)田《だ》要害への攻撃など、相模国をめぐる状況が詳細に報じられていた。

おそらくこの書状の趣旨は、守護代能景の手を経て在京する神余氏のもとに届けられたであろうし、それをもとに神余氏は、晴富に対して報告していた。太政官の事務局にあった晴富へ、なぜ東国の情勢を報じ、それが幕府奉行人にもたらされていたのかについては不明ながら、少なくとも分国関係の「時宜」に朝廷・幕府の実務者が関心を持ち、それを欲していたことが、これだけからも明らかとなってくる。

とりわけ、小槻氏が保持していた「官務文庫」は、当時の武家のあいだでも、その存在の重要性が認識されていたというから、武家よりの朝儀、公家に関する照会にも応えていたのかもしれない。

神余氏は、分国よりの指示を受けて京都での情報収集活動を行う一方、逆に分国を中心とした東国地域の情勢を三条西実隆らの公家衆に報じていたことが判明している。それは情報の一元的管理、つまり朝廷・幕府など、京都との窓口は越後国内にあっては上杉・長尾氏のみであるということが分国内外に対して印象付けられれば、国内向けにはひとつの戦略的カードとして利用でき、一方、朝廷や公家衆に対しては交渉の進行を容易にするといった効果も期待できたであろう。

武力を伴わない調略において、情報を独占的に、しかもより早く、多量の情報を正確に掌握していくことは、のちに長尾氏が戦国大名へと成長していく過程において、欠くことのできない重要事であった。

四　上杉謙信の対朝廷政策

1　上杉謙信と朝廷——叙任への道のり——

上杉謙信(以下、謙信で記す)は天文二十一年(一五五二)、弾正少弼・従五位下に叙任されたが[49]、その正確な日付は将軍袖判のある口宣案が現存していないため不明である。『上杉家御年譜』[50]一謙信公(以下『年譜』と略)は四月二十三日とするが、現存の史料から考えて五月二十日過ぎのことであろう。今回、謙信に授与された位階・官職とも、同時代諸大名に対して与えられたものと比較しても決して見劣りするものではなかったし[51]、歴代上杉、長尾氏に与えられてきたものとの比較でも、妥当なものといえよう。また、朝廷や幕府関係者に贈った進上物も、ほぼ先例を重んじたものであった。二木謙一氏によれば、戦国大名らが朝廷や幕府による権威授与を望むのは、家督相続や抗争の節目など、彼らにとって重要な意味を持った時点であるという[52]。越後国では、兄晴景からの家督譲渡(天文十七年十二月)、守護上杉定実の死去と守護家上杉氏の断絶(天文十九年二月)など、この数年のうちに謙信は、重要な節目を迎えていた。

ところで、今回の叙任申請に先立ち、謙信は天文十九年二月二十八日、幕府より白傘袋・毛氈鞍覆使用の免許を受けている[53]。このことは、実質的な守護待遇の獲得である。しかし、守護定実の死去は、これより二日前の二十六日であり、彼の死亡を待って申請しても、二十八日の許可はとても不可能であるから、定実存命中のかなり早い段階より、室町幕府との交渉を進めていたことがうかがわれる。前年六月より、将軍足利義藤(義輝)は、病身の父義晴(前将軍)や管領細川晴元らとともに、近江国坂本へ三好長慶の奸計により退避させられていたから、交渉も担当者を京都や近江国坂本・穴太・中尾城・堅田・朽木谷など、将軍の移転先まで派遣してのものであった。この幕府への申請に際しては、足利氏の庇護も厚かった京都大覚寺で門主となっていた義俊と、その指示のもとで実際に幕府当局者との折衝に当たっていた大覚寺とも程近い密教道場である、愛宕山下坊の僧侶幸海とが仲介役となっていた。

特に幸海が謙信に宛てた三月吉日付書状[54]には、幸海が為景の代より長尾氏とは加持祈禱の依頼などを通じてつながりのあることや、内談衆大館晴光ら幕府内部との人脈があり、それらへの働きかけによって初めて御内書を得ることができたとし、さらに越後方の担当者として「委細猶花蔵院幷神余殿可被申達候」のごとく、前述の花蔵院と神余氏とをあげている。『年譜』天文十九年夏四月十七日条によると、このとき御礼として神余隼人正親綱を上洛させて越国の土宜を献じさせたとあるから、先の「神余殿」は父親の実綱の方であったかもしれない。

室町幕府体制下にあって、およそ武家に対する朝廷の位階・官職の授与は、幕府を通すこととなっていた。これは戦国時代に入っても、なお慣例として行われていた。二木氏によれば、申請から御礼までの手順は、次のとおりとなる[55]。

①諸家より申請→②幕府での審議→③伝奏→④職事による奏聞→⑤口宣案の作成→⑥口宣案への上卿の署名→⑦口宣案の幕府への交付→⑧将軍による口宣案への袖判の加筆→⑨口宣案の申請者への交付→⑩幕府、朝廷関係者への申請者による御礼

この手順に従えば、申請者が実際に将軍袖判のある口宣案を手にするまでには、相当な時間が必要であったたし、京都より遠隔の地であれば、往復の通信に要する日数も加算される。『年譜』天文二十一年条をみると、神余隼人正親綱は五月十二日に上洛し、六月二十八日に越府へ帰着した、とある。その上洛目的は、謙信叙任にかかわる謝儀を宣べるためであったという。越後に帰着した六月二十八日という日付は、「上杉家文書」所収の、当該叙任にかかわる複数の文書の封紙ウハ書などに「天文廿一年六月廿八日到来[56]」とあるのを、江戸時代に米沢藩の正史編纂者が、それ

らの文書を親綱が越後に持ち帰ったと解釈したためであろう。

今回の謙信叙任については、先の花蔵院の活動は見当たらないが、神余実綱・親綱父子の行動は確認することができる。少なくとも、実綱はかなり長期間にわたって在京し、幕府などとの交渉に当たっていたものと思われる。それは五月二十八日付長尾弾正少弼宛津崎光勝書状に「今度神余方永々逗留之儀、公私依御取乱如此候、更非疎略之儀候」[57]とあるように、神余氏長逗留が今度も仲介役をつとめていた大覚寺（義俊）側の混乱によるものとしているからである。それとともに、将軍義藤自身も、この年の一月二十八日に三好長慶方と和睦して帰洛するまでは、近江国内を転々としており、こうした事情もあったのであろう。

神余氏が大覚寺門跡義俊（禅意）を仲介者として頼んだ理由のひとつには、政家以来の近衛氏と上杉氏との関係がある。かつて上杉房定は近衛政家に叙任の斡旋を依頼していたし[58]、その子尚通とは前述のように神余氏自身交流があった。また、これは後年のことであるが、稙家の子前嗣は謙信の二度目の上洛中に謙信と親交を結び、永禄三年（一五六〇）に彼を頼って越後に下向している[59]。上杉氏は近衛家とは政家より前嗣にいたる四代の当主（従一位関白太政大臣准三后）――その時々における朝廷の首席――と関係を維持していた。義俊は関白太政大臣稙家の弟で、近衛氏の一族である。

二つめの理由としては、足利氏と近衛氏との関係があげられる。将軍足利義藤・義昭の母親（慶寿院）は尚通の娘、つまり義俊の妹であったし、義藤の夫人も稙家の娘であるなど、摂関家と足利将軍家とは何重もの縁戚関係によって結ばれており、近衛政家・尚通・稙家・前嗣と四代にわたり足利将軍家より諱の一字を受けていた。

こうした理由から、義俊に斡旋を依頼していたのであるが、実際、大友・島津氏など、近衛氏の仲介で叙任された大名もあった。そして神余氏は、父親の隼人入道実綱が幕府内談衆大館晴光との交渉を行い、ほかの富森信盛（奏者・大館氏家臣）、大覚寺門跡義俊、津崎光勝（大覚寺坊官）、渡辺盛綱（同上）らとの折衝は、子の小次郎親綱が担当した。また、親綱は、父実綱出家後は、父に代わって京都と分国間の往来の使者の役目をも負うようになっていた。

謙信の叙任に関して、関係者に贈った御礼をまとめると表2のようになる。これらの御礼を実際に京都で行っていたのは、神余氏父子であったと思われる。いつ、誰に、何を、どのくらい進上するのかといったことまで、おそらくは大覚寺門主義俊やその配下の愛宕山下坊幸海らの指示にしたがっていたものと考えられる。それは、先の白傘袋・毛氈鞍覆の使用免許授与のときも同様であったろう。[60] この度の謙信叙任に向けての工作は、その直後より同じルートで始められていた。特に今回、足利義藤に対して送られた河原毛の馬は、彼が入洛のとき（天文二十一年一月二十八日）に使用するなど、[61] 贈呈のタイミングもまさに時宜を得たものであった。つまり、謙信が正式に叙任される五月下旬の時点より、少なくとも四ヵ月以上前までには、義藤のもとに馬が届けられていたことになる。

表2　上杉謙信による朝廷・幕府関係者への御礼（天文二十一〈一五五一〉年）

№.	文書名	日付	発給者	受給者	金額・品目	名目	出典
1	大覚寺門跡義俊書状	（天文21）5・24	［義俊］	長尾弾正少弼（景虎）	青銅千疋	青銅千疋送給之候	一三八
2	室町将軍家足利義輝御内書	（天文21）5・25	［足利義輝］	長尾弾正少弼（景虎）	太刀一腰（長光） 馬一匹（河原毛） 青銅三千疋	為礼	九五〇
3	室町将軍家足利義輝御内書	（天文21）5・25	［足利義輝］	長尾弾正少弼（景虎）	大鷹一本 鳥屋＊	大鷹一本到来	九四九
4	大館晴光書状	（天文21）5・25	（大館）晴光	長尾弾正少弼（景虎）	太刀一腰 鳥目五百疋	私へ太刀一腰、鳥目五百疋上給候	一二五

5	大館晴光書状	(天文21)5・25	(大館)晴光	長尾弾正少弼(景虎)	大鷹一本	私へ大鷹一本上給候	一二七
6	室町将軍家足利義輝夫人近衛氏侍女奉書	(天文21・5・25頃ヵ)	中(足利義藤夫人侍女)	なかたしきふの大ゆふ(長田式部大輔)	五百疋	御たる(樽)のたい(代)	八二九
7	富森信盛書状	(天文21)5・25	(富森)信盛	長尾弾正少弼(景虎)	青銅二百疋	青銅二百疋拝領、御懇志之至	一三三
8	津崎光勝書状	(天文21)5・28	(津崎)光勝	長尾弾正少弼(景虎)	二百疋	私へ二百疋送被下候	一四〇
9	渡辺盛綱書状	(天文21)5・28	(渡辺)盛綱	長尾弾正少弼(景虎)	二百疋	私へ二百疋送被下候	一四一

出典欄の数字は『新潟県史』資料編3の文書番号
＊『新潟県史』一二八号による

2 天文二十二年、謙信初度の上洛

上杉謙信は天文二十二年(一五五三)、初度の上洛を果たした[62]。その日時については諸説あるが、『石山本願寺日記』[63]同年十一月十三日～十四日条にある謙信の和泉国堺滞在、同年十二月八日の京都大徳寺における前住徹岫宗九より謙信に対する衣鉢・法号・三帰・五戒授与の記事をみれば、少なくとも十一月上旬～十二月上旬にかけての一ヵ月間は畿内に在していたことが確認される。上洛したのは、信濃国より撤退したとされる九月二十日以降のことであろうから、おそらく十月中であろう。

帰国については、(天文二十二年)極月十八日付上野源六(家成)宛本庄実乃書状[64]に「殿様今月下旬比可有御下向之由、中来候、哀々年中に御下向候へかしと念願まてニ候」とあって、謙信方より国許に対して十二月下旬に帰国するとの通知があったとするが、実際に年内に帰国したかどうかは不明である。ただし、翌二十三年三月十五日には在国が確

認されるから、それ以前のことではある。[65]

上洛の目的については、いくつかの理由が指摘できるが、何といっても最大の理由は、わざわざ遠隔の地より分国留守中や、往復の路次における危険をも顧みず、上洛すること、それ自体にあったと思われる。以前に幕府から白傘袋・毛氈鞍覆使用の免許を得た際、大覚寺義俊よりは「遂在京、可抽忠功儀肝要候也」[66]との大義名分を得ており、上洛へのためらいはなかった。ただ、すでに京都は三好長慶の施政権下にある中、「物詣」と称して、八月より朽木谷へ逃れていた将軍家に拝謁し、「年来ノ恩顧ヲ可被謝タメ」(『年譜』天文二十二年春閏二月条)という大きな目的を掲げながらも、その主眼は、むしろ領域に対して向けられていたと見られる。

つまり、分国内外に対する示威行為である。北信濃の村上義清・高梨政頼らの諸将を救援するために、信州の布施(川中島)で武田晴信方と交戦した直後という緊迫した状況の中で、わざわざ上洛したとみられるのも、まだ余力があることを誇示するだけの効果はあったであろう。もちろん、それだけではなく、今回の上洛で得られたものは多かった。

まず、朝廷(天皇)との直接的なつながりのできたことである。朝廷の官途として謙信より上位のものを授与されている大名は多いが、直接天皇と会うことのできた大名は数少ない。その意味での影響力は大きかった。しかし、このこと自体は象徴的な意味合いが非常に強いが、今まで京都雑掌を介しての間接的なつながりに過ぎなかった朝廷との距離が、急速に身近なものになった。

謙信が参内して後奈良天皇に謁見した日時は、『年譜』によれば同年夏四月十日とするが、これは不正確である。上洛して将軍家と会見するということは、謙信にとって果たさなければならない目標ではあるが、天皇に拝謁し、その上、父為景、兄晴景と同様に、「治罰綸旨」の発給を受けることが当初より念頭にあったのかどうか、疑問に残る。

このことに関しては、前述のような京都雑掌や被官、雑掌僧らの活動の記録も残されておらず、「治罰綸旨」についてはともかくも、天皇拝謁の方についてはむしろ先に謁したとされる将軍義藤や、近衛氏らのとりはからいによって急遽、実現した可能性が高いと考えられる。しかし、当時、将軍義藤は、この八月より三好長慶によって近江朽木谷に追われており、永禄元年三月まで近江に過ごしていたから、『年譜』にあるような京都での面会ということは少し考えにくい。また、謙信自身が朽木谷まで出向いたという記録も存在しないので、実際、義藤と謙信との会見があったのかどうかさえも、不明なのである。ただし、長慶の配慮で一時的に義藤が帰京した可能性はあるし、そうでなくとも、使者を派遣するくらいの交渉はあったであろう。

とにかく、謙信は、参内して天皇に拝謁し、天盃と無銘の豊後瓜実御剣とを拝領したうえ、天皇の命を受けた広橋権中納言国光の接待を受けて内裏内を見学して退出したという（『年譜』天文二十二年夏四月十日条）。このことによほど感激したのであろうか、謙信は、後年「父祖以来始而如斯仕合、寔名利過分至極候」[67]と述懐している。

在京中の謙信は、後日、天皇よりの二通の文書を手にすることになったといわれている。その一つは、後奈良天皇の女房奉書[68]である。そこには彼が先日天皇に言上した「別而奉公いたし候へき」という言葉と、長期にわたる彼の在京奉公とに天皇が感嘆した旨が記されてあった。これは文面から考えても、在京中に発給されていたことはまちがいない。

もう一つは、綸旨である。この綸旨は原文書が伝わっておらず、「上杉家文書」[69]と、近世になって上杉家当主や家中に伝来した文書を筆写して作成された古文書集である「歴代古案」[70]の中に、写しが遺されているのみである。「上杉家文書」のもの（Ⓐとする）と「歴代古案」のそれ（Ⓑとする）とは、ただ一点を除いてほぼ同じ記載となっている。

つまり、Ⓐでは冒頭の部分が「平（長尾）景虎於住国幷隣国挿敵心之輩、所被治罰也」となっているが、Ⓑでは傍線部が

「任国」となっている。実に微妙なところが食い違っているのだが、「住」と「任」とは似通った漢字であるから、単に原文書より写しまちがえたとも考えられる。仮に「任国」であるとしても、何の「任国」であろうか。謙信は越後守とか介といった越後国の国司でもなければ、――実質的にも形式的にも――守護(代)であると天皇がみなしていたとしても、幕府の地方官を任命する立場でもないから、原文書に「任国」と記載してあるとは考えにくい[71]。

ところが、『年譜』天文二十二年夏四月十日条にも当該綸旨を載せてあるが、ここでは「任国」としているうえ、Ⓐ Ⓑにもない、日付(四月十二日)と奉者(権中納言)とを記載している。『年譜』のうち、謙信公年譜が編纂された当時(十七世紀後半)、すでに原文書は存在していなかった可能性もあるが、上杉氏の年譜を編纂した米沢藩の記録方矢尾板三印伯章らは、年譜の編集と同時に上杉家や諸家に伝来した文書の整理にも当たる一方、前回の竹俣義秀による寛文十一年(一六七一)目録の再検討をも行っている。

こうしたなかにあって、天文二十二年綸旨(写)にも目を通して年譜に転記したものと思われる。年譜編纂者としては「住国」よりも、「任国」とするほうが、米沢藩祖謙信による越後支配の正当性が強調できる点で、メリットはあったはずである。また、日付の四月十二日も、謙信が参内したとする年譜記載の四月十日という日時はあり得ないものの、綸旨の日付については、なお検討の余地もある。それは、甲斐国の武田晴信が、天文十九年には信濃国深志の小笠原長時を破り、同二十一年には小諸で再び交戦し、さらに翌二十二年四月には村上義清の葛尾城を落としてなお北上を続けていたからである。

こうした状況を受けて、謙信が朝廷に対し父や兄のように「治罰綸旨」の発給を上洛よりかなり前に申請し、現に発給されていたとしても不思議ではない。現状では、綸旨発給の日時は必ずしも上洛時に限定されているとは言いきれない。むしろ、『年譜』天文二十二年四月十二日という日付も、信用のおけるものといえる。

謙信が今回の上洛において得たものとしては、この他にも大坂石山本願寺・高野山・大徳寺など、仏教界とのつながりをもつことができたことがあげられる。特に高野山と大徳寺には、自ら足を運んでおり、大徳寺では「宗心」という法号も得ている。また、三好氏の仲介により石山本願寺に使者を派遣し、音信として太刀・馬・銭などを持たせたことについて(『石山本願寺日記』天文二十二年十一月十三日条)、井上鋭夫氏は謙信を頼って来た北信濃の高梨政頼と本誓寺との師檀関係を本願寺に通じ、その門徒と妥協するために利用した、と興味深い指摘を行っている。[72]さらに謙信は、堺にも出向いており、輸入品の織物や鉄砲そのもの、硝石・鉛・火縄などの軍需品を調達するルートの開拓にも当たっていたのかもしれない。

3 永禄二年、謙信二度目の上洛

謙信は永禄二年(一五五九)、二度目の上洛に及んだ。[73]四月二十一日には、彼の近江国坂本滞在が確認されるから、[74]『年譜』のとっている四月三日越府進発というのは信憑性がある。二度目の上洛に従ったのは、『年譜』によれば五千余人で、長尾実景・本庄実乃・直江実綱・柿崎景家・吉江景資・北条高常らの将士も同行したとする。また、帰国の時期は明確でないが、七月下旬から十月前半のあいだとみられる。

『年譜』の採用する十一月二十六日帰城というのは、謙信帰国後、諸氏が献じた祝儀太刀の最初の日付(十月二十八日)にあわせたものであろうが、[75]一ヵ月読み違えている。また、『年譜』には上洛に先立つ永禄元年十一月に、京都雑掌神余隼人正(親綱ヵ)が上洛し、明年、謙信が上洛して奸臣三好一族を屠殺するであろうことを言上したとある。改名して義輝と称した義藤は、永禄元年十一月、三好方と和睦して天文二十二年(一五五三)以来、ようやく京都に戻ることができたが、『年譜』による神余氏の上京という記述も、これに合わせて編纂者によって付け加えられた可能性がある。

ところで、永禄二年には、謙信の他にも織田信長や斎藤道三の子義龍の上洛があった。信長は二月に八十余人で上洛し将軍義輝に拝謁、南都や堺に立ち寄ってから帰国した。義龍は四月、幕府より将軍の相伴衆に列せられている。彼らの目的も、将軍から領域経営における正当性の付与を、何らかの、誰の目にも見える形で得ることにあった。これは、謙信の場合も同様である。武家の頂点に立つ室町将軍家しか、ほかのすべての武家に対しては具体的な形での命令（それが実際に履行されるか否かは別として）を発することはできない。天皇による「治罰綸旨」は、その内容自体には具体性がなく、非常に象徴的なものであるし、室町将軍のごとき武家間の争いに対する調停機能も、天皇は持ち合わせていなかった。

今回の上洛においても、朝廷より綸旨などの文書が発給されたのかどうかはわからないが、少なくとも謙信にとって六月二十六日付けで「関東、上杉五郎（憲政）進退事、向後儀、景虎以分別令意見、馳走簡要候」という内容の足利義輝の御内書[76]を得ることができたのは、大きな成果であった。関東管領上杉憲政は、謙信初度の上洛前年（天文二十一年三月）、上野国平井城を追われて謙信のもとに身を寄せていた。もともと、憲政の来国は謙信が招請した結果、実現したものではなく、憲政自身、行き場を失ってやむを得ず謙信を頼ったに過ぎない。謙信としても、憲政の処遇をいかにすべきか、それを将軍と相談したにちがいない。その結果得たのが、この文書である。

文言はただこれだけのものであり、具体的に何かを命じたというものではないが、それだけに広範な意味を含むといえる。つまり、関東地域と上杉憲政の進退については謙信が助言し、憲政のもとで大奔走せよ、としたものである。義輝の側からすれば、自分の足下さえ三好氏らによって危うくされているのに、都よりはるか遠い関東のことを真剣に考える余裕が果たしてあったのか。謙信に請われるまま、このような抽象的な内容の文書を発給したのではなかろうか。義輝は、上杉氏と長尾氏とは鎌倉期以来、縁浅からざるものがあり、しかも謙信と会見し、その人物を見込んで分別をもって意見してもよいであろうといっているのであって、決して謙信の意見に従え、とはいっていない。とにかく、この一書を得たからこそ、謙信は、帰国後国内のみならず、信濃や関東の諸氏からも祝儀太刀を贈られ得たのである。

永禄二年の上洛は、謙信が義輝に差し出した条書に[77]「国之儀一向捨置、無二可奉守　上意様御前」とあるように、幕府―守護という政治体系を前提としたなかで、少なくとも十五世紀中葉以前の守護がそうであったように、将軍家へ在京奉公するのが目的であった。その意味では、当初、幕府内で管領細川高国を頼みとしていた父為景が、後には朝廷の威令に頼らざるを得ないようになったのとは逆の道を歩んでいたのかもしれない。それゆえ、特に朝廷に対しては、今度は交渉を申し入れなかったのかもしれないが、その幕府の取り計らいによって、五月一日、謙信は参内したとされる(この日付は後世の編纂物に記されたものである)。

このときは、すでに後奈良天皇の子正親町天皇の治世となっていたが、天皇の意向にしたがって前回のごとく内裏内を見物させ、庭上で天盃を下賜する折に天皇との面談が実現する予定であり、またこれ以前、内々に叡慮として謙信に何か申し付けていたことに関して彼が馳走すれば、天皇もお喜びになるとしている。[78]これは、一つには未だ即位式をあげていない正親町天皇らが、即位費用の献納をかねてより越後方にも要請していたものについてのことと考えられる。天皇は翌年一月二十七日、践祚から約二年余ぶりに即位することができたが、『年譜』同日条によれば、前年十月の謙信帰国に際して、京都雑掌神余隼人佐(親綱ヵ)を在京させて、近衛前嗣の指示のもと、禁中に賀儀を献じさせ、摂関家以下公家衆に対しても進物をしたとあるので、一方ではこのことを指しているのであろう。

また、二つめには、禁裏修理料の進上問題があったものと思われる。謙信は、かつて天文二十二年上洛時に、後奈良天皇に拝謁した際、修理料を献納する旨、約束していたし、[79]それが未だ実施されていないことが、今回、問題にされた可能性がある。結局、修理料の献納が実施されたのは永禄三年七月で、[80]実際に引き渡されたのはさらに翌春のことであった。『お湯殿の上の日記』永禄三年六月十八日条によれば、越後方より「はやく人をくだされ候へ」との要請があったとし、その結果、広橋家の申次速水右近大夫(有益)が下向したとされている(同七月二日条)。進上の遅滞は、どうやらいつまでたっても献納手続のための使者を下向させないなど、朝廷側にその手続き上の原因があったらしい。謙信が参内し、庭上で天皇に拝謁したとき、さっそく以上の二件の献納に応ずる旨の返答を行ったのであろう。

さらに『年譜』永禄二年夏五月十一日条では、粟田口藤四郎吉光作の五虎退と称する剣を給わったうえ、昇殿が許され従四位下少将に叙任されたとしているが、『公卿補任』[81]によれば、この年、足利義輝が従四位下・征夷大将軍・左中将であるから、いきなり将軍と同じ官位というのは可能性が低い。『歴名土代』[82]にも、謙信叙任に関する記載は一切ない。また、昇殿の方であるが、謙信は先に従五位下に叙されているので、殿上人になる資格はあるものの、庭先で盃が下されるとしているのに昇殿の勅許があったとも考えにくい。謙信が宮廷内の身分秩序の中では地下であるとは、年譜編纂者も書きづらかったのであろう。

とにかく、上洛した謙信にとって、参内して天皇に拝謁することは、非常に象徴的な意味しか持っていなかったが、二回の上洛時にそれぞれの天皇に直接会うことができたのは重要なことであった。それは、少なくとも、当時の越後国内の人々の中で直接天顔を拝したのは、彼一人であったからである。その意味で、先の綸旨を得たことと合わせて、武家に限らず、越後国内の諸階層の人々に対しては天皇の意向をどのようにも解釈し、実施できる立場に立ったということができる。この意味では、比類のないことであった。

4　近衛前嗣と上杉謙信

謙信は今回の上洛において、想定外の事態に直面した。朝廷内での最高責任者、関白近衛前嗣との接触である。このときに前嗣が認めた文書には、年号・日付のないものが多く、前後関係の特定が困難である。謙信方と前嗣・義輝方とが謙信の上洛前にすでに意趣を通じていた可能性を示唆するものもあるが[83]、現存の史料よりその判断を下すのは難しいであろう。

特に前嗣が浄土宗智恩寺（百万遍）の住持三十世岌州にあてた日付のない二通の書状[84]（ⒶとⒷとする）について、Ⓐでは「弾正少弼一段たのもしき覚悟のよし、連々及承候間、是非共可申談候、入魂候やうに、くれくれたのミ入候」、Ⓑでは「長尾弾正少弼たのもしき心中之由、連々及承候条、是非共拙者儀入魂候様ニ、取成可為本望候」と記し、この部分についてはほぼ同じ内容となっている。これによれば、未だこの時点では謙信・前嗣の直談は行なわれていないし、岌州に対して前嗣が、何とか謙信と入魂になれるよう取りなしてほしいとしているので、両者はたいした面識もなかったことが推察される。むしろ、謙信の上洛後、前嗣が智恩寺岌州の取り計らいによって彼と気脈を通じるようになった、と見るのが自然である。

史料ⒶⒷに関連して、近衛家家司西洞院時秀（時当）が権大納言広橋国光（宛名欠）に宛てたと思われる書状[85]（Ⓒとする）には、「御方御所様（前嗣）より、長老へ以御書被仰候」（Ⓐのこと）との記述があり、また「明日自是（時秀）可申入候」との部分もあって、これはⒷの「唯今為使者差下時秀候」に対応するものと考えられる。したがって、ⒶⒷとも五月十六日に発給されたものであろう。Ⓐにはさらに、謙信が先に前嗣に依頼していた和歌懐紙の染筆のことと、先日、前嗣に贈られた隼一居に対する御礼とが記され、当初、謙信方が前嗣に接触した目的は、単なる文芸への興味と関白への挨拶程度のものにしか過ぎなかったことが考えられる。しかし、その一方で前嗣家臣の時秀と謙信配下の荻原掃部助とは、智恩寺や広橋家を介して水面下での交渉を持っていた。和歌懐紙作成のことも時秀が坂本まで下向して仰せ付けられたものであり、染筆して渡す代わりに謙信自身が取りに来るようにせよ、というのが前嗣の意向であった(Ⓒ)。

前嗣はいかにして謙信方と直談することができるのか、和歌懐紙の染筆は、「悪筆」(Ⓐ)とことわりながらも、謙信と会える機会を提供したのである。いずれにしても、謙信上洛後一ヵ月間は、両者の直接交渉は行なわれなかった。前嗣方は直談を望みながらも、あらゆる方法を使って謙信の人物を探っていたのであろう。謙信滞在中に前嗣が智恩寺岌州に宛てた多くの書状には、謙信のことをしきりに「たのもしき」と記しており、前嗣は経済力もあって期待できる様子の謙信に対して、並々ならぬ期待感を持っていたことだけはうかがわれる。しかし、実際に前嗣・謙信が直接面談したのは、後世の編纂にかかわるものを除く(古)文書など一次史料によれば、父稙家が最大で二回、しかも義輝邸での会見であり、子の前嗣が謙信と直談に及んだのは最大でも四回、そのうち一回は前嗣自身がしのびで、謙信が宿していた近江坂本まで下向しての参会であったという[86]。

その他、滞在中の直接書面による両者の交渉は意外に少なく、前嗣が謙信に宛てた書状が三通[87]、他に起請文が一通[88]、謙信が前嗣に出したものは今のところ伝わっていないようである。特に前嗣側は、そのほか多くの交渉の仲介を、智恩寺岌州に依頼しており、前嗣の岌州宛書状は八通が伝わっている。岌州は、陸奥国会津出身で、後奈良天皇の命により禁裏で説法を行った際、紫衣を下賜され、会津の蘆名氏の一族であると答えたという[89]。彼はこの後、永禄三年(一五六〇)九月、前嗣や時秀らとともに越後に下向している。

ところで、将軍義輝は六月十一日、前嗣に対して密議の内容については他言しない旨を誓約した起請文[90]を差し出し、その翌日にはやはり前嗣に対して御内書[91]を送り、「彼儀、下国之砌可申出候、然者、爰元無異儀候」と認めた。何ともわからない彼儀について、謙信が帰国する直前に義輝自身が説明することとし、そのことについては義輝もすでに同意しているとある。それゆえ、謙信がいったん帰国するのもやむを得ないとし、内々にこれらのことを前嗣から謙信に説明せよとある。

これだけでは彼儀がいったい何を指しているのかわからないが、少なくともこの段階において彼儀が関白・将軍のあいだでは同意され、謙信にも通報されたことは確認できる。それに加えて、前嗣の父稙家も義輝・謙信を交えた義輝邸での会席において、内々に聞かされた、おそらくは彼儀に関して、謙信との二者会談を望んでいる(92)から、稙家のかかわりもまた確認できる。ここまでは、彼儀がいったい何であるのか、まったく文書上には現れないし、将軍が関白に対して起請文を差し出してまでも守秘しなければならなかったほどのことであるから、他者に知られたくない、よほどの重大事が密約されたことは推測される。

その彼儀の一端が垣間見られるのが、前嗣が謙信に差し出した血書起請文(93)である。日付は永禄二年六月吉日付となっており、先の義輝起請文と相前後して出されたものと思われるが、謙信も含めて三者のあいだで起請文が取り交わされたのであろう(94)。公卿である関白が起請文全文を血書で認めるとはまったく異様なことであり、今まで朝廷に対しては消極的姿勢しか示さなかった謙信も、それを受けとって驚愕したであろうが、それだけに前嗣の並々ならぬ決意を感じたに違いない。

全文は七条よりなり、そのうち最初の一条目に眼目が示されている。つまり、「長尾一筋ニ頼入、遠国ヘ下向之事、聊も非偽候」とするものであり、謙信を頼って遠国に下向するということであった。下向の意思表明についてはこれ以前にもしていたらしく、前嗣が謙信に宛てた書状(95)でも「一筋ニ令下向上者、夜前如申、与力同前之覚悟候」とし、――ここでは起請文のことが触れられていないから、当該書状は起請文作成以前のものと思われる――とにかく京都を離れてどこかに下向すること自体が、一つの目的として示されている。

前嗣は謙信滞在中、一回だけ近江坂本の宿所を訪れ密談に及んでいた。この日、前嗣と智恩寺岌州の二人が坂本の謙信を訪問し、前嗣がこのときに血書起請文を差し出したとしているが、翌日、前嗣は謙信に書状を送り[96]、「昨日も直ニ申候様に申合候上者、可為景虎進退同前候」と記しているから、二十一日の会談で謙信も前嗣の下向について内諾したものと考えられる。ところが、七月に入り、今にも前嗣が謙信とともに越後国に下向してしまうかの風聞が広まったらしく、前嗣の一時期における下向はやむを得ないと思っていた義輝も、まさか目前に迫っている正親町天皇即位礼を放棄してまで、関白が下向してしまうとは予想していなかったようである。義輝は、とりあえず謙信に対して七月十四日付で御内書[97]を出し、天皇即位を口実として当職である前嗣の下向をやめさせるよう命じている。

そうした義輝も、彼に天皇即位後における下向についてて思いとどまらせることはできないとしており、これに副えられた同日付大館晴光の書状[98]によっても、決して義輝が前嗣の下向自体を禁止しているのではなく、「可有御延引由、被仰出候」といっているのであって、延期を要請したものであった。幕府としては、延び延びになっている即位式を前に執行主体の関白が不在となっては、朝廷のみならず、幕府の威令のさらなる低下や存亡の危機をもたらすという判断があった。しかし、これを受けた謙信側は請文[99]を提出し、前嗣の越後下向はあり得ないことではあるが、無二に依頼されれば応じざるを得ないとし、むしろ将軍近辺の面々の不義者の存在のほうが問題であると述べ、憤りをあらわにしていた。

このことを受けたのであろうが、謙信は、その後、前嗣に対して、下国するのであれば、無二に馳走する旨、申し送った。このことを含め、前嗣が岌州に宛てた書状[100]には、いくつかのポイントが示されている。

①前嗣の下向を阻止しようとする勢力の存在である。直江実綱より前嗣への書状には、「従方々抑留在之」として、下向を再検討する意志がないかどうか問い合わせて来たというのである。朝廷、幕府のみならず、越後方の内部にも、

関白下向に対する異論が出ていたことが考えられる。

②「既我等ハ京都無念なる条々、堪忍候事無分別ニ付、下国候事頻ニ存立事候」とか「京都ニハ、無本意体候へハ、堪忍不可申候条、他国へ可令下向候」といった記述のあることである。これが前嗣下向の直接的動機であったことは、まちがいない。朝廷にも幕府にも、すでに統治能力がないという現状認識である。それを何とか各地の武家の力をもって回復させたい、といったもくろみであった。

③去年四月頃に内々西国に下向する計画であったのが、両親の反対にあって延期して来たというものであり、その計画はいずれ実現しようと思っていたらしい。そうしたところ、たまたま上洛してきたのが謙信であったというだけのことであり、前嗣にとってはまさに待望していた勢力を得た、というところであったようである。

しかし、関白の下向を押し止めようという勢力がよほど強かったのか、「景虎ためあしき事にて候間、我等下国之段思留候へとの事ニつきてハ、不及是非候[101]」とし、いっさいは謙信の判断に委ねられた。ただ、最終的には謙信もまた、前嗣の下向を受け入れざるを得ないと判断したものか、義輝との談合により決したのであろう。それについて、前嗣が岌州に与えた書状[102]では、そうした謙信の気遣いを「返々あるまじき事」とも「めいわく申候」であるともしていることからみて、将軍義輝も関白前嗣の越後・関東下向には決して前向きな態度を示していたわけではなく、かえって関白自身の下向は本人の強い意向でもあり、やむを得ないという姿勢であったのではなかろうか。

ここでは謙信の第二回目の上洛と、その後の近衛前嗣とのかかわりを見てきた。今回の上洛の目的は、第一には先に示した景虎条書に示されていた、朽木動座中の将軍足利義輝の京都回復のための手助けをし、室町幕府支配体制の秩序を維持するとともに、将軍のもとでの在京奉公を行うということにあった。謙信による領域統治は、将軍―守護という支配体系を前提にしているだけに、将軍家の崩壊は看過できないと考えたのであろう。しかし、謙信が上洛したときには、すでに義輝は京都に戻っていたが、将軍に対して在京奉公を果たすだけでも所期の目的は達成することができたのである。幕府の再建を図ることができれば、ひいては朝廷の復権が図れるという意味では、朝廷をも視野に入れたものといえるものの、謙信自身、朝廷には必ずしも積極的な態度を示していたとは言えない。

在京中には参内し、天皇にも拝謁することはできたが、むしろ、それは象徴的なことであり、何らかの形で利用しようという意図は持っていなかったと思われる。朝廷と直接結びつくことは、幕府の存在を無視することにつながるおそれがあるからである。この点では『年譜』永禄二年夏五月十一日条に「幕府ノ御計ニテ」とあるごとく、朝廷のことは従前のように幕府を通すという形をとっていたものと考えられる。また、関白近衛前嗣との交渉について、少なくとも謙信方としては、まったくの予想外の出来事であった。謙信は幕府による威令を実施(利用)しようとしていたことはうかがえるが、朝廷を利用しようとしていた形跡はない。もし謙信が関白を奉戴して東国のことを処理しようとしていたならば、永禄三年に前嗣らが越後府内に到着したとき、謙信はそれを盛大に迎え、政治利用を図ったはずであるが、彼は前嗣一行が到着する少し前に関東に出陣してしまっていて越府には戻っていない。

一方、前嗣側は以前にも西国に下向する計画であったのが頓挫した形で謙信上洛を迎えていた。前嗣の意図は京都の秩序回復と、現状の打破にあったとみられる。それは都市としての京都の秩序や皇親、摂関政治の復活といったものではなく、朝廷―幕府体制の復権であった。前嗣は、天皇に次ぐ地位にある者として、天皇自身が大名に献資を言い出さざるを得ないほど朝廷の経済は困窮し、将軍自身が京都にさえ居ることができないような混乱に対して、「京都無念なる条々[103]」といったのであり、日本国全体までは無理だとしても、畿内近国程度の範囲の秩序回復、維持は考えていたのかもしれない。そのための強力な軍事力を求めて、前嗣は場所を問わず下向しようと考えていたのであろう。

前嗣が最初に西国を目指していたのは、かつて周防国の大名大内義興が十年ものあいだ領国を留守にして上洛し、管領代・山城守護として将軍足利義稙政権を支えていた、そのような政権のあり方を念頭においていたとも推察される。それが単に、今回、たまたま上洛してきたのが謙信であった、ということに過ぎないのである。当初、前嗣にとっては、東国のことなど、どうでもよいという意識はあったかもしれない。三者間で密談された彼儀が何を指していたのか明確でないものの、謙信より東国の情勢について説明されるうちに、謙信の本格的な上洛を支援するために、前嗣自身の関白という地位を最大限利用させようと考えたのではなかろうか。関白の出馬で解決できるという、甘い認識があった。それは前嗣が、謙信にかかわった以後の状況をみても明らかである。

前嗣は永禄五年に越後より帰洛するが、この後、織田信長と結び、九州諸大名間や本願寺などとの和議を進め、今まで将軍が担っていた大名間の調停機能をも自ら乗り出して果たした。さらに信長の甲州武田氏攻めにも同行しており、信長死去後は徳川家康を頼って浜松に下向した。常に期待できそうな大名と結びつこう、としていたのである。前嗣はともかく越後国への下向を堅く決意したのだが、その後の具体的な行動については何もプランを持っていなかった可能性が高い。それゆえ、「可為景虎進退同前候(104)」としたのである。彼の越後・関東下向時における動向より、彼儀の内容を推測することも困難である。

しかし、彼の下向は、当時の多くの公家衆が地方に下向した諸例(105)(領域支配・家領支配・経済的困窮・避難などの目的)とはちがい、非常に政治的色彩を帯びたものであった。この前嗣の越後・関東下向以後、上杉謙信の対京都政策は、将軍家とのつながりを軸として展開していくが、度重なる足利義昭による参洛要請にもかかわらず、謙信は三回目の上洛を果たすことはなかった。

近衛前嗣の越後・関東下向問題については、多くの研究者によって究明されてきた。最後に、その主なものを紹介し、論点を指摘しておく。

①近衛通隆「近衛前久の関東下向」(『日本歴史』三九一、一九八〇年)
②佐藤博信「越後上杉謙信と関東進出―関東戦国史の一齣―」(『戦国の兵士と農民』、角川書店、一九七八年)
③湯川敏治「足利義晴将軍期の近衛家の動向」(『日本歴史』六〇四、一九九八年)
④谷口研語『流浪の戦国貴族近衛前久』(中公新書、一九九四年)
⑤瀬田勝哉『洛中洛外の群像―失われた中世京都へ』(平凡社、一九九四年)
⑥新潟県『新潟県史』通史編2中世(一九八七年)

①では、前嗣下向の目的を、謙信による関東経略を支援し、彼のさらなる上洛を早め、最終的には謙信の力を持って京都政治の刷新を意図したものである、とする。

②では、謙信上洛の目的を形として前掲「関東、上杉五郎進退事」(五一頁)の足利義輝御内書を得ることと、その内容とが公認されることにあったとし、その後、謙信の主要な関心事が前嗣との関係に移行していった、とする。ただ、前嗣の越後下向があくまでも彼自身の主体的意志であって、謙信側よりの要請にもとづくものではないとしながらも、その真の目的については必ずしも明らかにされていない。

③では、前嗣下向の計画は、足利義輝とその母慶寿院・妻、近衛稙家ら近衛家の人々によって進められ、背後で天皇も了承していたとするが、その目的は幕府の権威を高揚させて、京都政治の刷新を図ろうとするものであった、とする。

④では、謙信上洛の真の目的を関東管領の処置について将軍家の委任を取り付けることにあったとし、前嗣下向の目的は現在の関白を謙信に奉戴させ、関東の平定を容易に成し遂げさせた上で再び上洛し、室町幕府を原姿に戻すこ

とにあった、とする。

⑤では、上杉家に伝来した洛中洛外図屛風に描かれた絵が京都への憧憬などというものではなく、その視座が足利義輝に据えられていたと指摘する。

⑥では、謙信上洛の真の目的を、将軍との結びつきを強めること、信濃問題の解決を図ること、関東出兵の大義名分を得ることの三点にまとめる。

おわりに

上杉謙信を中心として、それに至るまでの守護上杉氏時代をもふくめ、朝廷・公家衆とのかかわり方や、対朝廷政策を見てきた。特徴として言えることは、長尾・上杉氏とも、終始将軍の臣下であるという原則から抜け出すことなく、あくまでも朝廷に対する事柄は室町幕府を通すという姿勢を貫いていた。これは長尾・上杉氏に限ったことでなく、同時代の他の大名家においても、特に叙任に関することなどは幕府を通じて行うという態度をとっていた。そうかといって、朝廷との直接的結びつきを求めなかったかというと、そうでもない。ここで見た長尾為景以降、晴景・景虎(謙信)と、越後の戦国時代を担った三人の武将は、それぞれ節目となる折には治罰綸旨や御旗などの下賜を受け、それをその時々における課題に対するための一つの処方として使用していた。

特に謙信にいたっては、生涯のうちに二度も軍勢を伴って上洛するなど、将軍やそれに続く天皇に対して並々ならぬ思いを抱いていたことだけは容易に推し量ることができる。彼の上洛は本願寺勢力、朝倉氏、六角氏など行路上の大名や宗教勢力を打倒しながら達成されたものではなく、逆に通行の安全についての彼らの保障を得ながらのものであった。この意味でも決して天下に号令するといった性格のものでなく、将軍―守護秩序の下で粛々と行われたということができる。

註

（1）『満済准后日記』は続群書類従完成会本による。
（2）駿河国の今川義元は、その家督を継承するのに室町幕府将軍足利義晴の力を利用し、大名今川氏としての全盛期を迎えていたことが明らかにされている。平野明夫「今川義元の家督相続」（『戦国史研究』二四、一九九二年）、同「家督相続後の義元と室町将軍」（『戦国史研究』三五、一九九八年）。
（3）『越佐史料』（名著出版）巻三―二九四～二九七頁。
（4）『後法興院政家記』（『増補続史料大成』第五～八巻、臨川書店）文明十六年十一月十八日・同十七年二月十一日・同十八年九月三日・同年九月二十七日条等参照。
（5）二木謙一『中世武家儀礼の研究』（吉川弘文館、一九八五年）四二〇～四二九頁。
（6）『系図綜覧』（国書刊行会）所収「関東管領上椙山内扇谷両家及庶流伝」、『続群書類従』系図部四十八・四十九所収「上杉系図」（第六輯下）、『寛永諸家系図伝』（続群書類従完成会）第七所収「藤原氏　乙一　北家　良門流　上杉・加々爪・宅間」による。
（7）明治四十一年、謙信は贈位として従二位に叙せられた。
（8）前掲註（5）及び『越佐史料』巻三―三八一～三八八頁。
（9）朝廷の外官である国司と幕府の地方官である守護職の兼帯は全国的に行われ、室町期守護権力の根源となったとされ

る。『新潟県史』通史編2中世一六四頁参照。

(10)『斎藤親基日記』(増補 続史料大成本)同年十一月十日条による。なお、この後、上杉房能が五〇貫文、謙信の父長尾為景も「御礼」をそれぞれ後柏原・後奈良天皇即位に際し献じている。

(11)『新潟県史』通史編1原始・古代、六一八～六二五頁、『新潟県史』通史編2中世、一六四頁参照。

(12)『新潟県史』資料編3中世一、八二一号。

(13)『越佐史料』巻二―六二〇・七五四～七五六頁。

(14)『新潟県史』資料編3中世一、八二一号。

(15)上総国・信濃国の守護。

(16)『新潟県史』資料編3中世一、二八五・八二三号。

(17)戦国期に至っても、なお文書上にその土地の由来を示す「国衙」「国領」「国衙職」といった語を地名とともに記載し、あるいは称していたのは、このことを裏付けているのではないであろうか。

(18)吉村茂樹「国司制の崩壊」(国史研究会編『岩波講座 日本歴史』岩波書店、一九三四年)。

(19)渡部恵美子氏によれば、西日本地域では戦国期に至るまで、朝廷の定めた年号は十分な統治機能を有していたが、東日本地域においては朝廷がその役目を負いかねる状況が出現したとし、その結果として、本来朝廷が果たすべき機能を東国自身で担おうとし、それが形となって現れたものが東国一円で使用された私年号であると位置付けている(渡部恵美子「戦国期の私年号について―「福徳」「弥勒」「命禄」を中心として―」)(『信濃』四九―一二、一九九七年)、同「戦国大名と私年号」(『信大史学』二二、一九九七年)。

(20)池 享「大名領国制の展開と将軍・天皇」(『講座日本歴史』4中世2、東京大学出版会、一九八五年)二六六頁。

(21)『経覚私要鈔』宝徳四年(一四五二)四月二十六日条、『越佐史料』巻三―四四頁。
(22)以下の状況については、『越佐史料』巻三―八〇八～八三四頁参照。
(23)『新潟県史』資料編3中世一、一〇〇〇号。
(24)『定本　上杉名宝集』(郷土出版社、一九九六年)図版解説一四三。
(25)『新潟県史』資料編3中世一、九九六号。
(26)『新潟県史』資料編3中世一、一〇〇三号。
(27)『新潟県史』資料編3中世一、七七五号。
(28)『新潟県史』資料編3中世一、九八〇号。
(29)後奈良天皇の父後柏原天皇も践祚してから二十二年経過した永正十八年(一五二一)三月、幕府よりの献納もあってようやく即位式を行うといった状態であった。また東坊城和長の日記である『和長卿記』(『越佐史料』巻三―四四四頁収載)の文亀元年(一五〇一)十二月二十三日条には、「御即位日次凡為今回歟、雖然国役之事、為武家雖被下知、一向不致沙汰之間、如今者大礼之義急速不可奉行歟、諸人呑気云々」とあって、当時室町幕府の威勢が著しく低下していたことが、各国守護らの国役無沙汰という具体的な形としてもすでに現れていたことが示されている。又、奥野高廣『戦国時代の宮廷生活』(続群書類従完成会、二〇〇四年)三～五頁参照。
(30)晴景の家督継承は、『越佐史料』巻三―八三二頁の年次比定では天文五年(八月三日)であるが、『新潟県史』通史編2中世五六一頁では遅くとも天文八年までのあいだと推定する。
(31)『新潟県史』資料編3中世一、七七六号。
(32)為景の死亡した年次について『越佐史料』が採用している天文五年説を中心に、諸説あるが、近年では天文十一年説が有力となっている。阿部洋輔「長尾為景文書の花押と編年」(山田英雄先生退官記念会編『政治社会史論叢』、近藤出版社、一九八六年)、長谷川伸「長尾為景の朱印状と「越後天文の乱」」(『古文書研究』四一・四二合併号、一九九五年)参照。

(33) これ以来、上杉氏の所蔵となっていたが、明治元年に上杉神社(山形県米沢市)が創建されるのを機に、同氏より寄贈されたとする。後奈良天皇の意図は、三百年以上たった明治時代になってようやく実現されたのである。『定本 上杉名宝集』図版解説七四。

(34) 「曼殊院文書」五、『越佐史料』巻三―八七一〜八七二頁。

(35) 『歴代古案』第二―三七九号。

(36) 『満済准后日記』永享四年二月一日条には、八条上杉持房(禅秀の子)の所領越後国鵜川荘(新潟県柏崎市)をめぐる争いの中で、将軍足利義教の御教書をもって、早々に荘内の下地を渡付べしとの命令が在京中の長尾右京亮実景の手を経て越後国に伝達されたとある。

(37) 『国史大辞典』第六巻(吉川弘文館、一九八五年)「雑掌」の項(安田元久執筆)参照。

(38) 『改訂増補 故実叢書』十一巻。

(39) 拙稿「戦国大名上杉氏の外交について―対朝幕交渉を中心として―」(『柏崎 刈羽』一五、一九八八年。本書第二章)二七〜三四頁所収「室町時代の諸大名に於ける外交を担当した雑掌」表参照(本書未収)。

(40) 『実隆公記』享禄四年(一五三一)四月十三日条参照。なお、高国はこの約二ヵ月後の六月に細川晴元・三好元長・赤松政村らとの摂津天王寺合戦に破れて尼崎で自害するが、その後、為景は幕府内の後援者を失ったことにより領域経営で窮地に陥る。このことが天文年間に入り、彼を朝廷重視政策へと転換させる一つの契機になったと考えられる。

(41)『増補　続史料大成』第二十二巻。
(42)拙稿「上杉氏在京雑掌神余氏と京都禅林」(『戦国史研究』一九、一九九〇年。本書第二章付論三)参照。
(43)芳賀幸四郎「中世末期における三条西家の経済的基盤とその崩壊」(『日本学士院紀要』一三―一、一九五五年)参照。
(44)例えば神余昌綱書状(『新潟県史』資料編3中世一、一八四・五七八号)、神余実綱書状(四七〇号)。
(45)拙稿「戦国大名と情報―越後上杉氏在京雑掌神余氏と「時宜」注進―」(『柏崎　刈羽』一七、一九九〇年。本書第五章付論二)参照。
(46)陽明叢書(思文閣出版)記録文書篇第三輯。
(47)宮内庁書陵部編『図書寮叢刊』。
(48)『越佐史料』巻三―四〇三頁。
(49)『越佐史料』巻四―七〇～七三、八六～九一頁。
(50)『上杉家御年譜』第一巻謙信公(米沢温故会編纂、原書房、一九八八年)天文二十一年夏五月十二日条参照。
(51)二木　前掲註(5)四二九～四三九頁参照。
(52)同前四三七頁参照。
(53)『新潟県史』資料編3中世一、一五五・九三九～九四三号。
(54)『新潟県史』資料編3中世一、一五五号。
(55)二木　前掲註(5)四二七～四二九頁参照。
(56)室町将軍家(足利義輝)御内書(『新潟県史』資料編3中世一、九五〇号)等。
(57)『新潟県史』資料編3中世一、一四〇号。

(58)『後法興院記』文明十六年十月二十一日・同十一月十八日・同十七年二月十一日条などに見られる、連歌師宗祇を介しての、京都吉田社造営奉加に対する上杉氏の助力は、藤原氏の氏神社に対する支援でもあり、一方では叙任に対しての政治的活動であったものと推察される。
(59) 本書第一章—四—4参照。
(60)（天文十九年）二月二十八日付幸海宛大覚寺義俊書状（『新潟県史』資料編3中世一、九四一号）には、「早々御礼申上候様、可申下事簡要候也」とある。
(61)『新潟県史』資料編3中世一、一三六号。
(62)『越佐史料』巻四—九三〜九七頁。
(63) 上松寅三編纂校訂『石山本願寺日記』（清文堂出版、一九六六年）。
(64)『越佐史料』巻四—九八頁。
(65)（天文二十三年）三月十六日付如雲坊宛大熊朝秀書状（『越佐史料』巻四—一〇八頁）。
(66)（天文十九年）二月二十八日付長尾平三（景虎）宛大覚寺門跡義俊書状（『新潟県史』資料編3中世一、九四〇号）。
(67) 六月二十八日付長尾景虎書状（『歴代古案』〔『史料纂集（古文書編）』25、続群書類従完成会〕第二、三七九号）。
(68)『新潟県史』資料編3中世一、一〇一三号。
(69)『新潟県史』資料編3中世一、七七四号。
(70)『歴代古案』第一、三〇二号。
(71)『新潟県史』通史編2中世、五九七〜五九八頁。
(72) 井上鋭夫『日本の武将35　上杉謙信』（人物往来社、一九六六年）。

(73) 以下の状況については、『越佐史料』巻四―一七七～二三六頁参照。
(74) (永禄二年)六月二十九日付室町将軍家足利義輝御内書(『新潟県史』資料編3中世一、九六八号)。
(75) 『越後侍衆・馬廻衆・信濃関東大名衆等祝儀太刀次第写』(『新潟県史』資料編3中世一、八三二号)。
(76) 『新潟県史』資料編3中世一、九三七号。
(77) 『新潟県史』資料編3中世一、二七四号。
(78) (永禄二年)月日欠祖印宛広橋国光書状(『新潟県史』資料編3中世一、二九三号)。
(79) 『お湯殿の上の日記』(『続群書類従』補遺三、続群書類従完成会)永禄三年六月十八日条。なお、同七月二日・九月二十日条参照。
(80) (永禄三年)七月二日付長尾弾正少弼(景虎)宛広橋国光女房奉書副状(『新潟県史』資料編3中世一、七七三号)。
(81) 『新訂増補国史大系55巻　公卿補任』第三編(吉川弘文館)。
(82) 『群書類従』第二十九輯雑部。
(83) 谷口研語『流浪の戦国貴族近衛前久』(中公新書、一九九四年)。
(84) 『新潟県史』資料編3中世一、九八六号・九八五号。
(85) (永禄二年)五月十五日付、『新潟県史』資料編3中世一、五六六号。
(86) 「上杉家文書」所収に拘わる両掛入精選古案箪笥入文書等の一次史料に依る。
(87) 『新潟県史』資料編3中世一、九七三～九七五号。
(88) 『新潟県史』資料編3中世一、九七六号。
(89) 『新編会津風土記』八九、『越佐史料』巻四―一八七～一八八頁。

(90)『新潟県史』資料編3中世一、九九二号。

(91)『新潟県史』資料編3中世一、九六六号。

(92)(永禄二年月日欠、六月又は七月か)長尾弾正少弼宛近衛前嗣(前久)書状(『新潟県史』資料編3中世一、九七三号)。

(93)『新潟県史』資料編3中世一、九七六号。

(94)(永禄二年月日欠)智恩寺(岌州)宛近衛前嗣書状(『新潟県史』資料編3中世一、九八九号)には、「勿論少弼も誓紙候上」とある。

(95)『新潟県史』資料編3中世一、九七三号。

(96)『新潟県史』資料編3中世一、九七五号。

(97)『新潟県史』資料編3中世一、九六九号。

(98)『新潟県史』資料編3中世一、一三一号。

(99)(永禄二年七月十四日付か)長尾景虎請文案(『新潟県史』資料編3中世一、九七〇号)。

(100)(永禄二年月日欠)智恩寺岌州宛近衛前嗣書状(『新潟県史』資料編3中世一、九八九号)。

(101)(永禄二年月日欠)長尾弾正少弼宛近衛前嗣書状(『新潟県史』資料編3中世一、九七四号)。

(102)(永禄二年月日欠)知恩寺岌州宛近衛前嗣書状(『新潟県史』資料編3中世一、九九〇号)。

(103)註(100)に同じ。

(104)(永禄二年月日欠)長尾弾正少弼宛近衛前嗣書状(『新潟県史』資料編3中世一、九七五号)。

(105)当該期公家衆の地方下向については、富田正弘「戦国期の公家衆」(『立命館文学』五〇九、一九八八年)に詳しい。

〔付記〕　以上に掲げた諸文献のほか、池上裕子他『クロニック　戦国全史』（講談社、一九九五年）、今谷明『武家と天皇——王権をめぐる相剋——』（岩波新書二八六、一九九三年）、小和田哲男『戦国大名』（教育社歴史新書〈日本史〉55、一九七八年）、鈴木国弘「中世『国郡制』論覚書き」（日本大学文理学部人文科学研究所『研究紀要』五〇、一九九五年）等を参照した。

付論　京都泉涌寺文書と越後上杉氏

京都市東山区泉涌寺山内町にある御寺泉涌寺は、建保六年（一二一八）に俊芿律師によって開山された真言宗泉涌寺派の総本山であるが、「みてら」と称される如く後堀河天皇以来現在に至るまで、永く皇室の菩提所として存在してきた特異な寺格を有する寺院でもある。同寺に所蔵の所謂「泉涌寺文書」の中には、同寺と越後国の大名上杉氏との関係を示唆する室町期の古文書が数点程収められている。本項ではそれらの紹介と共に、若干の考察を加える。

〔史料（1）〕

上杉旧跡地子銭之事、数通対（帯）御下知、当知行之処、十ケ年以前、長尾依到（致）無音、被押置之由、被　仰出候、迷惑仕、其後於朽木御礼申上候キ、雖然、御在夷之儀候間、不及菟角候、既御入洛之上者、則到（致）注進、重畳御礼等可申上候、此節如先々安堵之儀、被仰付候様、宜預御取合候、

十二月廿三日

大館上総介殿

〔史料（2）〕

納申　料足之事、

合五拾貫文者、

右、為御即位御要脚、越州

上杉殿御進上、所納申如件、

文亀元年十二月十三日　　大橋帯刀左衛門尉 宗長（花押）

〔史料3[3]〕

上杉旧跡地子銭之事、数通対（帯）御下知、当知行之処、十ケ年以前、長尾依到（致）無音、被押置之由、被　仰出候、迷惑仕候、其後於朽木御礼申上候キ、雖然、御在夷之儀候間、不及菟角候、既　御入洛之上者、則到（致）注進、重畳御礼等可申上候、此節如先々安堵之儀、被仰付候様、宜預御取合、

十二月廿三日

大館上総介殿

〔史料4[4]　折紙〕

山東郡内大積保寺社領共、判門田清左衛門尉分事、為忠賞、去一日被成　御判候、任其旨、御知行不可有相違候、仍如件、

永正七
拾月十日　為景（花押）

神余越前守殿

史料1と史料3は大よそ同じ内容のものであり、恐らくは案文としての史料3の方が先に作成され、史料1はそれを手直ししたものであろう。冒頭にある「上杉旧跡」とは、文明九年（一四七七）十一月十五日に第六代越後国守護上[5]杉房定が、室町幕府より安堵された守護上杉氏京都邸「樋口以南高倉以東四町々、樋口以南万里小路以東四町々、六条坊門高倉東□南角寺屋敷地[6]」の宅地を指すものと考えられる。現在の京都市内五条大橋の西側で、且つ渉成園（東本願寺別邸で枳殻邸と称される）の北側の地域に当たるものと推定される。当該地は、この時点では既に上杉氏によ

る「当知行」の地となっており、いつ上杉氏の所有地として守護邸となったのかは定かではない。しかしこれよりかなり以前、広橋兼宣の日記『兼宣記』[7]の応永九年（一四〇二）六月二十六日条に於いては、多くの大名邸へ頻繁に「渡御」を行っていた第四代室町将軍足利義持が、第三代越後守護であった上杉房方邸へも史料上初めて「渡御」をしている記事が見られ[8]、在京する守護の邸宅としての上杉邸の存在が認められる[9]。

尤も、この房方邸がここで話題としている文明九年段階に於ける守護上杉邸と同一であるとは断定することはできないが、この後に於いても守護邸の移動を示す様な証拠は管見の限り得られないし、しかも第四代越後守護の朝方が、「京師ニアリ、高倉ト称ス」[10]として、洛中の高倉に居住していたことが推測される。当時、地名を以て称号としていたことは周知の事実であるので、この高倉という地は先の文明九年の奉書にも記載のある高倉という地名と同一であると認められること等より、守護上杉邸の京都邸地は室町幕府草創間もなく幕府より上杉氏へ新給されたものと考えられ、その場所は文明九年奉書にある「樋口以南高倉以東……」であって、この場所は室町期を通じて動かなかったものと見て先ず間違いなかろう。

そして当該地は、越後国最後の第八代守護となる上杉定実に対しても、幕府より永正十二年（一五一五）十二月三十日付で安堵されている[11]。それには「帯去文明九年奉書」（註（6）の文書を指す）とする文言が記されているが、これらのことからも、必ずしも守護家当主の代替わりごとに幕府より守護京都邸安堵の幕府奉行人奉書が発給されるとは限らず、或は守護家よりのその発給申請があった場合にのみ幕府より発給されたものかもしれない。この約二年後、定実はこのもはや使われなくなった邸地を、「上杉殿菩提堤」[12]として「数通公方御下知」と共に泉涌寺内の新善光寺[13]に寄進した。永正十四年八月二十二日のことである[14]。この寄進状にある「上杉殿」とは、永正の乱に於いて関東に落ちる途中、越後松之山の天水越で永正四年八月七日に自害した、前越後守護第七代房能のことと思われる。房能養子の定実も上杉氏出身であるが、分家上条氏の出身であったことと、房能に対する敬意からこの様に記したのであろう。(15)房能自害の原因が守護代長尾為景と結んだ自分にもあったという自戒の念から、今回の守護家代々の邸地の寄進となった。

これにより、泉涌寺はこの旧上杉屋敷地を知行しかけたのであるが、当該地に対する屋地子（銭納であるから地子銭）を幕府へ未納していたため、幕府から事実上差し押さえられてしまった。前述の如く、この旧上杉屋敷地は室町初期に幕府より上杉氏に新給され、その後も幕府によって安堵されてきた土地であったために、上杉氏が以来その地子銭を幕府に対して納入していたものと考えられる。定実による寄進後も、上杉氏は地子銭のみは負担することとし、その代官的地位にあった守護代長尾氏に対して幕府へ納入する様命じていたものと思われる。これについては、その地子銭を直接上杉氏より幕府に納入していたのか、又はその分の代銭を泉涌寺へ送進して、同寺から幕府へ納入する様にしていたのかは、猶判然としない。ところが、定実は為景の傀儡にしか過ぎず支配の実権を有しなかったため、為景は守護上杉氏の権威失墜をも狙って意図的に十ケ年以前より地子銭を送進しなかったのであろう。

その間、足利将軍家では十二代の義晴が近江朽木に逃れる等、泉涌寺としてもなかなか同地子銭を納入して下地を回復する手段を見出せないでいたところ、天文三年（一五三四）九月に入り義晴の入洛が達成されたため、早速同寺は大館上総介(16)に対して義晴へ前々の如き安堵の仲介を依頼したのである。本状は義晴上洛の天文三年のものと見られるが、地子銭は十ケ年以前より既に音沙汰無しとなっていたとしていることから、定実寄進直後には既に守護代長尾為景が未進していたことになる。守護が寄進したものを、その直後に守護代が攪乱するとは極めて異常な事態ではあるが、永正の乱を経て定実と為景の立場は逆転し、定実が実質的な支配権を失ったことを考えれば頷ける。天文初年に於ける定実と為景の関係を示唆する史料として、興味深い。

史料2はこれら四点の中では最も古く、後柏原天皇の即位に際してのものであり、勅筆によりその国役が幕命として諸国に下知されたが、越後守護上杉房能はそれに応じ料足五〇貫文を納入した。結局、幕府権威の低下もあって国役の未進が相次ぎ、即位大礼は延引せざるを得なかったが、[17]本状は上杉氏進上分の要脚の幕府側担当者である大橋宗長より朝廷に対する納入書の正文である。

史料4は、長尾為景が京都雑掌の任にある神余《かなまり》越前守昌綱に対して越後国山東郡大積保（現在の新潟県長岡市大積町付近）を新給する際に発給した安堵状（折紙）であり、上杉定実の判物に基づく知行宛行の典型のものとして多くの研究家により引用されてきた、ある意味で有名な文書である。同年、定実・為景は永正四年に自害した前守護房能の兄で、関東管領の上杉顕定による越後支配への介入を排したが、その四ケ月後に発給された本状では、それに関係したと思われる判門田清左衛門尉の所領が昌綱に与えられている。

では何故、本状は泉涌寺の所蔵となったのであろうか。可能性としては様々あるが、知行所を保障した文書の正文であることから見て、恐らく昌綱は為景より大積保を新給されて間もなく、本状を添えて同保を泉涌寺へ寄進したものと考えられ、同寺は大積保が上杉謙信死去後、その跡目を巡って展開された御館の乱によって越後国刈羽郡赤田城城主の斎藤下野守朝信に新給される天正八年[18]（一五八〇）迄、名目的にせよ、そこを知行したものと思われる。文中の割書部分に見える「寺社」とは、室町期を通じて同保を所有してきた京都の北野天満宮を指していると見て大よそ間違いない。

神余氏は越後上杉氏の京都雑掌としてのその性格故に、既に没落していた判門田氏によって押領された形の同保を上杉氏より賞与され、結果的に見て在京しながら平然として当知行とすることは、避けなければならなかった事態なのである。[19]それは同じ京都にある、将軍家の保護も厚い北野社に対する配慮でもあり、大名の意を帯し在京雑掌としての職務を遂行する上でも不利な条件として神余氏より捉えられていたことは言う迄もない。ここに分国側に於ける実質的な統治者長尾為景と、実際に在京して旧体制勢力である権門勢家との交渉に直接当たっている神余氏との間の認識のずれを窺うに至る。しかし、神余氏は、大積保を皇室の菩提所でもある泉涌寺へ施入することにより、その旧主北野社、そして分国側双方の対面を保ったのである。

以上、四点の史料からは、必ずしも長尾氏が京都にある上位の権威に対する求心性を示していたということは言えず、逆にそれらを刺激したりする等、意図的な無理解が見られ、在京代官神余氏との政策的認識の齟齬もあったことが窺われる。

註

（1）以下四通の古文書は、何れも東京大学史料編纂所所蔵写真帳「泉涌寺文書」（全六冊、同所昭和六十二年九月撮影）によった（以下「東大本」と称す）。猶、これらは『越佐史料』巻三に既に採録されている。

本文書は、東大本の第二冊三丁に「旧記五通」の内の一つとして収められている。

（2）本文書は、東大本の第二冊四丁に「旧記五通」の内の一つとして収められている。

（3）本文書は、東大本の第三冊四丁に「旧記八通」の内の一つとして収められている。

（4）本文書は、東大本の第三冊十三丁に「旧記八通」の内の一つとして収められている。

（5）越後守護に関して、『新潟県史』通史編2中世、二〇九〜二一一頁では、四代上杉朝方と五代房朝の間に未確認の五代目守護となるべき人物が存在するとし、それは上杉七郎頼方（山浦氏）であると推定される。とすれば、房朝以降の守護については従来の就任順位が一位ずつ繰り下がる筈であるが、本稿では取りあえず従来の就任順位に従って記述しておく。

（6）『大日本史料』第八編之九、八三九～八四〇頁所載の室町幕府奉行人連署奉書案（『異本上杉家譜』）による。猶、左に示す。

樋口以南高倉以東四町々、樋口以南万里小路以東四町々、六条坊門高倉東□南角寺屋敷地之事、早任当知行之旨、可致全領知之由、所被仰下也、仍執達如件、

文明九年十一月十五日　弾正忠（布施英基）
大和守（飯尾元連）

上杉民部（房定）大輔殿

（7）『越佐史料』巻二―六九六頁収載分による。

（8）拙稿「戦国大名上杉氏の外交について―対朝幕交渉を中心として―」（『柏崎　刈羽』一五、一九八八年。本書第二章）一二～一四頁収「上杉氏在京関係年表」（本書九六～九七頁）参照。猶、史料上確認できる室町将軍の京都上杉邸渡御記事を左に示しておく。

室町将軍家による上杉氏京都邸渡御一覧表

No.	史料名	年月日	渡御者	当時の越後国守護	備考
1	兼宣記	応永9（一四〇二）・6・26	足利義持	上杉房方	方違
2	満済准后日記	応永20（一四一三）・3・27	足利義持	上杉房方	
3	満済准后日記	応永22（一四一五）・3・27	足利義持	上杉房方	
4	看聞御記	応永29（一四二二）・6・26	足利義持	上杉朝方	朝方代初度の将軍入御

5	満済准后日記	応永30（一四二三）・3・9	（足利義量）	上杉房朝（上杉頼方）	足利義量は応永30・3・18に将軍宣下を受ける
6	兼宣公記	応永31（一四二四）・3・26	足利義持	上杉房朝（上杉頼方）	方違
7	兼宣公記	応永32（一四二五）・11・9	足利義持	上杉房朝（上杉頼方）	

（9）伏見宮貞成親王（後崇光院）の日記『看聞御記』（続群書類従完成会）応永二十三年（一四一六）三月六日条には、京都市中で大火が発生し、五条万里小路より出火して数十町を焼失したとある。この時「上椙一族屋形炎上」したとするが、出火場所から考えて守護上杉邸に当たるものと思われる。「一族屋形」という記載から見て、関東の上杉氏等の屋敷もこの付近に集まっていたのであろう。又、これより以前、醍醐寺三宝院満済の日記である『満済准后日記』応永二十一年十月二十日条には、「今夜五条辺焼失。上椙被官人長尾家云々」という記事があり、上杉氏被官人長尾氏の五条近辺にあったとする邸宅が焼失したことが分かるが、上杉氏とその家臣である長尾氏の京都邸は、当時かなり近接した地域に集まっていたことが推測される。

（10）又、前掲「上杉系図」には、「号高倉。應永二十九年十月十四日於高倉死」とある。

（11）『大日本史料』第九編之五、九三七～九三八頁所載の室町幕府奉行人連署奉書案（『異本上杉家譜』）による。猶、左に示す。

樋口南、高倉以東四町々、樋口以南、万里小路以東四町々、六条坊門高倉頬南角屋地事、帯去文明九年奉書、任当知行之旨、弥可被全領知之由、所被仰下也、仍執達如件、

永正十二年十二月卅日

（斎藤時基）上野介
（斎藤基雄）美濃守

上杉兵庫頭《（定実）》殿

(12) 在京を旨としていた守護大名上杉氏も、既に守護代長尾邦景を滅ぼした房定の頃には、ほとんど在国して政務を執る様になる。その後、京都上杉邸がどの様になったのかは不明であるが、或は京都雑掌である神余氏らに管理をさせていたのかもしれない。

猶、註(18)参照。

(13) 寛元元年（一二四三）、後嵯峨天皇の勅願により洛中の一条大宮に於いて創建。応仁年間に兵火で焼失し、文明五年（一四七三）、後土御門天皇の勅命により泉涌寺内で再建された。猶、『京都市の地名』（『日本歴史地名大系』第二七巻、平凡社、一九七九年）参照。

(14) 『大日本史料』第九編之七、六〇～六一頁所載の上杉定実寄進状（「新善光寺文書」）による。猶、左に示す。

奉寄進上杉屋敷事

合壱所者、

右敷地、為上杉殿《（房能）》御菩提、泉涌寺内新善光寺江、相副数通公方御下知、令寄附畢、永代無相違、可有御知行者也、仍寄進状如件、

永正十四丁丑年八月廿二日　　定実《（上杉）》（花押）

(15) 尤も、房能実父の守護房定も上条上杉氏出身（清方の子）ではある。

(16) 『越佐史料』では「晴光」と比定する。設楽薫「大館尚氏（常興）略伝―将軍義晴の登場まで―」（『室町幕府関係引付史料の研究』昭和六十三年度科学研究費補助金研究成果報告書）によれば、晴光がそれまでの官途名左衛門佐より、大館氏嫡流が任ぜられるべき受領名である上総介を称するのは永禄元年（一五五八）とし、更にその翌年には陸奥守に任官し

たとしている。当該文書に於ける「上総介」を晴光であるとするならば、設楽氏による設定条件を満たすためには、当該文書の年次は十三代将軍足利義輝が朽木より戻る永禄元年としなければならない。だが、永禄元年と比定すれば、既に長尾景虎(上杉謙信)の代となって十年を経ており(父長尾為景の没年については諸説があり確定しないが、天文五年〈一五三六〉~天文十四年の間には死去したものと推定されるし、兄晴景より弟景虎への家督移譲も天文十七年の末には実現していた)、彼の初度の上洛(天文二十二年十月~十二月)もあり、更に翌永禄二年四月~十月には二回目の上洛もある訳で、泉涌寺側としては何も幕府へ訴え出るよりも、上洛してきた上杉(長尾)氏に直接要請を行う機会は十分にあった筈である。

猶、当該期に於ける室町将軍家等の移動に関しては、今谷明『室町幕府解体過程の研究』(岩波書店、一九八五年)四〇〇~四〇一頁と四六〇~四六一頁に収載されている図表により分かり易い。

(17) 東坊城和長の日記『和長卿記』(『越佐史料』巻三―四四四頁収載分による)の文亀元年(一五〇一)十二月二十三日条には、「御即位日次凡為二今日一歟、雖レ然国役之事、為二武家一雖レ被二下知一、一向不レ致二沙汰一之間、如今者大体之義急速不レ可二奉行一歟、諸人呑レ気云々」とあって、当時室町幕府の威勢が著しく低下していたということが、具体的な形としても既に現れていたことが示されている。

(18) 上杉景勝による斎藤氏宛知行宛行状を左に示しておく。猶、本文書は東京大学史料編纂所架蔵影写本「齋藤文書」(新潟県長岡市長町・反町十郎氏所蔵、全一冊〔「上野文書」と合冊〕、同所昭和二十五年九月影写)によった。体裁は折紙である。

今度、苅(刈)羽郡内六ケ所相除其外悉并大澄(積)之地神余分、其方江出置候、北条一跡乗松丸ニ出之候旨、不可有相違者也、

仍執達如件、

壬三月十四日　　景勝（花押）

斎藤下野守殿

この段階に於いても、猶「大澄（積）之地神余分」と記載しているのは、御館の乱で勝利を収めた上杉景勝が、分国内に存在していたあらゆる旧体制権威による所有関係を否定し、この大積保の件に関しても先の守護代長尾為景の安堵状（史料4）の結果を尊重して、泉涌寺と同保との関係を無視したためであろう。

（19）北野天満宮の祠官松梅院旧蔵の日次記である『北野社家日記』（『史料纂集』続群書類従完成会）によれば、北野社は大積保を判門田氏に越後国上田荘関郷と共に代官請負とさせていたが、その請負額は年額二五貫文相当であったとする。

第二章　戦国大名上杉氏の対朝幕交渉

はじめに

新潟県の中世史、とりわけ戦国動乱期に於ける研究は、今迄多くの先学の研究に依り多大な成果とその蓄積とを有して来た。しかし、それら先学の個々の研究を見てみると、個々の制度・現象や特定の個人を扱ったものが多く、全体としての権力構造や社会秩序、そして全体の中での位置付けといったものを論じて来たものは、比較的少なかった様に思われる。そこで私は、「公儀」という観点より越後上杉氏の外交について考え、具体的な素材としては上杉氏の在京雑掌を勤めていた神余《かなまり》氏を取り上げて研究を進めてきた。この戦国大名に於ける「公儀」の問題については、朝尾直弘・藤木久志両氏の研究があり、更に永原慶二氏も述べているところであるが(1)、それは戦国大名が自己完結的な性格を持ち、授封関係を媒介とする朝廷や幕府を否認しているにも拘わらず、自らの封建的主従制の結合の不安を、より上位の権威にその安定の拠り所を求める様な動きがあったということである。また、世良晃志郎氏は、中世欧州に於ける国王の権威の強度の観念的安定性が、国王の地位の極端な現実的不安定性をカバーし、これに可能な限りの安定性を付与するためのイデオロギー的粉飾であったと指摘しているが(2)、同様に中世の日本に於いても、旧来よりの権威に依る最高封主権は否定しながらも、猶、それに対する求心的な指向性を示していた諸侯の存在があったのである。

そうした点で今回、京都と上杉氏との媒介として常に在京し雑掌の任にあり、後に越後国三条城の城将となった神余氏を取り上げてみた。同氏を通して上杉氏の対朝幕交渉について考察し、上杉氏の対京都観を探ろうとするものである。又、従来、寺家雑掌や公家に於ける雑掌は、その重要性からも注視されて来た訳であるが、武家、とりわけ在国の大名に於ける雑掌はとかく問題にされることは少なかった。そういう点からも上杉氏の在京雑掌神余氏は、武家雑掌の性格を探る上での好例を呈してくれると考えたのである。「雑掌」という用語は中世史に於いては良く見られるものであるが、抑雑掌とは元々諸官衙に於いて雑役を勤めた者のことを指していたのであるが、現在では本所や領家等の荘園領主がその管理のために設けた役目としての意味で用いられているのが、一般的な様である。そして、その職掌に依って所務雑掌・沙汰雑掌等と称され、転じて諸家に於ける執事を指す用語にも使用される様になった(3)。又、中世も中・後期になると、公武・公私を問わず、あらゆる家・機関(例えば青苧座・関・淀魚市等)の使者や責任者をも「雑掌」と呼ぶ様になり、明確に規定された概念ではなくなったのである。塙保己一の編になる『武家名目抄』第一(『故実叢書』)の中では、「雑掌人」の項を設け様々な雑掌の事例について列挙しているが、その中に「京都祗候の大名諸家なべて雑掌の職を設置こと、なりて主人在邑の時雑掌は京師に留守し柳営にも出入して公私の雑事をうけ給りしなり」という様に在京雑掌の存在を指摘している部分がある。

周知の様に室町期の守護は在京を原則としていた訳であり、越後上杉氏も五代守護房朝の頃迄は殆ど京都に滞在をしていた。ところが、戦国大名上杉氏(長尾氏)は、それとは対照的に在国を基本としていて、幕府側からも最早「在国衆」として把握されるに至った。『文安年中御番帳』(4)には「外様大名衆」として「上杉民部大輔」(房朝)の名が見えるが、『永禄六年諸役人附』(5)には「外様衆　大名在国衆　号二国人一」として「上杉弾正少弼輝虎越後長尾之事也」の名が記されている。そして、守護大名上杉氏の在京性に対しての不在京性を補完する為に設置されたのが、神余氏であった。つまり、「守護」という公的に授与された支配の根拠を持っていた守護上杉氏に対して、何ら支配のための公的な根拠を持たなかった戦国大名上杉氏は、守護家の様な支配公権獲得を目指して神余氏を常時在京させ、自らの支配の正当性を強調し、領国内に於ける国衆や家臣団の主従制的結合の増強を図ったものであった、と考えた。

ところで、今迄在京雑掌神余氏のことについては、本稿でも述べるが、その職掌の一つであった青苧公事という観点より関心が持たれ、先学の研究も専らその方面からのものが多く、その代表としては児玉彰三郎氏や中沢肇氏の研究があるが(6)、最近になって竹田和夫氏が初めて神余氏を正面から取り上げて、その職掌等についてまとめた(7)。そこで本稿では、越後上杉氏の対京都外交の中に占める神余氏の時代を中心として、更に室町前・中期に於ける守護上杉氏の対京都外交の状況についても概観した上で、所謂戦国動乱期に於ける神余氏の活動について言及し、その職掌を考察しようと思う。又その後、最終的に京都より離任し、在地へ下って御館の乱に於いて同氏が滅亡する迄をも、達観してみようと考えている。

しかし、神余氏について考えてみる場合、同氏自身が天正年間(一五七三〜九二)に発生した御館の乱で滅亡してしまっているために、家伝来の文書等といったものは残存しておらず、そのために史料が偏在しており、更に在京の武家雑掌の特徴として京都側の史料も必要となって来る訳で、特に三条西実隆の日記『実隆公記』等を中心として神余氏の動向がかなり詳細に記されている。それは三条西家が、青苧座の本所として越後国に多大な権益を有していたからでもある。そして、上杉氏・長尾氏がその越後に於ける支配を任され、その家臣であった神余氏が常に在京して本国との間を往来し、三条西家が管掌していた越後国産青苧の管理・納入をも行なっていたからである。

一　越後上杉氏に於ける都とのつながり

1　越後上杉氏・長尾氏在京雑掌神余氏

越後国の上杉氏・長尾氏の雑掌として常に在京して、国益を代表し朝廷・幕府等との交渉の任に当たっていたのが、神余氏の三代と見られる越前守昌綱・隼人佑実綱・小次郎親綱であり、その「職」を世襲していた様である。(8)又、その他の一族としては、御館の乱の折の三条城主として「金鞠伊予守」が見受けられるが、(9)同受領名は又永正三年（一五〇六）に長尾為景が、反乱を起こした五十嵐・石田・大須賀氏等を追討した時に、屋形（上杉房能）へ祝儀として太刀を贈った諸氏を登載した「越後侍衆・馬廻衆・信濃・関東大名衆等祝儀太刀次第写」(10)（正本は同年霜月十五日付、当該写本は文禄二年〈一五九三〉三月十四日に写す）に、「金覆輪太刀」を献納した「金鞠伊予守殿」として現れている。

更に文亀三年（一五〇三）二月十一日付の長尾能景宛書状の差出人として（神余）隼人佑慶綱の名前が見られる。(11)又、『実隆公記』享禄三年（一五三〇）十二月十三日条に「神余子息仙蔵主」の記載があり、同記にはこの他にも神余越後・弥三郎・小三郎・与三郎等の名前があるが、越後は越前の、弥三郎と小三郎は与三郎の誤りであると思われる。そして竹田和夫氏は、以上の他にも神余筑前守を挙げているが、続柄は不明としている。(12)

そもそも「神余」氏は、安房国安房郡の神余郷（安房神社の神戸郷を分けて余戸を設置したことに由来する地名であると言われる）より発生した忌部姓の氏族で、(13)「金余」「金丸」「金鞠」「金摩利」とも記した安房国の大族であり、源義朝・頼朝にも属した。それは頼朝が鎌倉幕府を創設してから、安房国は彼に協力した安西・神余・丸・東条の四氏に分与されたからであり、それ以来同国は加知山に籠って平群郡を支配した安西三郎景益、丸本郷を本拠として朝夷郡を支配した丸五郎信俊、金山に住居し長狭郡を支配した東条七郎秋則、そして神余に住して安房郡を支配した神余藤作光秀等の諸氏が分立し、抗争を繰り返す状況となった。

中でも治承四年（一一八〇）八月に石橋山の合戦に於いて敗北し、安房国に落ちて来た源頼朝に対して加勢した諸氏の中で、恩賞として神余氏は神余郷を中心とした地域の支配権を認められた。又、里見義実が安房に入国した頃、つまり永享十年（一四三八）頃、神余氏はその家臣であった山下左衛門尉定兼（作右衛門景胤・作左衛門定包）が謀叛を起こし、応永年間（一三九四～一四二八）になって当主の神余左衛門督景貞（太郎光孝）が殺害され、東条氏は定兼を助けて神余氏の一族を滅ぼし、定兼は神余氏の所領を押領して安房郡を山下郡と改名したとされている。又、定兼は後に将軍足利義教の命を受けた安西式部大輔勝峰・丸右近介元俊から攻められて、一族諸共に自害したと伝えられる。[14]

そうした中から安房一国を統一したのは、文安二年（一四四五）六月九日に里見義実に依ってであった。[15]この間二五三年に亘って安房国は、以上の四氏に依って支配されていたのである。[16]里見氏は元々上野国の新田氏の一門であり、永享の乱に於いて鎌倉公方足利持氏に味方し、結城合戦で戦死した里見家基の子義実が安房国に逃避して平郡の安西景春に昵懇にしてもらったのが、里見氏の安房進出の契機となったとされている。[17]

又、神余氏に関しては桓武平氏忠通流ともあってその出自は定かではないが、ともかく元来は房総出身の一族と推測される。[18]そして、『保元物語』[19]には「十一日の寅の刻に、官軍既に院の御所へ押し寄す。折節東国より軍勢上《のぼ》り合ひて義朝に相従ふ兵《つはもの》多かりけり。先づ鎌田の次郎正清を始として、（中略）安房には安西《あんざい》・金余《かなまり》・沼の平太・丸の太郎」とあって、源義朝に従軍した安房の「金余」氏が安西・丸氏等と共に京都に滞在している記事が見受けられる。更に『吾妻鏡』[20]二の嘉禎四年（一二三八）年二月十七日条には、同日入洛した鎌倉四代将軍藤原頼経の「随兵以下供奉人」として「七番　安西大夫　金摩利太郎　丸五郎」の様に神余氏が従軍している記事があり、安房国の神余氏は源家重代の家臣であったものと考えられる。現在も千葉県の野島崎の北方約四キロメートルの館山市には、「神余」「神余畑」という名前の大字名が存在している。(21)

しかし、今迄指摘して来た安房国の神余氏が後世の上杉氏被官の神余氏とどの様に結び付いたのか否か、については不詳であるが、『実隆公記』の中で神余氏と共に良く三条西実隆邸へ伺候している丸氏(「丸七郎兵衛」)が、前述した安房国朝夷郡の在地武士丸氏(里見義実・安西景春の攻撃に依って滅亡したとされる)の後裔であり共に上洛していたとすると、安房国の神余氏と後世の越後神余氏とが同じ系譜上の一族である可能性も否定できない。更に永禄二年(一五五九)には上杉謙信が上洛を果たして無事帰国した訳であるが、その謙信に祝儀として太刀を贈った諸氏を記載した前掲「侍衆御大《太》刀之次第」に「永禄三年ニハ関東大名御太刀ノ次第、三月十五日八ケ国之衆」として「金鞠殿」の記載があり、この時点でも関東に神余氏の存在を指摘でき、鎌倉期以降も関東に安房神余氏の末裔が存在していたことは十分考え得る。しかし、それに関しては猶今後の研究課題として提起しておくものである。(22) 又、東福寺蔵の『梅霖守龍周防下向日記』(23)の天文二十年(一五五一)三月十日条にも「神余方」という記載があるが、その実体は不明である。

さて、史料上より越後国の神余氏の家系を推定すると九三頁の様になるが、系譜については猶不明な点が多い。ところで、従来神余実綱と親綱とについては同一人物ではないかという見解もあったが、それについては神余氏一族の名前が史料上確認される全ての個所の件数(安房国の神余氏に関するものは除く)について管見の限り整理した上で検討する。

神余氏関係人物名総件数表

記名方式／年	神越・越州・越前・昌綱・越前守	神余父子	実綱・隼人佑実綱	親綱	小二郎・小次郎	金鞠伊予守	隼人佑慶綱	神余・神余方	隼人佐・隼人・隼人助・隼人佑	与三郎	備　考
文明18年(1486)	1				2						
文明19年(1487)	1				2						
文亀 3 年(1503)							1				
永正元年(1504)	2							2	1		
永正 2 年(1505)	1							4			
永正 3 年(1506)						1		1			
永正 4 年(1507)	1							3			
永正 5 年(1508)								4			
永正 6 年(1509)								5			
永正 7 年(1510)	2							11			
永正 8 年(1511)		3						19, 1*			*子
永正 9 年(1512)								10			
永正14年(1517)	1										
永正17年(1520)	1				1			17			
大永元年(1521)	1							3			
大永 3 年(1523)	2				3			14			
大永 4 年(1524)	1							9, 1*			*孫
大永 5 年(1525)	6							21	5		
大永 6 年(1526)	6	1						7	5		
大永 7 年(1527)	15				1			31, 2*	14	1**	*女房衆 **小三郎
享禄元年(1528)	12							27	4	1, 1*	*弥三郎
享禄 2 年(1529)	14	1						19	6	2	
享禄 3 年(1530)	10		1					19, 1*	8		*仙蔵主
享禄 4 年(1531)	13							21	10	2	

記名方式／年	神越・越州・越前・昌綱・越前守	神余父子	実綱・隼人佑実綱	親綱	小二郎・小次郎	金鞠伊予守	隼人佑慶綱	神余・神余方	隼人佐・隼人・隼人助・隼人佑	与三郎	備考
天文元年(1532)	4							11, 1*	3	2	*隼人子・越前孫
天文２年(1533)								2, 1*	5		*隼人の子両人
天文８年(1540)									1		
天文15年(1546)	1*		1**		1						*越前守カ嫡子小次郎実綱 **小次郎実綱
天文19年(1550)				1*				1			*隼人正親綱
天文20年(1551)								2*			*神余入道
天文21年(1552)				1*	7			3	2**		*隼人正親綱 **神余隼人入道
永禄元年(1558)									1*		*隼人正
永禄２年(1559)				1*							*隼人佐親綱
永禄３年(1560)								1*	1		＊金鞠
永禄８年(1565)									1		
永禄９年(1566)									1		
永禄10年(1567)									1		
永禄11年(1568)									1		
天正５年(1577)									1		
天正６年(1578)				1*				1			*神小親綱
天正８年(1580)				1*, 1		1		1**, 4***, 2	1		*金鞠隼人親綱 **金鞠 ***神摩利

日記の場合、同日条に同一の記載が複数見られるところでは、内容から見て単なる重複に過ぎないと考えられる場合、一件として計数した。

表中の数字の単位は件

神余氏略系図

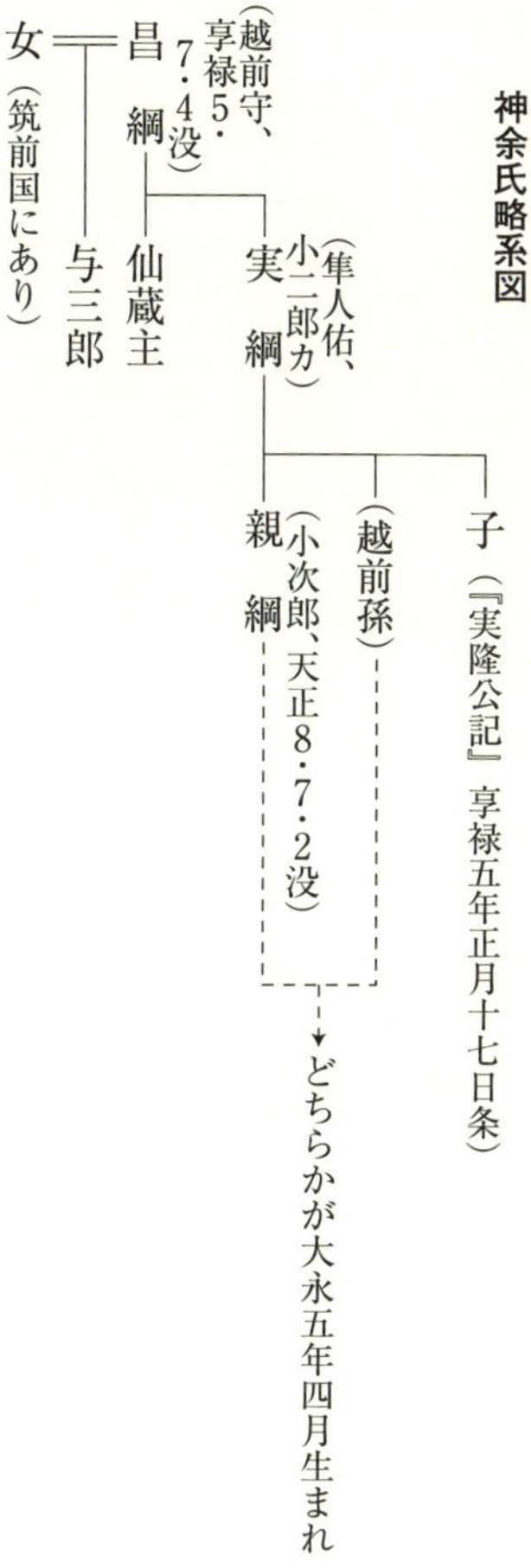

右の表に依っても、神余氏関係の史料が断片的にしか伝来していないことが分かる。それは『実隆公記』の記載の中に神余氏が現れる永正元年～天文二年、そして長尾景虎が上杉家を相続、第一回目の上洛をした天文末年、又、第二回目の上洛をした永禄二年頃、そして御館の乱に於いて神余氏が行動した天正六年（一七五八）～八年に多くの所見が見られる。先ず越前守昌綱についてであるが、『実隆公記』の天文二年七月二日条に「遣一荷・瓜・白壁等於神余許、明後日一周□□（忌也）、所表寸志也」とあり、更にこの表にも享禄五年以降（天文十五年の記述は除く）、昌綱自身に関する記載が全く無くなることから、恐らく享禄五年七月四日頃に死去したものと考えられる。又、昌綱と実綱とについては、『実隆公記』大永八年（一五二八）二月十九日条に「神余越前守」の「両息」として「隼人佑」と「與三郎」の記載があり、親子関係が確認される。

更に問題の実綱と親綱とについてであるが、それに関してはこの表に依り以下の諸点が指摘できる。①「親綱」という実名の初見は天文十九年である。②天文十五年以降に「実綱」という名前が見当たらなくなると共に天文二十年・二十一年には「神余(隼人)入道」という記載が見られる様になる。③「隼人(佐・佑・助・正)」(官制では隼人司の長官が正、次官が佑であり、佐・助は誤り)という官途名は永正元年より天正八年迄見られる。

先ず①について見てみると、「親綱」という実名が出て来るのは合計で七件あるが、その内六件迄が『上杉家御年譜』や『上杉家記』といった後世の編になる書籍に出て来るものであり、文書上に「親綱」という実名が出て来るものは天正六年三月二十八日付で出された神余親綱書状の署名にある唯一回だけである。[24] そうであれば、天文十九年以降の「隼人佑」という官途名が全て「親綱」であると言うには、無理があるかもしれない。又、②に関して、仮に実綱と親綱とが同一人物であるならば、天文二十一年以降にも「隼人佑(佐・正)」という官途名が出て来るため、一度出家した後に又、還俗したことになる。更に③に関して、永正元年には既に「隼人」を名乗っており、実綱＝親綱とすれば天正八年の時点では少なくとも九十歳位の年齢に達していたことになる。

この様な点から、実綱と親綱は同一人物であるとは言い難く、全くの別人(父子)であると考えられる。小次郎親綱は天文十九年の上杉定実死去、長尾景虎の事実上の守護補任を契機に父実綱にとって代わる様になり、「隼人佑」という官途名を名乗る様になったものと推測される。そして実綱は天文二十一年の「神余隼人入道」という記載以降「入道」という記載が見られなくなることから、天文二十一年以降に死亡したのか、或は第一線より身を引いて実務には携わらなくなったのかしたのであろう。更に「金鞠伊予守」についてであるが、彼は永正三年と天正八年の二回見受けられ、同じ官途名は名乗っているものの、その二件の伊予守が同一人物であるとは言い難く、続柄は不明である。又、文亀三年に一回だけ名前が見える(神余)隼人佑慶綱についてであるが、その史料を見ると[25]同人の在京と雑掌としての職掌が指摘できるが、他に同人についての史料が全く無いために、前後の動向については推測の域を出ない。或は後の越前守昌綱のことか、又は昌綱の在京雑掌としての前任者に当たるものなのかもしれない。

越後国の神余氏は親綱の代に至ると、三条城主として御館の乱で滅んでしまう。元来、越後国の三条の地は山吉家の領地であったが、景長の時(永正十一年一月)に長尾為景へ三条嶋(島)の城[26](元来、三条城は山城であったが後になって平地へ移動した)を差し出し、後に三条長尾氏の一族であった平六郎俊景がこの地に籠り、為景が越中で戦死するや否や謙信に背き、却って謙信に討たれるに及び三条長尾氏は滅びた。そこで謙信は配下の神余石見守(これも不詳)を城代として三条に置き、この地は謙信の領下となった[27]。そして天正五年に山吉豊守が病死するに及び、謙信に依って神余親綱が三条城主に封ぜられた。親綱は翌天正六年三月十三日、謙信が没すると御館の乱に於いて小田原後北条氏出身の三郎景虎に味方して上杉景勝と抗戦し、天正七年三月二十四日に景虎が鮫尾城に於いて自害した後も栃尾城主本庄秀綱・大面城主丸田伊豆守・蔵王堂城主丸田周防守等と共に抗戦を続けたが、同八年七月二日頃に親綱が三条城中の山吉玄蕃丞景長の内応に依り殺害されて神余氏は滅亡する。

神余氏は天正初年に作成された「御軍役帳[28]」(同三年にもほぼ同内容のものが作成されているが、筆跡は異なる)にも北条《きたじょう》氏等と共に記載されておらず(ちなみに神余親綱は永禄九年頃迄は在京が確認される)、軍役を規定されてはいない。しかし、この軍役帳は有事の際の兵力等の動員を行うための帳簿であるから、この時点ではまだ府内にいて謙信政権に参画していた神余氏が記載されていなくとも、特に不思議なこととは言えないが、「天正五年十二月廿三日　法印大和尚謙信」の奥書を持つ「上杉家家中名字尽手本[29]」(謙信が景勝に与えたものであるとされている)にも記載されていないことについては猶、疑問が残る。この軍役とは直接関係のない「名字尽手本」には、上杉分国内八十余の殆どの諸氏が記載されており、しかもこの天正五年十二月の時点に於いては恐らく神余氏は、三条城主に補任されていたものと考えられ、それにも拘わらず神余氏の名前は見当たらない。双方共に記載されない、何らかの理由が存在したものと推測される。

上杉氏在京関係年表

人名	年月日	内容
(1)上杉憲顕	興国元(暦応3)(一三四〇)	室町幕府の執事に就任(正平23(応安元)・9・19死去)。
	正平18(貞治2)(一三六三)	関東管領に就任。
上杉憲将	正平21(貞治5)(一三六六)・6・26	上洛中に死去。
(2)上杉憲栄	正平22(貞治6)(一三六七)	遁世するが足利義満より在京を命じられる(応永29・10・23もしくは26死去)、
上杉朝房		憲顕死後在京し、京都で死去。
(3)上杉房方	応永8(一四〇一)・1・11	評定始に列す(前年新たに列せられる)。↓『御評定着座次第』による。
	応永9(一四〇二)・6・26	足利義持が房方の京都邸へ渡御。
	応永20(一四一三)・4・27	「公方様渡御上杉亭」
←　在京	応永21(一四一四)・10・20	京都五条の長尾邸焼失。↓『満済准后日記』による。
	応永22(一四一五)・4・27	「公方様渡御上椙亭」
	応永23(一四一六)・3・6	「上椙一族屋形炎上」↓『看聞御記』による。
	応永28(一四二一)・11・10	死去。
(4)上杉朝方		「京師ニアリ、高倉ト称ス」
	応永29(一四二二)・6・26	足利義持が朝方の京都邸へ入御。
←　在京	応永29(一四二二)・10・14	高倉邸に於いて死去。
(5)上杉房朝	応永30(一四二三)・3・9	足利義持が房朝の京都高倉邸へ渡御。↓『兼宣公記』・『満済准后日記』による。
	応永30(一四二三)・9・18	上杉氏討伐さるとの風聞あり(同25日には頼方は義持より切腹を御免となる)。
←　在京	応永31(一四二四)・3・26	足利義持が房朝の京都邸へ渡御。↓『兼宣公記』による。
？	応永31(一四二四)・11・26	房朝、京都を逃れる(房朝が「取立」として管領職を奪い取ろうとしたためか。それに細川満元と畠山満家の確執が関係するか)。
←　在京	応永32(一四二五)・11・9	足利義持が房朝の京都邸へ渡御。
	正長2(一四二九)・8・18	房朝下向か
？	永享2(一四三〇)・8	
←	永享6(一四三四)・12・29	房朝、三宝院へ。
在京	嘉吉3(一四四三)・9・2	上杉憲実の子、龍春(上杉房顕)を指南して京都祗候させる。
	文安元(一四四四)・8・6	房顕在京を憲実が労う。
在国　←	文安3(一四四六)	房朝下向。

←在京	宝徳元(一四四九)・2・27	死去(二十九歳。『康富記』同日条参照)。
(6)←上杉房定	(宝徳元(一四四九)・9・9)	房定、永寿王(後の足利成氏)のために九ケ年間毎年上洛とあり。
←在国	宝徳元(一四四九)・2(8)・19	
←在京	宝徳元(一四四九)・8・13	既に房定京都にあり。
←——在国	宝徳2(一四五〇)・11・12	これ以前に房定下国。
	宝徳2(一四五〇)・12・12	房定、長尾邦景を府中で自殺させる。
←関東在陣	文正2(一四六七)・1	応仁の乱発生。
←——越前	文明3(一四七一)・6・11	房定、織田伊勢守・同駿河守と共に発して越前守護朝倉孝景を支援し、斯波義廉を討つ。
←————在国	文明9(一四七七)・11・15	房定、幕府より京都高倉の邸地をもらう。
	文明10(一四七八)・3・26	飯尾宗祇、越後へ下向。
	文明16(一四八四)・10・21	宗祇、近日越後より上洛。
	長享元(一四八七)・9・12	足利義尚は六角高頼を近江に討つ。房定の在京の将士はこれに従軍し、この日坂本に営す。
	長享2(一四八八)・5・9	宗祇、越後へ下向。
	長享2(一四八八)・12	僧万里集九、越後へ入る。
	延徳3(一四九一)・8・27	在京中の上杉四郎、足利氏と共に出陣。
	明応2(一四九三)・閏4・5	宗祇、越後へ下向。
	明応2(一四九三)・7・10	房定、飛鳥井雅康を越後へ招く。この日京都を出発。
	明応3(一四九四)・10・17	死去。
(7)←上杉房能	明応6(一四九七)・5・1	宗祇、越後へ下向。
	明応6(一四九七)・9・4	宗祇、越後より上洛。
←——在国	明応9(一五〇〇)・7・16	宗祇、越後へ下向。
	永正4(一五〇七)・8・7	越後松之山にて自害する。
(8)←上杉定実	永正5(一五〇八)・11・6	守護に補任される。
←在国	天文19(一五五〇)・2・26	病没する。
		越後上杉氏断絶。

人名上の数字は越後守護就任順位を表す。

『新潟県史』『越佐史料』『後法興院記』『実隆公記』『看聞御記』『康富記』『満済准后日記』等を基に作成。

2 越後守護上杉氏時代に於ける京都外交

そもそも越後国の守護であった上杉氏は、在京を原則としていた室町幕府体制下[30]で五代の房朝の頃迄は、殆ど常時在京していたものと考えられ、実際の国務は守護代の長尾氏（上杉氏の根本被官の中の一氏）が執っており[31]、前頁に掲げた「上杉氏在京関係年表」にも記す如く、応永年間には将軍足利義持が京都の上杉邸へ度々「渡御」をしていることが見受けられる。そのため、当時、越後上杉氏に於いては後の神余氏の如き在京雑掌（執事としての雑掌ではない）なるものを設置する必要性が無かったものと推察される。

当時、山内上杉氏（関東管領家・憲実）の対京都外交担当者としては判門田（羽田・判留）氏の存在が指摘されるが、その一族として判門田八郎・判門田勘解由左衛門尉・判門田壱岐入道・判門田清左衛門尉等が確認される。奥野高廣氏は、永享四年（一四三二）に上洛した上杉憲実の雑掌羽田壱岐入道を、慎真と比定している[32]。次の史料は嘉吉元年（一四四一）に、将軍足利義教と上杉氏との間の取次ぎをしていた赤松満政が、判門田氏（『越佐史料』では壱岐入道祐元と比定している）へ宛てた書状[33]である。

安房入道殿（上杉憲実・長棟）御息之内一人越州ニ可被置申之間事、左馬助方（上杉房朝）へ自房州談合候哉、其子細等被得　上意度由、自左馬助殿承之間、則令披露候之処、尤可然之旨、被仰出候、当国ニ居住事、殊御悦喜之由　上意候、目出候、将亦、（以下礼紙）房州御息共惣而幾人候哉、同年令等事、以次被知食度之旨被仰候、委細可注給候、併期面会候、恐々謹言、

（嘉吉元年カ）六月十三日　　満政（赤松）（花押）

判門田殿

右の史料では、関東管領上杉憲実が子息の内の一人[34]を越後国へ置くことを上杉房朝へ相談し、そのことに関して将軍足利義教の上意を得ることを申し請い、認可されたとの内容であるが、「併期面会候」とあることから、恐らくこ

の時、判門田氏が在京して上杉氏と幕府との交渉の任に当たっていたものと推測される。更に次の書状は、文安四年（一四四七）十二月二十六日付で、在京中の房朝が関東管領山内上杉氏の家宰であった惣社長尾氏の芳伝へ宛てたものである。[35]

歳末御慶珍重々、抑判門田勘解由左衛門尉参洛、委細蒙仰候、殊越州文書一通給候、畏入候、此等之趣可得御意候、恐々謹言、

十二月廿六日　　（上杉）民部大輔房朝（花押）

謹上　長尾々張（芳伝・忠政）入道殿

これに依ると、この時も判門田勘解由左衛門尉が上洛しているが、傍線の部分で「越州文書」の取次ぎをしていることが興味深い。関東の雑掌である判門田氏が越後よりの書状を取り次ぐというのは、越後国内でも同氏に対する信頼が余程厚かったのか、或は同氏が越後の雑掌をも兼任していたためであろうと考えられる。しかし、この時点での判門田氏の役割というものは後の神余氏の場合とは本質的に異なり、単に使者・使節としての職掌しか見出すことができない。又、『蔭涼軒日録』には、文明十七年（一四八五）九月の記事に関東管領上杉顕定の配下である判門田八郎なる者が在京し、顕定の意向に依り用音西堂を建長寺に入院させるための公帖を相国寺の仲介に依って幕府に申請させているのであるが、これ等は判門田八郎が京都に駐在し長期に亘り交渉を行う等、後の神余氏と対比されるべき存在である。

湯山学氏は、関東管領上杉氏の雑掌としての判門田氏は、既に南北朝期（応安四、五年〈一三七一、七二〉頃）には在京していたと指摘する。[36] 又、『長禄二年以来申次記』には、関東管領家雑掌としての判門田氏の将軍家への年賀次第が記されており、『年中定例記』でも同氏の在京が確認できる。更に問題なのが扇谷上杉氏の雑掌に関してであり、判

門田氏が扇谷上杉氏の雑掌をも兼ねていたのか、或は他にも雑掌が存在したのかについては不明であるが、前述した様に永禄三年(一五六〇)の段階でも関東に「金鞠」氏の存在が指摘できることから、或は神余・判門田氏といった一族が上杉氏一族(越後・関東管領・扇谷)全般の外交に当たっていたこともあり得る。

この後、越後守護六代上杉房定の代になると、漸く長尾頼景を守護代に登用して守護領国の直接支配を行う等、前代の房朝の時代とは様相を異にする。在京の所見も前掲年表に見える通り、宝徳年間(一四四九〜五二)の一回だけである。そして後述の様に時を同じくして、この頃(享徳年間〈一四五二〜五五〉頃)より越後上杉氏の雑掌に関する記載が見られる様になる。それはちょうど、房定の最終的な越後への下向の時期と一致するのである。しかし、同時に上杉氏は京都に武将を配置していたことが、長享元年(一四八七)の足利義尚に依る六角高頼征伐の折、上杉氏の在京の将士が従軍している(37)ことからも窺える。尤もこの時は『長享元年九月十二日常徳院殿様江州御動座当時在陣衆着到』(38)に「外様衆」として「上杉氏」とあり、上杉房定自身は参陣していない。又、「一番衆」として「本庄孫次郎」の記載があるが、本庄氏が以前より奉公衆として編成されていたのか、或はこの江州参陣一回限りの従軍であったのかは猶検討を要する。なお、田沼睦氏は、奉公衆(所領)は東北・東国には全く存在しないと述べている(39)。

『官地論』(40)に依ると「長享元年甲戌秋八月上旬之候、忝被レ下二高頼追討之宣旨一、将軍家蒙レ勅発二向江州南郡一、御供人々誰々、武衛・細川・畠山・土岐・山名・赤松党・大内・上杉・小笠原・武田・京極・富樫介、其外諸国受領、衛府諸司、不レ残二一騎一打立」とあって、これらの在京の兵力を構成したと思われるのが、越後国内の国衆に対して課せられた「在京役」と呼ばれる京都大番役の如き課役である(関係文書表参照)。

「在京役」関係文書表

№.	年代	文書名	発給者	受給者	内容	出典
1	建武3(一三三六)・7・2	毛利広房重書案	了禅(毛利時親)	毛利少輔太郎(元春)	「可有在京候」の文言あり	四三一一
2	応永14(一四〇七)・12・26	安田常全憲朝置文	常全(安田憲朝)		「此十余年在京仁」の文言あり	一五三七
3	文安元(一四四四)・10・13	色部末長証状案写	浦地頭平末長		「京都下上之借銭」「依京都忠節」の文言あり	二一〇六
4	文安6(一四四九)・3・12	中条房資置文写	前土佐守房資		応永八年に土佐守寒資が在京中、家伝来の太刀を質入れする	一九二二
5	宝徳3(一四五一)・8・13	飯沼頼泰書状	頼泰(飯沼)	黒川(氏実)	「栗原殿長々在京候」の文言あり	一四一四
6	享徳3(一四五四)・4・28	中条秀叟房資記録	前土佐房資入道秀叟(中条房資)		「宝徳元庚午年於京都賜安堵之御判」「免在京在国シ畢」の文言あり	一三一六
7	寛正5(一四六四)・8・22	中条朝資譲状	朝資(中条)	牛福丸	在京役は祖父寒資の代に免許されたが、大事ある時は参洛して忠節を尽くす	一八二六
8	文明6(一四七四)・8・18	色部朝長申状案	朝長(色部)	御評定衆	「在京在陣之時」の文言あり	一九七三

※出典の数字は、『新潟県史』中世1~3の文書番号を示す

当該表の内、南北朝内乱期に当たる№1を除くと、「在京役」に関して残存しているのは№2~8迄の四家に関するものだけである。その中でも確実に「在京役」と判断できるのは、揚北の国人領主色部氏と中条氏に関するものである。このうち、中条氏を例にとってみると、同氏は寒資の代に五代守護上杉房朝の晩年~六代房定の初期にかけて「在京役」を免除され、その「御免許」は房資・朝資へと代々相伝されたらしい。又、№3には「京都下上之借銭」

とあり、更に№4には、応永八年(一四〇一)に前土佐守寒資が在京中に、中条家重代の「橘」という太刀を四条烏丸の質屋に質入れして借金をしたことが記されており、「在京役」に伴う出費を自前で賄ったことを類推させるのである。正に平時の番役(在京役)、戦時の軍役を以て上杉氏は国衆を自らの麾下に編成して行った過程が窺える。

ところで、これらの「在京役」は、一体どの様な性格を持っていたのであろうか。当時の「在京役」には、在国奉公衆が一年の決められた日数を限って勤めるものもあったが、ここで問題としている越後上杉氏に関するそれは、同氏が管内の諸氏に何らかの名目に依り課していたものと推定される。そのことは前掲表にもある様に、「在京役」の免除が守護の権限に於いて行われているということである。更に『永享以来御番帳』『文安年中御番帳』『永禄六年諸役人附』『長享元年九月十二日常徳院殿様江州御動座当時在陣衆着到』[41]の何れにも在国衆、或はその他のどの様な形でも前掲文書表にある諸氏の名前が記されてはいない。このことは彼らが奉公衆ではないという証左である。しかし、何れの場合にせよ、「在京役」の勤仕の内容自体は大差無かったのであろう。又、上杉氏管国内に課された「在京役」なるものが越後国内の全ての国衆を対象にしていたのか否かも定かではないが、現在確認できるものが揚北衆に限られていることから、同地域を中心として在京奉公が可能な程の有力な諸氏に対して意図的に賦課されていた可能性も指摘される。

前述の杉山博氏[42]は、在京の守護大名が二一〜二二家あったとし、その兵員の総勢は六〇〇〇騎位あったと推定している。そして、この軍勢と守護大名との結び付き方こそが守護大名の権力構造の中核を成していたとし、更にこの在京の兵力の中心となったのが各守護大名家の重臣(特に守護代)であったと指摘している。杉山氏の指摘する通りならば、越後上杉氏に於いても「在京役」が実施されている内は、後の神余氏の様な恒久的な在京雑掌の設置の必要性は低く、一時的な雑掌(使者)の派遣だけで十分対応ができたということになる。

ところで、上杉房定が最終的に越後へ下向した後も、京都に上杉氏の一族(関東の上杉氏も含む)が残留していたこ

『後法興院記』に見える上杉氏の所見

年月日	内容
文明16(一四八四)・11・18	吉田社造営に関し上杉氏が万疋寄進
文明17(一四八五)・2・11	吉田社造営に関し上杉氏が三千疋寄進
文明18(一四八六)・9・3	上杉房定より音信。使僧来る
文明18(一四八六)・9・8	上杉房定へ返事を送る
文明19(一四八七)・1・21	上杉幸松来る。今日初めて出仕
長享2(一四八八)・1・29	上杉幸松丸来る
長享3(一四八九)・1・15	上杉幸松来る
延徳3(一四九一)・1・5	吉良息・小童上杉幸松来る
延徳3(一四九一)・8・27	上杉四郎、後騎として足利氏と共に出陣
延徳4(一四九二)・1・7	上杉幸松来る
明応5(一四九六)・1・5	吉良三郎・上杉三郎来る
明応6(一四九七)・1・5	吉良三郎・上杉三郎来る
明応10(一五〇一)・1・5	上杉三郎来る
文亀元(一五〇一)・3・16	上杉民部大輔へ書状を送る
文亀元(一五〇一)・12・29	上杉三郎来る
文亀2(一五〇二)・1・5	上杉三郎来る
文亀2(一五〇二)・12・28	上杉三郎来る
文亀3(一五〇三)・1・6	上杉三郎来る
文亀3(一五〇三)・6・16	材房(上杉三郎)来る
文亀3(一五〇三)・7・6	上杉三郎来る
文亀3(一五〇三)・8・6	上杉三郎来る
文亀3(一五〇三)・8・9	上杉三郎来る
文亀4(一五〇四)・1・6	上杉三郎来る
永正2(一五〇五)・1・4	上杉三郎、使者を送って来る

とが指摘される(43)。先ず『結番日記(44)』(室町幕府政所執事伊勢氏が私的に抱えていた奏者が作成した記録)に依ると、名は不明であるが文明九年三月二十日条に「上椙在京」の記事があり、又、文明十二年十月四日条には上杉氏より諸家へ物が贈られたことが記されており、更に文明十二年十月八日条にも上杉刑部少輔より足利将軍家へ年始の礼として白布と太刀が贈られたことが記されている。又、房定以前を見てみると『満済准后日記』には、上杉四郎・八郎・十郎・中務少輔等の在京が確認される。『看聞御記』にも同様に、同氏の在京記事が散見する。次に近衛政家の日記『後法興院記(45)』にも上杉氏の在京に関する記録が残されている。政家は関白・太政大臣・准三后に任ぜられ、永正三年(一五〇六)六月に六十二歳で亡くなっているが、当時、藤原氏の氏長者であった政家と上杉氏との交渉は、上に掲げた表に見える通りである。

表を見ると、上杉幸松・上杉四郎・上杉三郎材房等の在京が確認されるが、近衛邸を訪れた時期を見ると一月と十二月に集中しており、近衛氏と上杉氏とは年始と年末の挨拶程度の交際であったと言える。そして『実隆公記』明応七年四月十六日条に見える「上杉」氏が、この『後法興院記』に記されている上杉氏であるとするならば、長期に亘る在京という点で後の神余氏と同様に在京の事務官吏・在京雑掌的な性格の強いものであったと推測される。しかし、以上挙げた上杉氏の在京記録を見てみると、越後上杉氏と関東の上杉氏とが混在して記されていると思われる点もあり、当時は明確に区別をつけていなかったのか等、猶不明な点もある。しかし、ここでの在京上杉氏は前掲の『実隆公記』の記述にある様に禁裏の警備をするといった軍事的な色彩が濃く、その点が在京雑掌神余氏の場合とは異なる最大の点である。又、これより以前、犬懸上杉氏の氏朝以下三代に亘って在京をし、八条上杉氏と称された。[46]

この他にも上杉氏の在京に関する記事が、『実隆公記』に見える。先ず、永正七年正月五日条に「上杉、吉良等来」、同十二年正月五日条に「上杉、勧一盞、(中略)招請」、大永四年(一五二四)正月十四日条に「上杉来、犬箱一遣之」、翌十五日条に「駿河・奥州・上杉来、犬箱遣之」等とあるが、これらは何れも越後上杉氏を指すものとは言い難く、吉良氏と共に祇候していることからも関東の上杉氏であると思われる。大永年間の時点でも関東の上杉氏の在京が確認され、判門田・神余氏といった上杉氏の雑掌と共に上杉氏自身も上洛をして対朝幕交渉をしているのが注目される。そして、前述の国衆の「在京役」に関する記述は、長享年間以降には全く見受けられなくなり、又、それと時を同じくして『後法興院記』に見える上杉氏の近衛邸への祇候も文明末年頃から始まること、越後上杉氏の在京雑掌としての神余氏が文献上に現れて来るのが文亀年間(一五〇一～〇四)以降であること等から考え合わせると、前掲の表に見られる上杉一族の上杉幸松・上杉四郎・上杉三郎材房等は、何れも在京雑掌としての神余氏の前任者的な立場にあったものと位置付けられるのではなかろうか。

更にこの時代の特色として、文芸人の越後への下向を挙げることができる。このことは京都・畿内を中心とした諸国が応仁・文明の大乱に依って混乱を極めたからでもあるが、連歌師の飯尾宗祇は上杉房定の代に三回、次の房能の代に二回下向しているし、僧万里集九がやはり房定時代に一回下向している。又、明応年間（一四九二～一五〇一）には房定が、歌鞠師範の飛鳥井雅康を越後へ招聘している。

これは京都文化の越後府中への伝播を意味すると共に、例えば『後法興院記』文明十八年九月二十七日条には「宗祇上杉知己間以愚状有仰遣旨、当時連歌師也為出家之身間遣直状」とあって、飯尾宗祇と上杉氏との親密な間柄を利用して近衛政家が宗祇へ書状をやり、吉田社造営の上杉氏に依る寄進に関して礼を述べさせている。同日条でその書状を控えとして写し取っており、その中で「彼是以便宜可然様伝達候者可為本意候也」と言っており、飯尾宗祇が京都と越後との間の取次役的な役割を果たしていたことも又、見逃せないであろう。しかし、彼は、三条西実隆に対して「老後遠国下向之間再会難期[48]」と言っており、事実、越前朝倉氏や周防の大内氏をも尋ねて行くこと等をしており、越後・京都間の取次ぎというのは飽く迄も副次的に指摘されることであって、それが直ちに雑掌的な性格を持っていたということにはならない。

七代上杉房能も領国の直接支配に熱心であり、一度も上洛の形跡が認められず、そのために却って守護代長尾為景との間に確執を生じさせ、領国の一円的支配の努力も実らない内に、永正四年八月には為景のために自害させられている[49]。又、八代定実も在京が確認されない。

ところで、前述の判門田氏のその後の動向については不明なのであるが、次の史料のように神余越前守昌綱が永正七年十月十日付で、長尾為景より判門田清左衛門尉分の越後国山東郡内大積保を安堵されていることが知られる[50]。『北野社家日記』第三の延徳三年（一四九一）七月二日条にある幕府奉行人連署奉書案には、判門田備後守が北野宮寺領である越後国の大積郷と上田関郷を社家代官として支配していたことが記されている。

山東郡内大積保寺社領共判門田清左衛門尉分事、(イ)為忠賞、去一日被成　御判候、任其旨、御知行不可有相違候、(ロ)仍如件、

永正七
拾月十日　　　　　　　為景（長尾）（花押）

神余越前守殿（昌綱）

水谷（現黒川）光子氏はこの長尾為景の安堵状を引用し、(51)守護上杉定実の意志が反映されているものと評価している。更に竹田氏も同様にこの安堵状を引用し、(52)神余氏が雑掌前任者である判門田氏の所領（大積保）を「雑掌職」と共に継承したと指摘する。傍線(イ)の部分にある山東郡内大積保は現在の長岡市大積であるが、この土地は天正年間の御館の乱の折に神余氏より没収されて、天正八年（一五八〇）壬三月十四日付で赤田（刈羽郡刈羽村）城主斎藤下野守朝信へ充行われた。(53)又、傍線(ロ)の部分で「忠賞として」という言い方をしており、この土地が在京雑掌としての神余氏の功を賞して充行われたことが分かる。そうであるならば、この土地が単に「雑掌職」と共に神余氏に与えられたとは言い切れない部分もある。

更に後述する様に、神余氏が在京雑掌職より解放されたと思われる永禄十年頃より斎藤氏に大積保が新給される天正八年迄は、神余氏が「雑掌職」とは関係なく保有していた訳であり、その上、大積保の新領主斎藤氏自身は、上杉謙信の重臣ではあったものの判門田・神余氏の様に外交の専任ではなく、その点からもこの大積保が「雑掌職」に付随して代々相伝されたとは言い切れない。湯山氏に依れば、この大積保は永正七年六月二十日に越後長森原に於いて戦死した上杉顕定の被官であった判門田清左衛門尉の所領であったものを、没収して神余昌綱に与えたものであるとしている。(54)

ところで、判門田氏は、関東の上杉氏の雑掌を勤めていたと思われるが、その判門田氏の所領が越後国に存在していたということは、越後にも判門田氏の一族がいたのか、又は前述の様に同氏が越後の雑掌をも勤めてその功を賞して充行われたのか、或はそれとは関係無く単に関東の判門田氏が越後にも所領を有していたのか、現時点では何れも推測の域を出ない。

在京雑掌神余氏についての記述は文亀年間以前のものが見当たらないが、「雑掌」という名称だけは古くより見られる。先ず、(享徳三年ヵ)五月二十日付の正教保運より飯沼弾正左衛門尉頼景(飯沼氏は上杉氏の根本被官で、長尾氏等と共に上杉四家老と称せられた)宛書状[55]には、越後の国衆黒川氏の紛失安堵に関して[56]「委細雑掌方可被申候」とあり、更に第一条目では「彼間事、梅津北野辺其外可然方へ、雑掌相共ニ尋候へ共、無其儀候、同此人可被申候」と言っており、上杉氏の在京雑掌が黒川氏の紛失安堵の申請のために奔走している様子が描写されている。又、同日付でこの黒川氏の一件に関してやはり正教保運が当事者である黒川下野入道氏実へ対しての書状にも[57]、「巨細此間時宜御雑掌可被申候」とあって上杉氏在京雑掌の行動が確認される。

又、『後法興院記』文明十九年三月二十二日条には「入夜春源来、大嶋庄事以愚状上杉相模守許江可申遣之由所望間、今日書遣書状可付上杉雑掌云々、此両三年々貢無沙汰云々」とあり、越後国の大島庄(現長岡市付近)よりの年貢が数年来延滞していることに関しての守護上杉房定への書状を、上杉氏の在京雑掌へ渡したとある。同じく『後法興院記』明応六年六月二十四日条には「上杉民部大輔返報到来、太刀并二千疋雑掌持参」とあって、七代守護上杉民部大輔房能の返書と共に太刀と二〇〇〇疋を在京雑掌が持って来ていることを記している。更に『宣胤卿記』の永正五年八月六日条には「先年上杉四品(房定)之時、余上卿(中御門宣胤)、馬代千疋太刀送之、自越後雑掌上洛」とあり、上杉房定が文明十八年三月十日に相模守に任じられた折に、越後より雑掌が上洛して答礼に当たっていることを記す。『蔭涼軒日録』にも長禄三年(一四五九)九月二十四日条に「守護雑掌」の記載があり、「等持院領越後米宇津」のことに関して守護方の雑掌に申し付けよ、との足利義政の命令があったと記している。

以上列記した「雑掌」に関する記述には何れもその実名が記されておらず、特定するのが困難であるが、越後方の雑掌であることは確認できる。しかし、『実隆公記』永正元年三月二十四日条に突然「越後雑掌神余隼人来、一腰金、一緡持来、勧一盞、色紙卌六枚和哥所望、令領状了」という記述が出現し、これ以降、神余氏に関する記述がかなり頻繁に見受けられる様になり、それと時を同じくする様に『後法興院記』永正元年四月一日条にも初めて「上杉雑掌神余来、進上三種三荷、令対面、給盃、所望色紙間《卌六枚》、昨日書遣訖、為其礼来也」の様に神余氏に関する記述が現れる。

又、権大納言山科言継の日記『言継卿記』大永七年正月十日条と天文二年正月六日条に、「神余隼人助(佐)」が来宅したことを記す。『実隆公記』は文明六年から、『後法興院記』は寛正七年(一四六六)から書き始められているが、永正年間以前には神余氏についての記述は全く無い。特に『実隆公記』等に至っては前述の様に永正元年より突然の様に記述が始まり、この後の三条西実隆と神余氏との親密な関係から考えると、もし、永正年間以前に神余氏が上杉氏の在京雑掌に就任していたならば、同記に神余氏についての記述が全く無いのは不自然なことであり、以上のことから類推すれば、神余氏の上杉氏在京雑掌職就任の時期は自ずと文亀・永正頃となる(58)。

又、『実隆公記』の永正年間以前に神余氏や、同氏を通じての青苧公事についての記述が無いのは、上杉氏が青苧、及び越後青苧座・新儀商人等に関与していなかったためであり、上杉氏が当時はまだ青苧(座)を統制するには至っていなかったことを物語るものであって、越後青苧座が完全な三条西家の統制下にあったためであると考えられる(59)。しかし、雑掌職就任以前にも神余氏は在京していたと思われる節もあり、(『蔭涼軒日録』文明十八年正月二十二日条には「守林院神余越前守。同小次郎宅」、同二月朔日条には「守林院神余小次郎在レ座」の記載があるが、「守林院」=「衆林院」か)、又前掲の無名の「雑掌」が神余氏のことではないと完全に否定する根拠も無く、又、判門田氏或は他の人物であるのかも明らかにできず、その解明は今後の課題である。

この他、文明十二年十一月には足利成氏と足利義政との和睦に関して長尾景春等が奔走するが成らず、成氏の要請に依り上杉房定が使者を京都へ遣わして両者を和睦させるという事態が発生した。これは享徳三年（一四五四）以来関東で続いていた公方足利成氏と長尾景仲・上杉房定との争乱と、それに起因する成氏・義政の反目の解消を目的としたものであった。先ず、文明十二年十月二十九日付の黒川氏実宛市川伊賀守朝氏書状[60]には、「就都鄙御合体之儀、遠（円）通寺（岳英）幷飯尾方上都候間、左様依取乱、此間諸公事を被停止候、昨日廿八に被罷立候」とあり、越後遠通寺の僧岳英と飯尾氏（室町幕府奉行の飯尾氏のことか）が上洛するために、混乱を避けて一切の裁判事務を彼らが出発する迄の間停止するとしている。更に同三十日付の黒川下野入道氏実宛市川和泉守定輔書状[61]にも「京都へ之使節（岳英）幷飯尾方上洛、関東之時宜と申、不成一方取乱共候、去廿八飯尾方罷立、使節も明日（十一月一日）立候間、近日可有御落居候哉」とあり、使節として遠通寺岳英が十一月一日に出発し、又、飯尾氏も既に十月二十八日に出発していることが記されている。

抑岳英は越後国菅名荘の住人長尾上総入道徳叟の子息であったが、岳英が使節として上洛し二年もの間京都に於いて政治工作をしていることは、一面では在京雑掌的立場であるとも言える。又、飯尾氏は今回の事件に関して幕府より越後へ派遣されていたものであろう。そしてこの後、至徳寺花蔵院の場合と同様に、岳英が京都へ派遣されたのは、僧侶という比較的利害関係の少ない第三者的な立場で交渉が行えたからであった。そのことは、岳英が京都に於いて幕府と深い関わりのある建仁寺の天隠龍沢等、五山の僧達と親交を結ぶに至ったことからも窺える。

更に僧侶が外交に当たった事例としては『後法興院記』文明十八年九月三日条に「自上杉相模守房定許有音信付書状於筑後守長泰鳥目弐千疋進之、勅許受領間為其礼遣処々云々、使僧来間令対面」とあり、上杉房定が同年三月に相模守に任

上杉房朝・房定時代に於ける対京都外交の体制

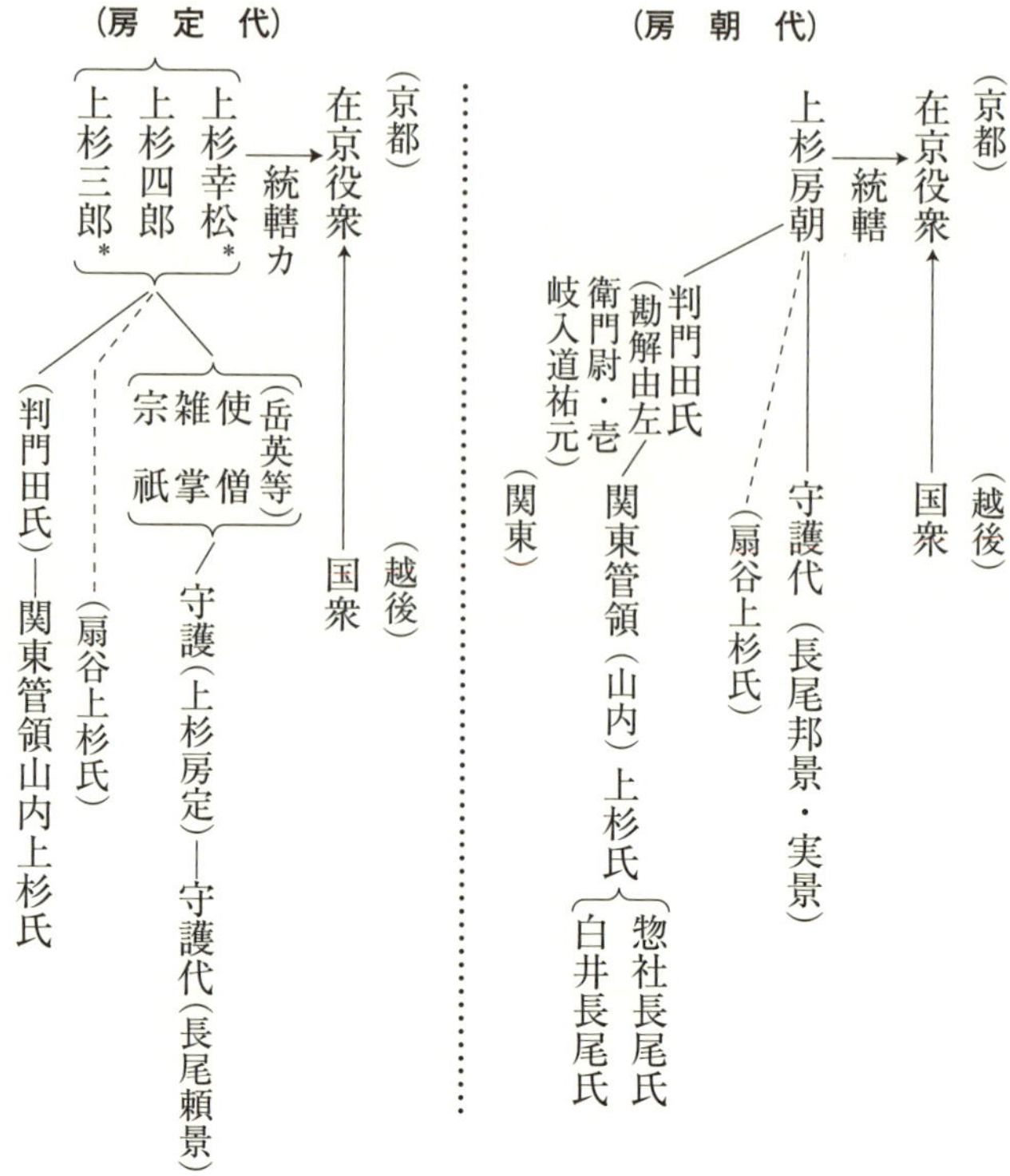

＊上杉幸松（丸）は後の三郎朝房であるが、ここで掲げた上杉三郎と同一人物であるとは特定できなかったので一応両者共に記した。

ぜられたことに関して、近衛政家の助力を謝して使僧が派遣されたものと思われる。この様に雑掌の他にも使僧を登用してそれと同じ役目を持たせるという手法は、越後上杉氏に於いては前述の遠通寺岳英や至徳寺花蔵院の様に広く行われ、それは「雑掌」が通常の交渉を中心にして行うのに対して、これらの使僧は主として特別な行事（叙位・任官・特別な事柄に関する免許・紛争等）について臨時に派遣されることが多く、第三者的な立場で「公権力」（この場合は上杉氏）から独立して囚われないという、宗教家が持っている固有の性格から来るものであった。

以上挙げて来た「雑掌」に関する記述は、上杉房定が越後へ下国した以降のものばかりであり、それ以前には守護が在京していたこともあって、「雑掌」に関する記事は見当たらない。それ故、（在京）雑掌は房定の下国を契機として設置され、それは宝徳年間（一四四九～五二）以降のことであった。

　神余氏は在京雑掌として常に在京していたが、京都のどこにいたのであろうか。先ず、高倉にあった守護上杉邸が挙げられるが（かつて越後守護上杉房方も朝方も高倉邸のみにいて任地へ来ず、国務は三条城主長尾邦景が守護代として執っていた時期があった）、これは永正十四年八月二十二日に、越後国八代守護上杉定実が七代房能の菩提を弔うために泉涌寺内の新善光寺に寄進している[62]ので可能性としては低い。神余氏が何処かに、私的に居を構えていたということになろう。又、『実隆公記』に関しても大永五年十一月十六日条に「入夜有火、神余前土蔵（土倉）云々、廣橋（守光）等遣人」という記述がある位で、居所についての手掛りは今のところ見当たらない。しかし、同記には、在京していた一族の名前が見受けられ、更に「神余仕丁」「神余女房衆」「神余中間両人」等の記述もあり、一家をあげて京都に居住していたものと考えられる。ところで、在京雑掌の問題は戦国大名制の問題、特に「公儀」について考える場合に重要となるが、今まで在京雑掌神余氏に関しては、児玉彰三郎氏や中沢肇氏が青苧の観点から、そして竹田和夫氏が永正～享禄期に至る神余氏の在京雑掌としての総体的な研究をしているのみである。[63]

　以上、この一節では神余氏の出自より始まり、室町期に於ける上杉氏の外交について考えるのに当たり、その外交官としての雑掌を中心にして見て来た。そしてそれは上杉氏一族の在京と共に現時点では越後・関東管領上杉氏が設置していたものと思われ、とりわけ越後上杉氏に於いては六代房定の下国が雑掌設置の一つの契機となったことを指摘し、永正年間以降に於ける神余氏に対して、それ以前にも同様の雑掌の存在が散在的ながらも確認でき、「在京雑掌」というものが、神余氏の代に至って制度として確立されたことが推察できた。

二　在京雑掌としての神余氏

1 神余氏の職掌

次に、在京雑掌としての神余氏の任務について見る。以下述べる様にいくつかの特質を挙げることができるが、先ずその第一点としては、京都を中心とした地域の情報収集とその本国への報告が挙げられる。では、その元である情報は、どうやって得たのであろうか。居ながらにして得るものもあったであろうが、大部分は自らあらゆる場で積極的に収集したものと思われる。『実隆公記』に依ると、神余氏は三条西邸（禁裏六丁町、土御門内裏の西側にあった）へ度々祗候しているが、その場合一人で祗候する時もあったが、多くは吉田・大隅・兼清・丸七郎兵衛といった人々と共に祗候し、一盞を勧めながら朝廷関係の情報、或は他の雑掌より畿内近国、又は遠く西国へ至る広範な情報の収集に当たっていた様である。中でも神余昌綱等は、摂津国まで下向して管領細川高国（常桓）と会見し、

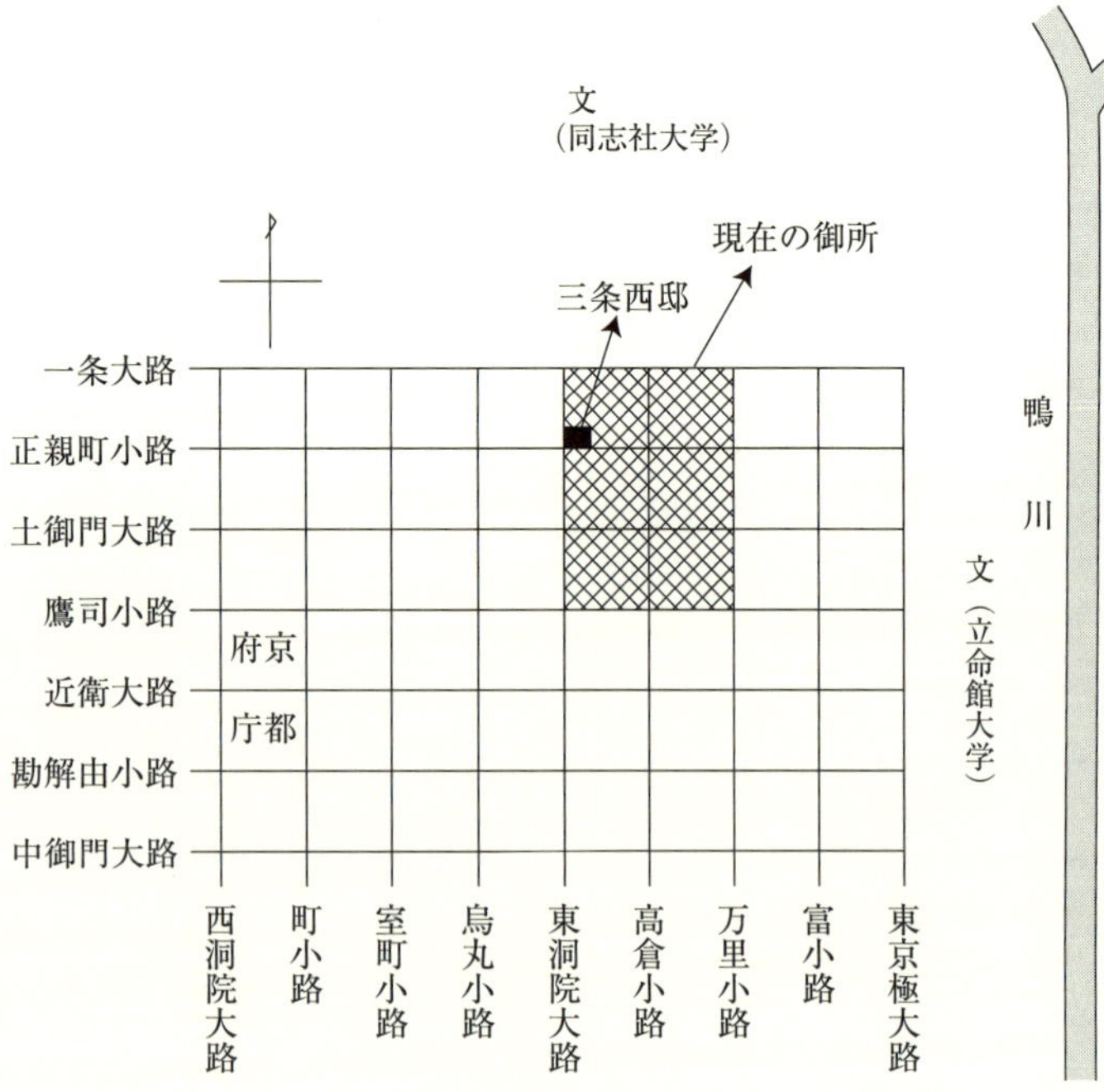

三条西邸付近略図

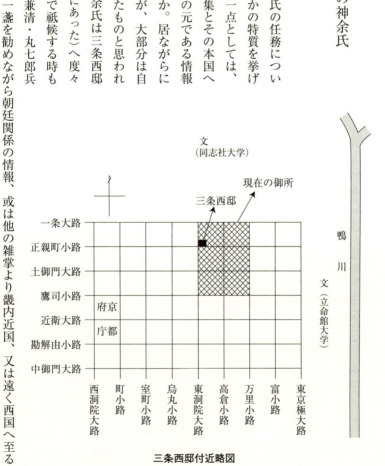

その結果について三条西実隆へ報告するという記事が『実隆公記』享禄四年（一五三一）四月十三日条（高国はこの約二ケ月後に天王寺で細川晴元・三好元長・赤松政村と戦い、敗北して尼崎で自害する）に見える等、京都周辺の情勢には特に配慮している様であった。それは、上杉氏よりの要請でもあった。

逆に三条西実隆も、越後に関する情報（特に青苧公事や争乱に関するもの）を欲していた様で、例えば、関東管領上杉家を相続した顕定が永正六年（一五〇九）七月二十八日に、弟の房能を自害に追い込んだ長尾為景を討つために越後へ攻め入り、為景が上杉定実と共に逃亡するという事態が発生したが、それに関しても神余氏は実隆に対して情勢報告をしており、中でも『実隆公記』の永正七年四月二十九日条には「自天王寺光康男上洛、座中事、北林雑掌事□□之由申之、座中一向無請文之儀、越後国無静謐者、公用難進之由申切之、雖存内之事歎息而已」とある。また為景が越後府中に迫って永正七年六月二十日に顕定が敗走中に長森原で高梨軍に敗れ、殺害されたことに関して七月十日条では、実隆は顕定に対して「自十四歳為関東之上杉、今又如此、不便事也」と感想を述べながらも、「但国静謐之基珍重也」としている。青苧公事が滞り無く徴収されるためには分国内の安定が何よりであるという、実隆の本心を窺うことができるのではなかろうか。そして、永正八年五月二十七日条では、「吉田有使者、越後国去十九日堀内図書等生害、一国平均太平云々、珍重々々」とあり、永正六年以来続いていた争乱は、上杉定実が堀内図書を自害させたことで一応の終結を見たことを、若狭武田氏の雑掌吉田氏が実隆に報告しており、後述する様に神余氏と吉田氏との密接な関係が指摘できる。

この様にして得た情報を、神余氏は以下に挙げる三つの史料に見られる様に本国越後へ申し送っている。次に挙げた史料は、昌綱が長尾為景に宛てた大永五年（一五二五）六月二十六日付の書状である。(64)

先度外郎之弥五郎罷下ニ、京都之時宜具令啓上候キ、

一、今月十四日、細川六郎《(植国)》殿為御家督始御出仕候、御太刀・御馬・鳥目万疋、其外種々御進上之由候、
一、京兆様《(細川高国)》未黒衣御精進にて御座候、御法名者道永と申候、面向者六郎殿毎事御存知之分にて、被得彼御意候、
一、去四月廿六日以来、御所造御用意共候、御地ハ京兆之北、香川・安富・秋庭・上野殿以下之地を被相定、日々御普請候、来月中二三条之御所を彼地へ可被引之由候、如此之砌、御造作御要脚且も御進上可然之由、各被仰候、就之私へ御催促之折紙奉書下申候、

（紙継目）

一、芸州辺之事、度々如申候、未一途候、大内《(義興)》殿勝利之由候、尼子《(経久)》方ハうちハの様ニ申候、
一、江州北郡浅井《(亮政)》・上坂治部已下之牢人、令出張候、京極中書も自尾張国被打越之由候、然間去月廿四日、六角殿《(定頼)》出陣、北郡近江磯山と申地ニ被居陣候、未しか〳〵と合戦者無之候、定而近日可有一途候哉、去年御鷹・御馬之御返事、内海ニ被相副人、可被下進候由候へ共、如此之取乱故、三雲《(六角家臣)》方無其左右候、去夏私へ之書状、為御披見下申候、
一、濃州も令錯乱、土岐《(頼芸)》殿・斎藤《(利隆)》名字中同心ニ、山入へ被取除候、跡ニハ長井一類相踏候、是も近日可有一途候哉、其外条々彼者ニ雖申含候、定而思程ハ不可申分候哉、猶後便ニ可令申候、恐々謹言、

六月廿六日《(大永五年)》……越前守昌綱《(神余)》（花押）……（紙継目）……

謹上　長尾《(為景)》殿御宿所

右の史料では、先ず最初に「先般外郎《ういろう》（薬商人のことか）の弥五郎が越後へ下向したので、その時、京都周辺の状況について詳しく言上させた」とあって、その折の補足・後便としての書状の様であるが、京都周辺の様子について詳細に報告をしている。書状の構成は、第一条から第三条までが幕府関係の状況、第四条が西国の大内氏に関して、第

五条が近江国の状況、そして最後の第六条が美濃国に於ける状況である。『実隆公記』によれば、これより約二ケ月後の八月二十日に神余実綱が越後へ下向しているが、更に詳細に長尾氏に注進したものと思われる。

次に挙げる史料は、実綱が守護上杉氏の公銭方で、且つ守護段銭所を管掌していた大熊備前守政秀[65]へ宛てた享禄三年二月二十六日付の書状[66]である。猶、公銭方・段銭所については、赤沢計真氏の研究[67]がある。

一昨日廿四飛脚京着ニ、御一札委細令拝見候、仍　御服事、当春両度朽木(近江)へ致祇候、種々申入候て、如此相調候事候、殊　公方様(足利義晴)被任大納言候時、被召候　御服にて候、是別而　上意被対信州(長尾為景)無御等閑存之由候、御紋桐ニて候、如此之様体、能々御分別簡要候、

一、唐織物事、当年も色々申入候処、此儀者、一段有子細御事候条、只今ハ不被進候、今度之御服之御礼御申之上、涯分可申達之由、上臈御局様・与州(大館伊予入道常興)被仰事候、此旨御心得尤候、次今度之御礼被相急候者、可然存候、於其上、唐織之儀も可相調候哉、尚以、只今飛却(脚)之通、軈而又朽木へ祇候仕候て、可得御意候、其御返事飛脚ニ可令申候、

一、備後砂事、涯分可尋申候、京都ニも稀物ニて候、

一、京都隣国之儀共、具越前守(神余昌綱)申入候、其外近日弥敷御事無之候、弥柳本(賢治)威勢迄候、此間切々鷹野へ被罷出候、事外鷹数寄ニて候、

一、今度御誂候御烏帽子三頭、只今下申候、

一、京都爰元之時宜共、蔵田清左衛門尉ニ申理候、同見聞之通可被申入候間、令省略候、恐々謹言、

(享禄三年)二月廿六日　　神余隼人佑

実綱（花押）

大熊備州(政秀)御宿所

右の史料では、先ずその前書きの中で足利義晴が享禄三年正月二十日に大納言に任官した折に着用した「御服」を、長尾為景・晴景父子へ下賜することに関して神余氏が奔走していることを記しており、それに関連して第一条は長尾晴景の母に対する唐織物の下賜について神余氏が色々と働き掛けているという一文である(68)。次の第二条は、長尾氏の求めに応じて備後の砂を入手しようと苦労したのであるが、結局手に入らなかったということを述べている。この備後の砂というのは、備後国の北部に産出する「八方砂」とも呼ばれる石灰石のことであり、将軍足利義政の時代には書院造や枯山水式石庭が発生し、備後砂はその敷砂として重宝され、山内氏がその産出権を握っていたものである(69)。又、第三条目では父昌綱も京都周辺の情勢について注進するとして、この段階では本国への注進について昌綱と実綱の間で任務の分化が進み、京都を含む諸国の情勢についての報告は越前守昌綱が担当していたものと思われる。第五条目では、神余氏と共に国産青苧の管理に携わっていた蔵田氏に対しても京都の様子を報告したので、ここでは詳細については省略するとしている。

又、次に挙げる史料(70)でも、京都の情勢について注進をしている。

今月二日至徳寺飛脚下ニ、京都之時宜具令啓候、定而可被及御披見候、

一、御新造様(長尾晴景母)へ唐織物被遣之旨、対大館与州(常興)へ被成　御内書候、誠以御面目之至、不可過之候、早々御礼御申尤存候、

一、就御服御拝領御礼御申、御父子へ　御内書幷御剣被進之候、目出存候、其外上﨟御局已下御返事下申候、委曲以注文令申候、

一、京都之時宜、近日可有一途之様体候、何様於其上重而可令申候、

一、当国不慮之儀、雖然、悉属御本意之旨、其聞候、自何以満足此事候、弥可然御左右日々奉待候、就如此儀、俄

隼人佑（神余実綱）罷下候、風雪之時分と申、歓楽之儀候条、定而不可有正体候、諸篇御指南所仰候、
一、朽木（近江）公方様（足利義晴）御入洛、同常桓（細川高国）御上洛可為必定候、然者、早々御礼御申肝要候、都鄙之儀、毎事隼人佑可有口上
候間、令省略候、恐々謹言、

（享禄三年）十一月廿五日　　　　神余越前守
　　　　　　　　　　　　　　　　　昌綱（花押）

吉田孫左衛門尉殿

これは、やはり大熊氏等と共に守護段銭所を管掌していた吉田氏に宛てた享禄三年十一月二十五日付の書状であり、第一・二条が唐織物・御服下賜に関すること、第三・五条が京都周辺の情勢について、そして第四条が実綱の越後下向についての記述である。最後の第五条で足利義晴と細川高国の入京に関して祝儀を贈ることを本国に対して催促しており、上杉氏の立場を少しでも有利な方向へ導こうとする在京雑掌の姿勢が窺われる。又、第四条では越後へ下向した実綱に対して、「諸篇」吉田氏の「御指南」を仰ぐことを昌綱が申上しており、前出の大熊氏宛の書状をも加えて考え合わせると、政治・経済の面で神余氏の本国への注進には公銭方・段銭所を管掌していた大熊・吉田の二氏と長授院妙寿とが、深く関わっていたものと推測される。

次に神余氏の職掌の第二点としては、三条西家への経済的な寄与、とりわけ青苧公事の納入が挙げられる。青苧に関しては前出の中沢肇氏や児玉彰三郎氏の研究もあり、更に竹田和夫氏が越後青苧座を素材として座の持つ構造的な特質と中世社会に於ける社会的関係を解明している(71)ので、ここでは簡略に述べる。当時、三条西家の財政状況は決して良くはなかった様で、神余氏が私的に融資をしている記事が『実隆公記』にあることは後述する通りであるし、又、神余氏より物を借りたりもしていた。三条西家には、伝来の家産として河内会賀牧・通生荘・加田荘・室田荘・三栖

荘・鳥羽池田荘・桂新免河島荘・富森荘・美濃国衙領・石原荘・今林荘・太田荘・大山荘・富松荘・淀魚市（淀魚市の知行者として知られているのは西園寺・京極・三条西家であり、文明年間（一四六九〜八七）以降に於いては西園寺・三条西の二家に依る知行が行われていた。又、三条西家と魚市との関係を示す記事は『実隆公記』享禄五年五月十四日条にあるのが最後である。以上、淀魚市に関しては小野晃嗣氏の「御売市場としての淀魚市の発達（上・下）」[72]に詳しい）・山城国美豆御牧・播州穴無郷・越前国田野村荘・青苧公事等の荘園年貢や公事銭があった訳であるが（小野氏前掲論文に依れば富松荘・太田荘・美濃国衙領等も三条西・西園寺家の共同知行であったという）、それらのものは明応・文亀年間頃（一四九三〜一五〇四）迄は比較的順調に納入されていたが、永正年間頃より次第に未進が増加し三条西家の財政を圧迫していった。そして具体的な収入こそ分からないが、実隆自身が古今伝授を受けた自らの教養を生かして執筆活動で副次的な収入を得る様になる等、荘園制的な収奪体系は徐々に無力化していった。[73]又、芳賀幸四郎氏は、三条西家の持っている青苧公事知行権は同家が正親町三条家より分家する際に与えられたものであろうと推定している。[74]三条西家にとってとりわけ青苧公事収入は重要な収入源であった訳で、越後国よりの苧公事を管理・納入していた神余氏の置かれていた立場というものは、その意味では重要であったと言える。[75]抑、「苧《からむし》」というのはいらくさ科の多年生草本で麻の一種のことであり、その茎の皮より繊維を採っていたものである。三条西家はその座の本所として越後を始め各地の青苧座を支配し、ほぼ全市場を占有していたものと思われる。[76]そして、その青苧を原料として作られた「越後布」は、当時贈り物として重宝された様である。

さて、神余氏の他にも、青苧公事に関与していた人物の存在を指摘することができる。先ず第一に、越後国に於ける青苧座（新儀商人）の管理をしていたのが、長授（寿）院妙寿（山吉氏）と蔵田氏（五郎左衛門）[77]である。次に掲げた史料は、大永三年六月十日付の長尾為景宛三条西実隆書状[78]である。

久不通案内背本意候、(イ)国中太平珍重候、抑青苧公銭知行之処、此三ケ年一向無沙汰退屈之間、態差下於使者候、於国彼公銭両年未進分、幷当納、悉京着候様堅被仰付候者、可為生前之高恩候、(ロ)旨趣長授院(妙寿)へも申候、及巨細候間先閣筆候、兼又(ハ)勅筆一紙名文候間献之候、段子一端雖左道憚入候、出所珍重物候間推進、此興候、返々一ケ条事、万々憑入候也、謹言、

(大永三年)六月十日　　　　聴雪(三条西実隆)

(ニ)長尾信濃守(為景)殿

(以下小切紙)追申候、神余越前守(昌綱)委細可申候由申遣候、(ホ)小次郎(神余実綱)下向由候間、心中通猶々申含候、万端憑入候、将又、色紙不思議書様憚入候処、小次郎無理に執候之間、無力様、此興〳〵、

右の史料は越後国に於ける青苧研究には必ずと言って良い程引用されて来た有名なものであり、『新潟県史』『越佐史料』共に、大永七年と比定して来た。しかし、この史料は大永七年のものではなくて大永三年のものである。その根拠として、①傍線部分(ロ)に「旨趣長授院へも申候」とあるが、『実隆公記』大永三年七月九日条に「越後事依長寿院死去不事行、四郎左衛門(蔵田氏か)上洛之由申之、言語道断也、仰蒼天而已」とあって長授院(山吉)妙寿がこれ以前に死亡したことが分かる。又、それと共に長授院が史料上に現れなくなる。

②傍線(ニ)の部分であるが、長尾為景が信濃守を称するのは従来「守矢文書」三所収の大永四年四月十三日付神長頼真宛長尾為景書状[79]が初見であるとされて来た。そして、為景が信濃守を名乗る以前の弾正左衛門尉の一番最後の所見は大永元年十二月七日付の長尾為景宛畠山尚順書状[80]である。つまり、今迄は大永四年以降に為景が信濃守を称したということであったが、右の三条西実隆の書状が出された大永三年六月十日の時点で為景が信濃守を称していても、少しも矛盾しないということである。それ故、為景が信濃守という受領名を名乗ったのは少なくとも大永三年六月十日

迄は遡ることができる訳であり、その時期は大永元年十二月七日~大永三年六月十日の間の約一年六ケ月の間ということになる。

③傍線(ホ)の部分であるが、この時は「小次郎下向」とあって神余実綱が越後へ下向したことになっている。しかし、『新潟県史』や『越佐史料』が比定した大永七年に下向しているのは、越前守昌綱であって小次郎実綱ではない(後掲の「神余氏の越後・京都往来関係年表」参照)。又、大永三年八月十日に実綱が上洛していることが確認されるし、その上、大永七年の昌綱下国中には小次郎実綱が在京して実隆邸へ祗候している記事が『実隆公記』に数度見受けられ、大永七年十一月三日条には「神余(実綱)遣人、越前(昌綱)近日可京著□□(之由)有報」とある。

仍て小次郎実綱の大永三年六月の下向に伴って出された六月十三日付長尾為景宛近衛尚通書状[81]と、同日付の為景宛進藤長美副状[82]、そしてこの二通を越後へ送付した同日付の為景宛神余昌綱書状[83]も、大永七年ではなく大永三年のものであると思われる。

ところで、右の実隆の書状の主旨は三ケ年間未進のままになっている青苧公事を納入する様、長尾為景に取り計らってもらいたいとの内容である。傍線(イ)の部分で、越後国が無事であることを喜びながらも、他方では混乱期でもないのに青苧公事が滞納されているのは納得がいかないという、実隆の気持ちをも推察させる。とはいうものの、傍線(ハ)の部分で為景に宸筆の名文を贈る等、青苧公事納入に関して為景の助力を期待しているのである。又、傍線(ロ)の部分では、苧公事納入に関して長授院へも申し付けたとあり、長授院妙寿が越後国に於ける青苧公事のことについて関与し、更に重要な位置にいたことをも物語るものである。前述の様に長授院は『実隆公記』の大永三年七月九日条に死去したことが記されており、越後より京都迄の日数を考慮すると長授院は同六月中旬~下旬にかけて他界したことになり、右の実隆の書状は長授院が死去する直前のものということになる。七月九日条には「言語道断也、仰蒼天而已」とある等実隆の落胆振りは相当なものであったのであろう。実際、実隆の落胆を裏打ちする様に同日条では、「越後事依長寿院死去不事行」とあって、越後国に於ける青苧公事の管理を長授院がほぼ一手に行っていたために苧公事の徴収や納入が円滑に行われなくなったとしている。

越後国にとって重要な眼目となりつつあった青苧公事の一方の管理者である蔵田氏は、元々は伊勢御師として越後へやって来て民衆に守札等を授け布教を行い、その見返りとして青苧を初穂料という名目で受け取ったものと思われることから、青苧にそれ以降関与する様になったものと考えられる。新城常三は、上杉氏と蔵田大夫との師檀関係を指摘し、御師が大名の支援の下でその領国へと深く入り込んで行ったと述べている。(84) 蔵田氏は大永五年閏十一月に上洛して、実隆に越後に於ける苧公用の減少等について、本国の状況を報告している点等から、やはり長授院妙寿と共に越後に於ける青苧公事の納入と青苧座の管理に当たっていたものと推察される。又、蔵田氏に関しては、上杉景勝が五郎左衛門に与えた文書がある。(85)

青苧座之事、祖父五郎左衛門以由緒、拘来候条、国中不嫌入不入幷御師山伏等、不可宥赦候、弥、用所之儀、無如在可相調者也、仍如件、

天正十年

三月朔日　　景勝

蔵田五郎左衛門とのへ

この史料は、景勝が蔵田五郎左衛門に対して、不入地、伊勢の御師・山伏等青苧を扱う全ての人々より特例なく租税を徴収する様指示している。又、その根拠として傍線部分の如く、祖父の代より青苧座と関係があることを挙げている。このことは、この段階では既に越後青苧座が上杉氏の完全な統制下にあることを示し、慶長年間（一五九六～一

六一五）に於ける青苧の御料所化では、蔵田氏とその統轄下にある青苧座の組織とを上杉氏が利用したものであり、元来、伊勢神宮の神職を勤めていた蔵田氏を、上杉氏が自らの被官化したものである。そして蔵田氏は代々五郎左衛門を称し（藤木久志氏に依れば、蔵田氏の二流〔左京亮系・五郎左衛門系〕の内、五郎左衛門系では同名と清左衛門尉とを交互に称したらしい）[86]、長授院妙寿死去後は青苧座を一手に管掌するに至ったものと考えられる。

次に指摘されるのが、近江国坂本にあって青苧に携わった新儀商人の人々である。先ず『実隆公記』文明十五年（一四八三）十二月七日条には「坂本苧課役代官職」とあって、岩崎左衛門を任命したことが記されており、三条西家より派遣された代官が坂本に於いて青苧座の監督と当地よりの公事銭納入等の事務に当たる様になっていた。小野晃嗣氏は、この他にも京都諸口・美濃・丹波へ三条西家が苧公事代官を派遣していたとしている[87]。そして又、青苧座側にも公事銭を納入する役としての「雑掌」がいたことが、『実隆公記』文明十八年六月六日条や延徳元年（一四八九）十一月二十一日条に記されている。更に明応五年（一四九六）十二月六日条には「北林弥六」の名前が見え、同人については「苧商人」と「雑掌」という言い方を並列的に用いており、北林氏自身は元々商人であるが青苧座の雑掌をも勤めており、青苧座の責任者として苧公事の納入等に当たっていたものと推測される[88]。

次に、実際に青苧の輸送・販売に当たっていたと思われる、「海津屋」等の存在である。「海津屋」は、『実隆公記』に「海津屋香取」（永正八年二月二日条・同四月二十一日条・同十一月十一日条・同十六日条・同九年三月二十日条→割符皆済記事）、「鴨取源三」（文明十九年二月二十二日条には「坂本梅津屋鴨取源三、要脚秘計」とある）として現れる近江国坂本の、恐らく問丸（問屋）を経営していた人物であろうと推察される[89]。又、幕府政所代蜷川親元の筆になる『政所賦銘引付』[90]の文明五年十月十五日付の引付には、坂本の問丸として「鴨鳥《カツトリ》左衛門太郎」の名前を記す。抑越後府中の青苧座から納入された青苧公事は越後で割符に組まれ、更に青苧商人が買い付けた現物等と共に同国直江津や柏崎の港

文明〜大永頃の青苧関係図

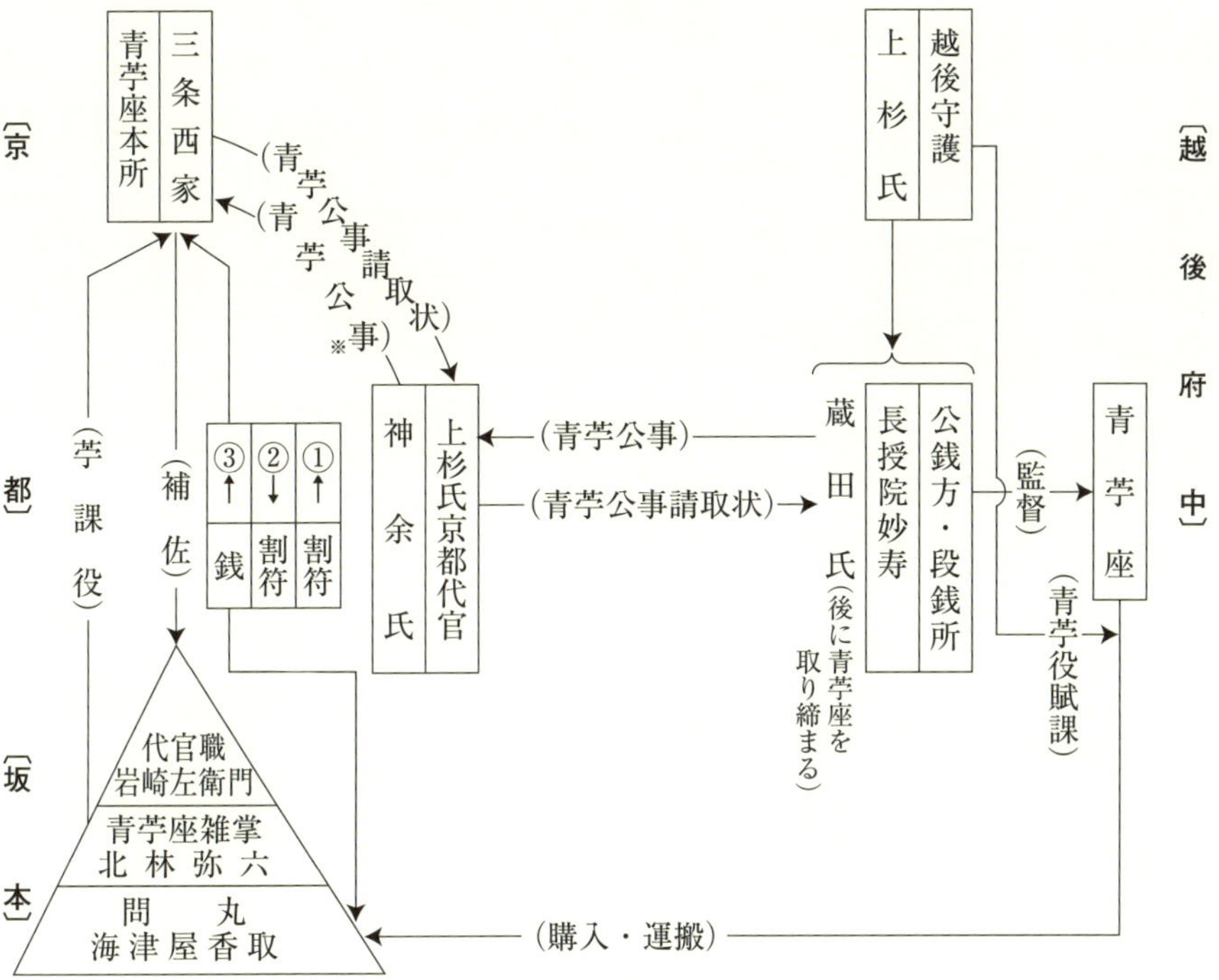

※『実隆公記』享禄二年十二月十七日条には「青苧一把公銭十三〆」の補書がある。

より船便で若狭国の小浜迄運び（『実隆公記』永正八年十月一日条などにも（青）苧船の若州着岸の記事が少なからず確認される）、そこから陸路で琵琶湖北岸の今津へ至り（九里半街道）、更にそこから船便で坂本迄運送し最終的には京都や天王寺へ運送されたと考えられる[91]。

『実隆公記』（大永三年十月七日条・同六年九月十二日条）では「苧船」の着岸が若狭に限られているが、『新潟県史』通史編2中世では「苧船がすべて若狭小浜に入港したというよりは、実隆が敦賀での役銭賦課権をもっていなかった」と指摘し、敦賀経由の苧荷もあったことを示唆している。因に『政所賦銘引付』の文明十五年四月五（八）日付の引付には、杉本平五郎宗重なる者が「苧屋」（倉庫）を道全という者に貸し付けていることを述べており、その所在地が「四条錦小路町与室町之間」とあって、一大消費地であった京都に大量の青苧が流入していたことが垣間見える。更に『実隆公記』（明応四年正月二十七日条に「太刀屋小事秘計事在之」とある。又、同十一月二日条、同五年二月九日条、同四月十七日条、同六年十一月二十九日条による）に見える京都室町の「太刀屋」等の様に、洛中にも青苧商人の活動があった。その他、貝屋弥九郎や同与太郎のように、連歌師宗仲と連携を図りながら、苧公事納入に関わっていた商人もいた（『実隆公記』享禄三年三月十日、同四年四月八日条）。

そのため、若狭国の守護であった武田氏（旧一色氏家臣）[92]には特に便宜を払ってもらい、その雑掌であった吉田・粟屋氏[93]と神余氏とは常に親しい関係にあったものと考えられる。例えば、『実隆公記』大永五年九月二十三日条には「神余来、武田《(元光)》百首合点事申之」とあって、武田元光の歌の添削を神余氏が三条西実隆に依頼したりしているし、又、どういう理由からか武田元光の逸見弾正忠宛の官途状[94]が越後に伝来している等、若狭武田氏とは非常に友好的な関係にあったらしい。それでは、問丸の海津屋香取とは、どの様な人物であったのであろうか。海津屋は特に青苧を主として扱っていたらしく、天王寺の青苧本座に出入りしたり越後よりの苧荷の輸送に自らが当たったりしていて、越後を始め各地の青苧を手広く扱っていた。

浩宮徳仁親王は、十五世紀中頃の兵庫北関に於いては問丸が直接・間接に物資の輸送活動に従事し、問丸と船頭というそれぞれの性格が未分化の状態にあったことを指摘している[95]。又、『実隆公記』永正九年三月二十日条に「香取来、去年越後割符皆済之」とあり、海津屋は越後より運んで来た青苧公事の内、現物については売却して、青苧座雑掌（このころは香取が雑掌を勤めていたかもしれない）を通じて三条西家へは全て銭納していたと思われる。しかし、現実に苧公事の納入は中々円滑には行われなかった様であり、神余氏は越後と実隆との間に立たされ、苦労させられた。この後、永禄年間（一五五八～七〇）になると『言継卿記』（永禄十一年三月十日、同十六日、同二十四日、同二十五日、同二十七日、同四月二～五日、同十日）に「香取土左（佐）守」「使八木新右衛門尉」や「香取右衛門尉」等が見え、彼らが近江国坂本に住していることを記しているが、これが海津屋香取と関連があるのか否か、今後の課題である。ただ、同記永禄十一年三月二十四日条には、「自坂本香取土佐守所、同名右衛門尉来、従越州之書状共到」、同四月九日条には「自坂本香取所、（中略）今朝越州へ発足云々」と記されることより、香取氏が越後方と京都との連絡調整に関して、何らかの役割（飛脚以上の）を果たしていたことも類推されるであろう。

ところで、三条西家では受け取った青苧公事を、どの様に使用していたのであろうか。神余氏は大永六年春から大永八年二月にかけて、青苧公事として計五〇〇〇疋を三条西家へ納入しているが、その内、同家の取り分と思われるものは約二〇〇〇疋余であり、残余分は家臣の木村藤次郎を始め関係者へ即刻配分している(96)。次の『実隆公記』大永八年二月七日条では、青苧公事の請取状を控えとして写し取っているが、その充所が神余氏ではなく直接越後の蔵田氏宛に出されていることは注目される(97)。この後、恐らく神余氏の手を経て蔵田氏へと回送されたのであろう。

　　請取事
　納　青苧御公用事
　　　合五拾貫文者、
　右当年御公用之内、且所請取如件、
　　大永七年十二月廿六日　　政所判
　　　　　　　　　　　　　　　印
　　蔵田五郎左衛門殿

この青苧公事の納入を神余氏の職掌として重視するのは、同氏の在京雑掌職就任が文亀・永正年間頃であると推定され、それと時を同じくする様に越後国よりの三条西家へ対する青苧公事の未進が増加して来ているという事実である。(98)それは越後上杉氏が、越後青苧座を自らの統制下に置こうとするのと軌を一にする。つまり神余氏の京都派遣は、越後青苧座を上杉氏の統制下に組み込むための布石であるとも考えられ、そのための「手続き」に於いて円満にその実質的な支配権を上杉氏へ移行させ、三条西家より切り離すことを目的としていたとも類推される。尤も、対京都外交を重要視して戦国大名としての領国支配を完成させようとする越後方にとっては、越後青苧座を手中に収めることに依り三条西実隆の不興を買うことは得策ではないと考え、神余氏を京都に駐在させてその「手続き」を円滑に進めようとしたのではないかと推察する。そのために神余氏は実隆との親密な関係を作り上げて行ったのではあるまいか。

次に、神余氏の職掌の第三点としては、金融業の経営といった問題が指摘される。室町期を通じて将軍の権威が凋落の一途を辿っていったことは周知の通りであるが、そのことは逆に言えば「経済力」の台頭がそうさせたという一面も持ち合わせているのである。「納銭方」の出現に始まり、小事は将軍家宝刀の盗難・土倉への質入れ(『看聞御記』永享四年〈一四三二〉五月九日条)、将軍の祇園会見物を土倉主が沙汰(同六月七日条)、といった具合である。この様な時代にあって、武士身分であり、その上、上杉氏の家臣、在京雑掌でもある神余氏が金融業を営んでいたとしても、然したる不都合はないであろう。

ところで、これは神余氏自身が私的に行っていたものであるのか、或は職掌の中の一つとして指摘しても良いものであるのか否かは後述するとして、先ず第一に『実隆公記』の筆者三条西実隆への融資が挙げられる。永正二年十一月十四日条には「勾当局被送状云、公人下行一向無足、為之如何、秘計事可奔走云々、仍相語雲龍院申遣神余許、五百疋召寄進上了」とあって、実隆が泉涌寺塔頭の雲龍院と相談して神余氏より五〇〇疋を借入れている。又、大永八年七月九日条には「神余用脚五百疋秘計、無利、年中可返弁之由遣折帋者也」とあり、やはり神余氏より無利息で五

○○疋を借りている。更に大永七年十二月十三日条では「(イ)神余越前以使者五百疋送之、是苧公事内可致秘計之由、先日内々申含之処、今日吉曜之間、且持送之由申之、自愛々々、小時越前来、(ロ)猶以可秘計之由堅申之、(ハ)去春隼人(実綱)秘計五百疋、同加此内之由申之、諾了」と言っているのであるが、傍線(イ)の部分では神余昌綱が五〇〇疋を実隆へ貸付けている。

しかし、これは未進の青苧公事の分として神余氏が私的に立て替えているのであり、又、傍線(ハ)の部分で去春(大永六年春)にも隼人(実綱)が同様にして五〇〇疋を貸付けていると言っており、傍線(ロ)の部分で更に実隆に対して融通する用意があることをも述べている。このことは、神余氏の三条西実隆に対する融資が他の者に対するそれとは違い、青苧公事という三条西家が古来持ち続けてきた権益を、越後上杉氏の代官である神余氏が私的に保障するという形で行われている一面を持っている。無論、前掲の永正二年と大永八年の記述の様に青苧公事とは全く関係無く、純粋に金融業の対象として融資をしていることも指摘できる。

ところで、室町幕府政所代を勤めていた蜷川親俊の日記『親俊日記』の天文八年(一五三九)十二月二十九日条には「常盤井宮雑掌申彼地子神余隼人借銭事披露之」とあるが、二重傍線部分の「彼」の指しているものが常盤井宮なのか、或は雑掌なのかで解釈が違って来るが、それが常盤井宮であるとすると、これは常盤井宮家に入った地子銭収入の中から神余隼人(実綱)が借入れをしたということになる。しかし、「彼」が雑掌を指しているとすると、これは常盤井宮家の雑掌が自分の屋敷地の地子銭が支払えなくて、神余実綱より借金をしたということになってしまう。

しかし、恐らく前者の解釈の方がより適切であろうと思われるので、今はそれに従うと、神余実綱は常盤井宮家(天文八年当時は恒直親王が当主)より資金を調達し、それを元手として土倉を営んでいたのではなかろうか。無論、この『親俊日記』の記事を短絡的に金融業の経営と結び付けることはできないのであるが、後述の分一徳政令との関連に於いても神余氏が金融業の資金として借入れをしたと考える方が自然なのではあるまいか。更にこの史料は天文八年という特異な時期に当たるために、とても興味深いものがある。それは天文二年に始まり天文六年迄続いた法華一揆に依る洛中の地子銭未進の運動である(99)。その約二年後に当たる天文八年に書かれた『親俊日記』のこの記述は、地子銭の全面的な支払い停止という状態から抜け出して公家寺社が元の通りに地子銭を知行することができたことで、神余氏も土倉経営のための資金・元手を手にすることができたと言える。

そうした神余氏も、土倉経営の上で当時金融業者の誰もが直面した、徳政令という事態に対処しなければならなかったのである。次に挙げる史料は、その様な中で神余氏の名前が確認できる唯一のものである(100)。

一、秘計《霜朔》要脚弐拾参貫文借主交名在別紙、事、今度就被定置法、拾分壱進納之上者、任借書之旨、本利共以速可令返弁之段、
対借主堅可被加催促之由、所彼仰下也、
永正元　十　十三日　　左衛門尉
散位
備
神余越前守殿

この史料は、表紙に「就徳政拾分一御奉書　頭人御加判引付　永正元　十月日」とある九七通の奉書の、控の中の一通である。ここで言う引付というのは、分一銭納付条件付徳政令の発令に際して、分一銭の幕府への納入を確認して奉書の発給を記録したものである。室町幕府は嘉吉元年(一四四一)～天文十五年にかけて徳政令を発布しているが、途中享徳三年(一四五四)十月二十九日に初めて発令されたのが所謂分一銭納付条件付徳政令と呼ばれる法令である。これは借金額の十分の一(康正元年〈一四五五〉には「十分一事、自是以後為五分一被付納銭方了」(『斎藤基恒日記』康

正元年十一月条〕となる）を幕府へ納めることに依って貸借関係の破棄を公認するといった内容の徳政令であり、更に康正元年十月よりは債務破棄の奉書の不所持者に対しては、債権者より奉書の発給を申請して分一銭を納めれば、幕府が債権を公認し債務者に対しては徳政禁止を命令するということとなった(101)。

この様な中で、右に挙げた奉書（写）では、永正元年の徳政令発布に際して、神余越前守（昌綱）が幕府へ、融資総額二三貫文の十分の一に当たる二貫三〇〇文を納入した上で徳政禁制の適用を受けたものであり、債務者に対して貸金の返済を催促しても良い旨が記されている。脇田晴子氏は『室町時代(102)』の中で、分一徳政令が借主擁護の享徳～康正期、貸主擁護の長禄～文明期、そして分一銭納入者擁護の永正～天文期の三つの時期に大別できると述べており、当該奉書は分一銭を納入した神余昌綱側の主張を認めた、脇田氏に依る第三期（永正～天文期）に当たるものであった。

以上、神余氏に依る土倉経営を指摘して来たが、それが職掌の中に位置付けられるものなのか、或は同氏が全く私的に行っていたものなのかについてであるが、結論を先に言うと、それは神余氏が全く個人的に行っていたものと思われる。先ず、三条西実隆に対する青苧公事未進の補塡を除くと、その他の融資は全て私的に利潤を得るために行っていたとしか考えられない。それは神余氏が、常盤井宮家より借入れをして土倉を営んで迄も在京に拘わる諸経費を捻出しようとしたとは考えにくく、その上諸史料からも神余氏が経済的に困窮していたことは窺えないからである。それよりは寧ろ、神余氏自身は越後上杉氏の京都代官という地位からも経済的には上杉氏から優遇されていた訳であり、更に神余氏自身の代々の家産もあった訳で、少なくとも当時の京都に於いては余裕のある方であったと思われるからである。

しかし、常盤井宮家より借入れをする等、かなり金融業に深入りしていたことも指摘することができる。そのことは、もう一言加えて言えば、土倉の地位の向上といった背景があったものと考えられる。例えば『看聞御記』に見える土倉「宝泉」等に至っては、浄金剛院曼陀羅堂を自らが大檀那として造営したり、伏見宮の御所の造作を奉行として行ったり、又、伏見宮家の重要な文書の保管を行ったり、更には七夕を始め文化的な交流も行う等、金融業経営に対する社会的見解の変化が存在し、そのことが上杉氏の代官である神余氏をして土倉の経営を行わせしめたと考えられるのである。

次に神余氏の職掌の第四点としては、上杉氏の代表としての政治的な交渉、所謂政治工作が挙げられる。次に掲げる史料は、享禄三年二月五日付の室町幕府内談衆大館常興（尚氏）の神余昌綱宛の書状[103]である。

唐織物之事、内々度々承候、於身一切無疎意候、御佐子上臈御局、是又聊無御等閑候、然此事ハ、仰之趣、先度も如申候、一段子細有之御事候、併　公私之御為候、被対其方、更以非御等閑之儀候旨、能々心得候て可申由、被仰候、先以被得其意、可被御申下候、猶期後信候、恐々謹言、

常興（尚氏）（花押）

二月五日

神余越前守（昌綱）殿

この史料は、長尾晴景（弥六郎）の母親に対する唐織物の下賜に関してのものであるが、神余昌綱が大館尚氏に働き掛けて下賜を要請してはいたのであるが、中々困難を極めている様子が窺われる。この件に関しては、前出の二史料（享禄三年二月二十六日付神余実綱書状、同年十一月二十五日付神余昌綱書状）にも「御服御拝領」と共に記されており（長尾為景・晴景父子夫々に対する小袖下賜に関しては、享禄三年二月五日付の足利義晴御内書[104]で決定が為されている）、神余氏が幕府に対して様々な働き掛けをしたものの幕府内部に「一段子細有之御事」であるから、中々首尾良く事が運ばなかった様であるが、結局、神余氏の努力が実を結んで享禄三年九月二十八日付で唐織物下賜についての足利義晴の御内書[105]が出されている。以上の唐織物の下賜について大館尚氏は同日付の長尾為景宛の書状[106]の中で、「一段之御面目無

比類事ニ候」と申し送っていることからも、神余氏の果たしていた役割は大きなものであったと言わざるを得ない。

次に挙げる史料は、天文十九年三月吉日付で愛宕山下坊幸海が長尾景虎へ宛てた書状[107]である。

態令啓上候、仍白傘袋・毛氈鞍覆事、先々御赦免御由緒ニ候、然而当御代武勇御名誉依有其聞、両様御免之儀被
仰出候、雖楚忽之儀候、愚僧事、従為景（長尾）御代致御祈念事候、就中、殿中有好、上意之趣、尤以目出由令馳走候、
因茲、則被成　御　内書候、殊大覚寺御門主（義俊）、次大館左衛門佐殿（晴光）被添御状候、旁御面目之至候、雖可被差下
上使旨候、御国乱後万端御事義付而、可為御造作候間、申留候、委細猶花蔵院幷神余殿可被申達候、恐惶謹言、
（天文十九年）三月吉日　幸海（花押）
長尾平三（景虎）殿
参　人々御中

この書状が出された前の月、即ち天文十九年二月二十六日には越後の八代守護であった上杉定実が病没し、更に定実には後継者がいなかったため、越後上杉氏は同氏初代越後守護上杉憲顕以来一八〇年余続いたにも拘わらず、同族であった関東の上杉氏・上条上杉氏、そして越後上杉氏にも男子の継嗣がいなかったために滅びてしまった。そしてその後を受けたのが、守護代の長尾景虎であった。長尾景虎はこの史料にも見える様に天文十九年、守護待遇としての白傘袋・毛氈の鞍覆の使用を許可され、遂に上杉氏に取って代わったのである。そしてその際に活躍したのが、神余氏と僧侶の花蔵院であったのである。『謙信公御年譜』巻二[108]の天文十九年四月十七日条には「御礼トシテ神余隼人正親綱ヲ差登セ越国の土宜を献セラル」とあって、景虎は小次郎実綱が滞在している京都へ親綱を派遣しているのである。この時、神余氏等が交渉相手としていたのは、当時、京都大覚寺の門跡を勤めていた義俊（近衛前嗣の伯父に当たる）であった。又、右の書状の差出人である愛宕山下坊幸海という人物は、義俊の下にあって（「殿中有好」とある）、

義俊と越後側（上杉氏・神余氏・花蔵院）の媒介として実務に当たっていた者である。この後、大覚寺義俊には、長尾景虎の叙位任官に関しても、その出自を利用して多大の働き掛けを神余親綱は行った様である。景虎は上杉定実死去の二年後、天文二十一年四月二十三日に後奈良天皇より従五位下・弾正少弼に叙せられたが、次に挙げる三通の史料(109)は何れもそのことに関して、神余氏が関わっていたと思われるものである。

(イ)
（封紙ウハ書）
「（異筆）
「天文廿一年六月廿八日到来 大館殿御内」　富森左京亮
長尾弾正少弼殿 信盛」
人々御中

御官途之儀被申調候、尤珍重存候、則御礼御申可目出候、委細之段、神余小次郎（親綱）殿可被申入之旨、可得御意候、恐惶謹言、

五月廿五日　信盛（花押）

長尾弾正少弼殿
人々御中

(ロ)
御官途之儀申沙汰候、御内書被相調候、近比御面目之至、珍重存候、於様体者、神余小次郎可申候也、穴賢〳〵、
（天文二十一年）
五月廿六日（義俊）（花押）
長尾弾正少弼殿（景虎）

(ハ)
（封紙ウハ書）
「（異筆）
「天文廿一年六月廿八日到来 大覚寺殿御内」津崎大蔵丞

長尾弾正少弼殿　　光勝」
御宿所

御門跡様（義俊）へ為御礼、千疋御進上候、御祝着由、得其意可申入旨候、随而私へ弐百疋送被下候、過分至、難申尽存候、将亦、今度神余方永々逗留之儀、公私依御取乱如此候、更非疎略之儀候、猶小次郎（神余親綱）方可被申入候、恐惶謹言、

五月廿八日（天文二十一年）　光勝（花押）

長尾弾正少弼殿（景虎）

御返報

右に挙げた三つの史料は、何れも充所が長尾景虎であるが、差出人は(イ)の史料が大館氏の家臣の富森左京亮信盛、(ロ)が大覚寺門跡義俊、そして、(ハ)が大覚寺内の津崎大蔵丞光勝である。この時は、神余小次郎親綱が交渉に当たっていた様であるが、(イ)と(ハ)の史料の封紙（異筆部分は当時のものであると見られている）には「天文廿一年六月廿八日到来」とあって、(イ)と(ハ)が天文二十一年の六月二十八日に越後府中へ到着したことを示している。更に史料[110](ハ)には、「今度神余方永々逗留之儀、公私依御取乱如此候、更非疎略之儀候」とあるが、これは神余親綱の京都滞在が長引いていることに関し、それが飽く迄も大覚寺側の混乱に依るものであるとしており、この五月二十八日以降に親綱は、これらの書状を携えて越後へ下向し景虎に実務上の報告をしたものと考えられる。

更に、永禄二年（一五五九）四月の長尾景虎の二回目の上洛に際しても、神余氏は奔走していた。『謙信公御年譜』巻四の永禄元年十一月条には「神余隼人正（親綱）、京師に赴ク、将軍家ニ言上ノ趣ハ、近年幕下ノ奸臣ミタリニ権柄ヲ取テ、社稷ヲ亡サント企ツ、遠国ニ於テモ其密計カクレナシ、明年上洛シ奸賊ヲ屠殺スヘシ、タトヒ自国ヲ失フト云トモ在京イタシ、柳営ノ御威光益煥発スヘキヤウニ守護シ奉ルヘシト、腹心ヲヒライテ言上アリ、将軍家大ニ其忠言ヲ悦ヒ

玉フ、抑此奸臣ト云ハ三好カ一族ナリ、近年三好修理大夫長慶、細川ノ家臣タリトイヘトモ、驕奢自然ト増長シテ、細川右京大夫氏綱ノ権威衰廃スルヲナケキ思シニ、剰ヘ頃歳ハ三好カ若党、松永弾正忠久秀、三好カ代官ト称シ天下ノ政道ヲ司ル」とある。

『上杉家御年譜』は後年の作であって米沢藩の正史として体制寄りに書かれ大分修飾されている傾向もあるが、基本的な歴史事象については、信頼が置けると思われる。前述の記事に依ると、神余親綱は永禄元年十一月に上洛をして将軍家に長尾景虎の明年上洛について報告をしている。この頃、越後には神余実綱が滞在していたと思われるのであるが（史料は無いが或は既に死去していた可能性もある）(111)、越後より使者として親綱を上洛させていることから、天文十五年～二十年以降には実綱に代わり親綱が越後・京都間の使者を勤める様になっていたのかもしれない。

そして、景虎の帰国（『謙信公御年譜』巻五の永禄二年十月二十五日条に依ると、永禄二年十一月七日に坂本を出発して同二十六日には帰城したとある）後も親綱が在京していたことが、以下に掲げた『謙信公御年譜』巻六の永禄三年正月二十七日条に記されている。「正親町院御即位ニ付テ、去年十月御帰洛ノ節神余隼人佐(親綱)ヲ残シ置レ、禁中へ御賀儀ヲ献セラル、是皆前嗣公ノ御指図ヲ承テ是ヲ勤ム、摂家清花、公卿天上人(殿)ニ至ルマテ御進物アリ、将軍ヘモ土宜を献シ是ヲ賀シ玉フ、京都ノ首尾悉ク調議有テ神余ハ越国ヘ下向ス」とあるが、永禄三年一月には正親町天皇の即位式があり、そのために長尾景虎は神余親綱を在京させて各方面への祝儀を贈らせている。この頃、皇室の財政は困窮を極めており、正親町天皇即位のための資金も毛利元就等が援助をしているという状況であった(112)。

この様な中で神余氏が公家・将軍にまでも贈り物をしたことは、京都に於ける上杉氏の影響力を示したものであると評価できると共に、在京雑掌としての神余氏の存在をも示す機会であったと考えられる。そして、これらの祝儀が、関白近衛前嗣の指示に依って行われているということが注目される。前嗣はこの年の九月に越後へ下向する訳であるが、有職故実に通じている前嗣の指図で神余氏が動くということは、恐らく景虎側の要請に依るものと思われ、正親町天皇の即位式を終えてから越後へ下向しようという前嗣にとっては、恙無く即位式を済ませ、朝廷や幕府内に於ける上杉氏の立場をより良い方向へ導くことが、越後下向後の自分の立場をも有利にすることができるという意図があったものと考えられる。

又、長尾景虎のこの二回目の上洛に際して関東の「金鞠殿」が祝儀として太刀を景虎に贈ったことは一節でも述べた通りであるが、越後の神余氏も又、景虎に祝儀を献じている。『謙信公御年譜』巻五に依ると、永禄二年十一月二十八日に景虎の無事帰国を祝して領国内の諸氏は、その殆ど全ての者が祝儀を献上している訳であるが、その中に「神余隼人佐親綱」の名前も見受けられる。前述の様にこの時点では神余親綱はまだ在京していた訳であり、京都より祝儀を献じたということになる。神余氏と言えども既成の権力体系の中では決して特異な存在ではなく、基本的には大名領国制に於いて一個の家臣として把握されていたものと推測される。

ところで佐藤博信氏は、長尾景虎の二度目の上洛が、朝廷―将軍―守護という体系の中で行われたものとし、それが単に権威志向から発生したものではなく、在京を原則としていた室町期の守護との共通性や系譜性をも指摘している。(114)この点に関しては、前掲の杉山博氏も指摘しているが、長尾景虎が戦国の混乱期に自らの領国存亡の危険を冒して迄も二回も長い行程を上洛した目的は、守護領国体制的秩序の回復にあったと推察され、その意味では、室町前・中期に於ける越後守護上杉氏との共通項が見出されると思う。そして、この様な中で長尾氏(後に上杉氏)が在京性の雑掌として神余氏を任命し駐京させていたのは、前述の様に戦国大名上杉氏が最早幕府側からは在京の守護家としては把握されていなかったことを、正に補おうとするものであったと推測される。

ところで、神余氏の主要な職掌としては、使者・在京の事務官吏としての役割があったものと考えられる。例えば

神余氏の越後・京都往来関係年表

年月日＼名前	昌綱	実綱	親綱
大永3(1523).6		下向	
大永3(1523).8.10		上洛	
大永5(1525).8.20		下向	
大永5(1525).閏11.25		この日に在京の所見あり	
大永7(1527).6.15	下向		
大永7(1527).11.5	上洛		
享禄2(1529).3.16		下向	
享禄2(1529).8.10		この日に在京の所見あり	
享禄3(1530).11.25		この日に下向の記事あり	
享禄4(1531).後5.14		一両日上洛の記事あり	
享禄5(1532).7.4	死去		
天文2(1533).4.5		下向	
天文2(1533).7.4		この日に在京の所見あり	
天文2～15(1533～46)		下向 } 長尾為景の死去によるものか	
天文15～20(1546～51)		出家 }	
天文15(1546).12		上洛	
天文		下向	天文19.4上洛
天文20(1551).春		天文21.5.25在京所見あり	上洛
天文20～21(1551～52)			下向
天文21(1552).5.12			上洛
天文21～永禄元(1552～58)			下向
永禄元(1558).11			上洛
永禄3(1560).1.27～8.8.6			下向
永禄8(1565).8.6～9.10.4			上洛
永禄9(1566).10.4			在京の最終所見か
永禄9(1566).10.4～10.7.1			最終的に京都を離れて越後へ下向か
永禄10(1567).7.1			この日に在国の所見あり
永禄11(1568).9.26	織田信長入洛		

『新潟県史』『越佐史料』『実隆公記』を基に作成

『実隆公記』等にも見える様に、京都・越後間の書状を神余氏を介して遣り取りしており、[115]更に文書上では文末に定例の文言として「神余方可被申候」とあるが、使者の名前が文書上に現れるのが特別な場合であるとするならば、使者としての神余氏の果たしていた役割は少なくとも京都側からは重要視されていたとすることができる。そのことは、享禄二年十月八日付の神余隼人佑宛幕府内談衆大舘尚氏の書状[116]に、将軍足利義晴の花押が彼の大納言任官に伴い以前の武家様より公家様に改められる旨、神余実綱に通達があったことからも窺われる。

又、永正十八年二月十九日付幕府奉公衆上野一雲(元治)の神余昌綱宛書状[117]では「自国之書札、一両日中に可致出仕候之間、具可令披露候」と記しており、越後からの文書の伝達に関しても神余氏の手を経て奉公衆が関与する等、定例の形態があったものと思われる。

更に、越後・京都間を往来する使者としての役割を見てみると、越前守昌綱の所見は一回だけしか見当たらず、専らその役目は実綱、そして親綱が担当していたらしい。中でも天文十五年十二月二十日に足利義藤(後の義輝)が征夷大将軍に補任された際に、長尾晴景は神余小次郎実綱を「使節」として派遣し祝儀を献上させている[118]し、長尾景虎の二度に亘る上洛に関しても神余氏が越後・京都間を往復する等、この使者の役目というものは越後より派遣される使節をも含めて他氏の介入を許さず、神余氏だけが独占的に行っていた。

神余氏の越後と京都との間の往来について見ると前頁の表の様になるが、それに依ると、史料上で確認できるのは大永〜永禄にかけてのものだけであり、永禄九年の親綱の在京最終所見以降、翌永禄十年七月迄の間に最終的に京都を離れて越後へ下向したものと考えられる。

この年表を見ると、実際に越後と京都との間の使者の任に当たっていたのは神余実綱であり、昌綱死去後の天文十九年以降は親綱が使者の役目を勤めていたことが分かる。

次に挙げた書状は、細川氏被官秋庭元重の長尾為景宛のものである[119]。

就（イ）満千代王殿様御元服、御字事、御申之通則被致披露候之処、以御自筆被遊候、仍（ロ）右京大夫（細川道永）以書状被申候、（ハ）神余（実綱）隼人佑有随身而下向之条、委細可被申入候旨、宜有御披露候、恐惶謹言、

八月十九日　　備中守（秋庭）元重（花押）

謹上　（ニ）長尾信濃守（為景）殿

この史料は『新潟県史』『越佐史料』共に年未詳としているが、傍線(ロ)の部分の管領細川高国（道永、後に常桓）が自害する享禄四年六月八日以前で、且つ充所である傍線(ニ)の部分の長尾為景が信濃守を称する大永三年六月十日以降ということになる。更に傍線(ハ)の部分で神余隼人佑（実綱）が下向する（秋庭氏から見た下向であるから越後へか）とあるので、前掲の往来関係年表を見ると、この期間内に実綱が越後へ下向しているのは大永三年・同五年・享禄二年・同三年の計四回であるが、この史料の日付八月十九日と合致するものは大永五年と享禄三年の二回だけである。しかし、後者に於いては下向したのが十一月二十五日頃とあって、この史料が出された三ケ月以上も後のことであり、可能性としては低い。そして、前者の大永五年の下向は八月二十日とあって、この書状が出された翌日であり、日付の点で合致する。以上のことから、この書状は大永五年のものと考えられる。

佐藤博信氏は、本史料を大永七年或は享禄元年のものと比定する[120]。ところが、佐藤氏がその根拠として指摘している神余実綱の官途名と通称名からの比定は、その両名が永正元年～天正八年（一五八〇）に亘って散在していることから困難であること、更に当該文書の発給者である秋庭氏については、佐藤氏が指摘する様に大永五年閏十一月十四日の時点で備中守元当の存在を確認できる。又、疑問点として備中守元当と備中守元重との関係があるが、氏の指摘する様に元重が元当の次の家督であることも推定の域を出ない。そして、氏の指摘する大永七年・享禄元年の何れの場

合も、神余隼人佑が下向したとする八月十九日以降にも『実隆公記』の中に同人の在京を示す記事が散見することからも、本史料の大永七年・享禄元年説は定かではない。

ところで、この史料は傍線(イ)の部分にある「満千代王殿様」の元服に際して御字拝領を長尾為景が申請し、将軍自身の書出と細川高国の副状を帯して実綱が「満千代王殿様」と共に下向したとの内容である。ここで注目されるのが、実綱の単なる使者としての役割に止まらず、恐らくこの時「満千代王殿様」が上洛し、神余氏が御字拝領について「満千代王殿様」を引き連れ、色々と各方面に働き掛けたと思われることである。更に、実綱が彼と共に下向して、為景へ「御披露」をしているのである。この「満千代王殿様」については諸系図にも該当者が無く不明であるが、この書状が「喜連川文書」の所収であることから、或は関東の足利氏の一族であるかもしれない。[121]前掲の佐藤氏は、彼を足利晴氏ではないかと比定している。

次に挙げた史料は、永正七年十一月十日付のものであり、これ以前に神余昌綱が幕府奉行人連署奉書[122]を受けて上杉氏の奉行であった長授院妙寿に対し、「釆女養料」以下の国役の注文を出していた。[123]

毎年相定国役注文

五貫文	釆女養料
拾貫文	御垸飯料
弐拾貫文	御修理替物
拾貫文	治部四郎左衛門尉給物
拾貫文	朝夕新右衛門衣料
五拾貫文	小舎人・雑色等給物

以上百五貫文京着定
永正七年十一月十日　　神余越前守
　　　　　　　　　　　　昌綱（花押）
(妙寿)
長授院

神余昌綱が幕府より受け取った奉行人連署奉書は、越後守護であった上杉定実宛に出されたものであるが、それらの奉書と右に挙げた国役注文とを一緒にして越後へ送付したのであろう。そして、国役に関して言えば、幕府―神余氏―長授院妙寿、という系統が成立していたものと推測される。(124) 又、次の史料は、幕府が神余昌綱に対して、将軍足利義稙の三条邸造営要脚の催促を奉行人連署でしているものである。

御造作要脚事、已前被成奉書之処、于今遅怠、不可然候、早々可被進納之由候、此旨急度可被申下候、恐々謹言、
(永正十四年カ)
三月廿日　　　　　　　　　　(松田)頼康（花押）
　　　　　　　　　　　　　　(飯尾)貞広（花押）
　　　　　　　　　　　　　　(松田)秀俊（花押）
　　　　　　　　　　　　　　(飯尾)貞運（花押）
(昌綱)
神余越前守殿

右の折紙を受けて神余昌綱は、本国へ対して再度要脚の注文を出したものと思われ、それを受けて約半年後の永正十四年九月六日に三条御所造営のための公田段銭徴収が完了し、請取状を守護所の財政官吏大熊政秀や奉行人長授院妙寿等が出している。(125) 又、この請取状には充所が記されていないが、赤沢計真氏は充所として古志長尾氏の当主長尾弥四郎房景を挙げている。(126)

納　三条御所作御要脚公田段銭事
　合弐町捌段柒拾伍束苅者、
右、為東古志郡樋脱庄上条石坂村樫出縫殿助沙汰、所納如件、
　永正十四年丁丑九月六日　　（関沢）顕義（花押）
　　　　　　　　　　　　　　（大熊）政秀（花押）
　　　　　　　　　　　　　　（長授院）妙寿（花押）

この史料について赤沢氏は、越後国蒲原郡の三条に於ける普請のための費用調達を目的とした公田段銭の徴収が完了したことを示したものであると述べるが、この頃当該地域に於いては、公田段銭を徴収して迄も行なわなければならなかったという普請をしたことを示す様な史料は残存していない。傍線部分の「三条御所作」をどの様に解釈するかであるが、やはり先程の神余昌綱宛の連署折紙を受けて足利義稙邸造営要脚を徴収したものと考える方が適切であろう。又、赤沢氏は、右の請取状の書式より、この時点に於いて長授院妙寿が段銭所の首席であるかもしれないとしているが、同日付で出されている関沢顕義等三名連署の段銭請取状[127]は、順に長授院妙寿・大熊政秀・関沢顕義の三名連署で発給されているということもあり、段銭所内に於ける席次は流動的であり定かではない。

又、大永五年にも将軍足利義晴の新御所造営に関し上杉氏に当該要脚を進上する様沙汰があったが、大永五年六月二十六日付長尾為景宛神余昌綱書状[128]の第三条目で、昌綱は為景に対し「御催促之折紙奉書」が下されたことを告げて要脚納入を依頼している。以上の様に、将軍家御所造営のための要脚進納催促に関しては、直接上杉氏に出すのではなく神余氏に対して折紙奉書が発給されており、幕府側も神余氏の存在を上杉氏から全権を委任された外交官として認識していたものと推察される。

最後になったが、神余氏の職掌の第六点としては、文化的な交流が挙げられる。これは敢えて職掌としては挙げることができない性格の事項であると思われるのであるが、例えば『実隆公記』には八代守護上杉定実への連歌を三条西実隆が神余方へ託したり、又は添削したりしている記事が見られる。当時「当流」と称され、古今伝授を受けた三条西実隆は一流の歌人であり、公家・武家を問わず多くの人々が三条西邸へ出入りしていた訳であるが、神余氏自身も頻繁に三条西邸へ出入りをし、源氏物語等の講釈を受けたり、当時流行の連歌を指南してもらったりしていた。更に正月の御祝・八朔等毎月朔日の御祝(月朔)・桃花節・菊花節(重陽の節句)等には三条西邸へ必ず祗候をしていた。

そして、連歌に供するための草花を実隆のもとへ送り届けたりする等、神余氏の文化的な程度も風流の心もかなりのものではなかったのかと思われ、同氏を通じてその文化は越後迄もたらされたのではなかろうか。そうした一連の文化的交流は、裏を返せば京都に於いて公家・武家を問わず対等に交渉して行くためには必要不可欠な嗜みであったものと思われる。最後に、主として『実隆公記』に見られる神余氏の文化的交渉について、次に掲げた表に記した。これを見ても、三条西実隆と神余氏との交流はかなり頻繁に行われていたことが分かると思う。

表を見ると、まず分かることは神余氏が毎月一日には、祝賀と称して必ずと言って良い程三条西邸へ祗候しており、神余氏の職掌の第一点として指摘した情報収集はこの様な席に於いて行われたものと思われる。又、この表にも多数散見しているが、神余氏等に対する連歌の教授、色紙や短冊等の作成は、地方の諸氏よりの献上物や皇室よりの賜料と合わせて三条西家の重要な副収入でもあったと考えられる。

『実隆公記』等に見える神余氏の文化的交渉

年月日	内容
永正元（一五〇四）・3・24	神余隼人、色紙三六枚の和歌を三条西実隆に所望する
永正元（一五〇四）・4・1	神余氏、三六枚の色紙の礼として近衛邸へ参上する（後法興院記）
永正2（一五〇五）・5・15	神余氏等、二〇首の和歌探題しこれを詠む
永正2（一五〇五）・7・22	神余氏、色紙を所望する
永正4（一五〇七）・1・6	神余氏、正月の来賀
永正4（一五〇七）・7・6	神余氏、草花を送る
永正5（一五〇八）・1・4	神余氏、正月の来賀
永正6（一五〇九）・1・11	神余氏、発句を所望し、連歌を張行する
永正7（一五一〇）・11・1	神余氏等、朔日の来賀
永正7（一五一〇）・11・23	実隆、上杉定実の連歌を添削し、翌朝、神余氏へ届ける
永正8（一五一一）・3・1	神余氏等、朔日の来賀
永正8（一五一一）・4・1	神余氏等、朔日の来賀
永正8（一五一一）・4・3	実隆、神余氏等を招き一〇首探題する
永正8（一五一一）・6・1	神余氏等、朔日の来賀
永正8（一五一一）・6・6	神余父子等を招き帚木巻を講ずる
永正8（一五一一）・6・8	神余父子等参上し、帚木巻の講釈を聞く
永正8（一五一一）・6・11	神余父子等参上し、帚木巻の講釈を聞く
永正8（一五一一）・9・1	神余の子、朔日の来賀

永正8(一五一一)・9・9	神余氏等、重陽の節句に来賀
永正8(一五一一)・10・1	神余氏等、朔日の来賀
永正9(一五一二)・閏4・15	神余氏、杜若を送る
永正9(一五一二)・6・1	神余氏等、朔日の来賀
永正17(一五二〇)・1・19	神余氏等、歌を披露する
永正17(一五二〇)・5・1	神余氏等、朔日の来賀
大永3(一五二三)・7・2	神余氏、仙翁花を送る
大永3(一五二三)・9・1	神余越前、朔日の来賀
大永3(一五二三)・12・1	神余氏等、朔日の来賀
大永4(一五二四)・3・1	神余氏等、朔日の来賀
大永5(一五二五)・4・3	神余氏、高野参詣について実隆に話す
大永5(一五二五)・4・7	実隆、神余氏所望の三〇首御製を書く
大永5(一五二五)・6・19	神余隼人、奥州の岩城親隆の息女の歌を持参し、添削を依頼する
大永5(一五二五)・6・28	神余氏、外題を所望する
大永5(一五二五)・7・22	神余氏等、歌について談合する
大永5(一五二五)・8・17	神余隼人、短冊等を所望する
大永5(一五二五)・8・20	神余隼人へ短冊、詩歌等を渡す
大永5(一五二五)・9・9	神余氏等、重陽の節句に来賀
大永5(一五二五)・9・23	神余氏、若狭の武田元光の一〇〇首の添削を依頼する
大永5(一五二五)・10・1	神余越前、朔日の来賀

大永5（一五二五）・12・1	神余氏等、朔日の来賀
大永6（一五二六）・3・3	神余越前、桃花節の来賀
大永6（一五二六）・3・8	神余氏、清閑寺の八重桜を送る
大永6（一五二六）・8・29	神余越前所望の八景歌を渡す
大永6（一五二六）・11・1	神余隼人等、朔日の来賀
大永7（一五二七）・1・5	神余氏、正月の来賀
大永7（一五二七）・1・10	神余隼人助、山科邸へ正月の来賀（言継卿記）
大永7（一五二七）・1・25	神余氏所望の守輔発願文を渡す
大永7（一五二七）・5・29	神余越前、人丸賛・和歌等を所望する
大永7（一五二七）・6・1	神余氏等、朔日の来賀
大永7（一五二七）・6・6	神余氏に人丸景賛を渡す
大永7（一五二七）・6・10	神余氏に歌を書き、渡す
大永7（一五二七）・12・1	神余越前、朔日の来賀
大永8（一五二八）・1・10	神余越前、詠草を見てもらう
大永8（一五二八）・1・11	神余隼人、詠草を持参する
大永8（一五二八）・3・1	神余氏、朔日の来賀
大永8（一五二八）・7・1	神余氏、朔日の来賀
享禄元（一五二八）・閏9・1	神余隼人等、朔日の来賀
享禄元（一五二八）・10・3	神余氏、尊円親王の天神名号に銘を書く様依頼
享禄元（一五二八）・10・13	神余氏、唐紙一枚大文字を所望する

享禄元(一五二八)・10・23	神余氏所望の大字を渡す
享禄元(一五二八)・11・1	神余隼人、朔日の来賀
享禄元(一五二八)・12・2	神余氏、昨日の発句の礼と称し、脇句談合する。明日張行する
享禄元(一五二八)・12・9	神余氏、先日の懐紙を持参する
享禄2(一五二九)・1・4	神余越前等、探題しこれを取る
享禄2(一五二九)・1・11	神余隼人等、詠草を持参する
享禄2(一五二九)・2・1	神余氏等、朔日の来賀
享禄2(一五二九)・3・9	石山法楽百首披講。神余氏等来会
享禄2(一五二九)・3・16	神余隼人佑、尊円親王の手本銘二つを所望し、実隆はこれを書き渡す
享禄2(一五二九)・5・2	神余氏、明日連歌を興行。発句談合
享禄2(一五二九)・7・1	神余越前等、朔日の来賀
享禄2(一五二九)・8・1	神余越前等、朔日の来賀(八朔)
享禄2(一五二九)・9・9	神余氏等、重陽の節句に来賀
享禄2(一五二九)・10・11	神余氏等、礼記の講釈に来集する
享禄2(一五二九)・11・1	神余氏等、朔日の来賀
享禄2(一五二九)・12・1	神余父子等、朔日の来賀
享禄2(一五二九)・12・22	神余氏、田楽を張行する
享禄3(一五三〇)・1・5	神余越前、正月の来賀
享禄3(一五三〇)・2・1	神余氏、朔日の来賀
享禄3(一五三〇)・3・1	神余越前、隼人等、朔日の来賀

享禄3（一五三〇）・9・12	神余与三郎が所望していた中将姫物語を筆写
享禄3（一五三〇）・11・1	神余氏等、朔日の来賀
享禄3（一五三〇）・12・1	神余氏、朔日の来賀
享禄4（一五三一）・2・1	神余氏、朔日の来賀
享禄4（一五三一）・6・1	神余氏等、朔日の来賀
享禄4（一五三一）・6・3	神余氏、三十六人歌仙名を所望する。料紙を送る
享禄4（一五三一）・6・20	神余越前、三十六人歌仙名字掛字所望する。実隆はこれを書き渡す
享禄4（一五三一）・8・8	神余越前の詠草を指導する
享禄5（一五三二）・2・1	神余越前等、朔日の来賀
享禄5（一五三二）・4・1	神余氏等、朔日の来賀
享禄5（一五三二）・4・11	神余氏等、連歌の会に参集する
享禄5（一五三二）・5・1	神余氏等、朔日の来賀
享禄5（一五三二）・6・1	神余隼人等、朔日の来賀
天文元（一五三二）・11・1	神余隼人等、朔日の来賀
天文2（一五三三）・1・6	神余隼人佐等、正月の来賀
天文2（一五三三）・3・26	神余隼人、花一枝を献ずる
天文2（一五三三）・4・3	神余氏所望の料紙・短冊等を書く

2　花蔵院に関して

天文十九年（一五五〇）の長尾景虎に対する白傘袋・毛氈鞍覆御赦免に関して活躍した人物として、神余氏と共に僧侶である花蔵院の存在を指摘する。雑掌の如き働きをしていた花蔵院とは、一体如何なる人物であったのであろうか。そもそも花蔵院は、当時、越後府中（現上越市直江津）にあった臨済宗円覚寺派の至徳寺の塔頭の一つであったと伝えられているが(129)、それが花蔵院内の何という僧侶であったのかも不明である。それのみではなく、至徳寺自身についてもその正確な場所(130)や寺領、伽藍等具体的なことは殆ど明らかにされてはいない。それは、至徳寺が天正年間（一五七三～九二）に発生した御館の乱に於いて全てが焼失し、その上、慶長三年（一五九八）に上杉氏が会津に移封になった時には会津へ共に移り、後、米沢へ最終的に移る訳であるが、米沢に於いても文化元年（一八〇四）に再び火災に遭って文献等が焼失してしまっているからである。

近年、「伝至徳寺跡」と称されて来た上越市東雲町二丁目地内が発掘調査された。この昭和五十八年三月十一日～同三十一日迄の調査に於いて礎石建物・井戸・土壙・溝等の発見となったが、それらが至徳寺関係の遺構であると迄は特定できなかった(131)。至徳寺は永禄三年（一五六〇）の関白近衛前嗣の越後下向の折には彼の宿舎となり、それ以降、直江山城守兼続の外護を得て鳳台寺と名を改め、現在は丹波永沢寺末の曹洞宗聖寿山鳳台寺（永沢寺末は米沢にもう一つ真福寺がある）として米沢市与板町（現堀川町）に現存している(132)。猶、今日同寺には塔頭は存在しておらず、直江氏自身についても春日山林泉寺（米沢市）にその墓所があり、鳳台寺との関係は早い時期に絶えたらしい。又、至徳寺は明応八年（一四九九）十一月十七日に幕府より「十刹位」に列せられており(133)、次に挙げる『謙信公御年譜』巻六の永禄三年正月二十七日条と同九月条では近衛前嗣の宿舎となったことや、開基「仏印大光禅師」以下のことについて記す。

> 前嗣公当季秋ニ至テ、必御下国アルヘキ由仰セ越ル、ニ付テ、直江与兵衛ニ命シテ至徳寺ヲ点シテ旅館ニ定メラル、抑至徳寺ノ開祖ハ越後守護職上杉憲将ノ嫡子、武将ノ家ニ出生ストイヘ共、常ニ出塵ノ志有テ十八歳ニテ遁世シ、鎌倉建長寺ノ会下ニ在テ禅法ニ参シ久庵長老ト号シ、後、越国へ来リ、一ツノ精舎ヲ創草ス、今ノ至徳寺

是ナリ、其後又関東ニ帰住シ仏印大光禅師ト号ス、此寺仏法流布ノ道場トナリ、活気禅機日々ニ栄ヘケル、況ヤ境内寛閑ニシテ、事宜ク滞ラサレハ弥修補ヲ加ヘラル、道橋以下ノ儀ハ矢島清左衛門・高野善右衛門役」之賄賂等ノ儀ハ蔵田五郎左衛門奉ル、諸番所勤番ノ族マテ残ル所ナク直江是ヲ沙汰ス

（以下九月条）照高院道澄・近衛藤前嗣公百万遍ノ知恩寺岌州上人、越国へ御下向アリ、府内ノ至徳寺ヲ点シテ御旅館トス

ここで注目されるのは、青苧公事の項でも触れたが、越後国に於けるその管理者蔵田氏（五郎左衛門）が、至徳寺に対する上杉氏の「賄賂」（財政的な支援）を担当していたことである(134)。更に、享禄三年十一月二十五日付の神余昌綱書状(135)の冒頭に「至徳寺飛脚下ニ、京都之時宜具令啓候」とあり、京都と越後との間の連絡体制には定例の形態があったものと思われるが、それを簡略に図示すると上の様になる。

永正～天文年間の上杉氏外交体制

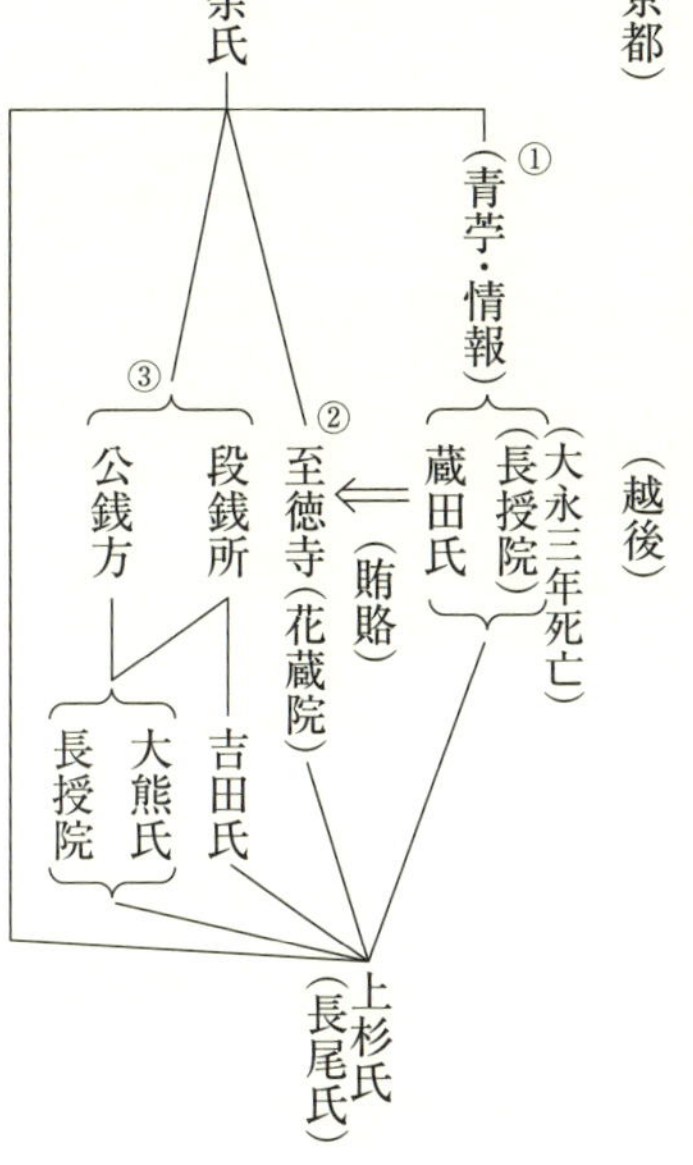

それに依ると、京都（神余氏）と越後（上杉氏）間の連絡には、四つの系統が存在していた。①主に青苧公事に関した系統である長授院妙寿と蔵田氏とを仲介とした方法、②至徳寺やその塔頭であったと思われる花蔵院とを仲介として仏教界へ働き掛けたりもする方法、③守護上杉氏の経済を支えていた機関である公銭方や段銭所の吉田・大熊氏、長授院妙寿等を介した方法、④直接的に神余氏と上杉氏とが連絡をとる方法である。しかし、これに関しては、他氏が全く介入しなかったのか等、疑問な点も

ある。

更に至徳寺に関しては、文明十七年（一四八五）の春に、六代守護上杉房定が「東山相公（足利義政）寿像」を作らせて、至徳寺の僧侶章岳首座に命じ上洛させ、当時、相国寺の住持であった横川景三に「寿像」の讃を依頼させた[136]。これらは共に臨済宗寺院であった。又、明応二年には「至徳寺裡俊公上人」が上洛し、やはり、横川景三に京華集を書写させてもらい、その上、景三より「偈[137]」を贈られ帰国する等[138]、至徳寺は安国寺・雲門寺と共に越後国に於ける三大刹として京都との深い関係を保っていた。そのことは「至徳」寺という寺号自身が、北朝の後小松天皇代の年号をとっていることからも窺える。以上の様に至徳寺は京都、とりわけ幕府とは深い関係があり、その特異性からも越後上杉氏の対京都外交に携わる様になったものと推測される。

至徳寺・花蔵院関係文書表

No.	年代	発給者	受給者	内容	文書名	出典
1	康応2・4・8（一三九〇）	慈舜坊		臂部左側裳裏銘に「花蔵坊」とあり	金剛力士吽方像墨書銘	県史二六四〇
2	応永24・1・26（一四一七）			至徳寺の久庵入滅	上杉系図大概	越史二
3	寛正3・3・23（一四六二）	善成坊什珍		紀伊熊野の善成坊什珍が越後の檀那を花蔵院へ売却	善成坊什珍檀那売券	越史三
4	文明10・10・吉（一四七八）	僧都道助		紀伊熊野、花蔵院僧都道助、越後の檀那田地を註記	米良氏諸国旦那帳	越史三

5	文明17（一四八五）			至徳寺の章岳が上杉房定の命令で上洛	京華集十三	越史三
6	文明19・6（一四八七）	横川（景三）		文明十七年に至徳寺の章岳が横川景三の下に来る	半陶藁三	越史三
7	明応2（一四九三）	鹿苑横川		「至徳寺裡俊公上人」が横川景三に京華集を借りて写す	京華集十二	越史三
8	明応8・11・17（一四九九）	義高	鹿苑院	至徳寺が十刹位に列せられる	鹿苑日録	越史三
9	永正5・12・27（一五〇八）	定実（上杉）	長松院	至徳寺塔頭長松院領等を郡司不入地とする	上杉定実安堵状	越史三
10	永正11・9・2（一五一四）	有珉（長松院）	長尾弥四郎（房景）	長松院へ寺領守護不入の遵行状を渡す	長松院有珉書状	越史三
11	永正11・9・27（一五一四）	平房景（長尾）	長松院珉公座元禅師（有珉）	当郡役者を申し付けられる	長尾房景遵行状	越史三
12	大永3・4・24（一五二三）	山本宗兵衛尉光頼	なち山花蔵院	越後国三島郡所在の旦那をなち山花蔵院へ売却	山本光頼旦那売券	県史四二九九*
13	享禄3・9・27（一五三〇）	道高	長尾信濃守（為景）	「委曲花蔵院へ申入候」の文言あり	真継道高書状	県史八九
14	享禄3・11・25（一五三〇）	神余越前守昌綱	吉田孫左衛門尉	至徳寺の飛脚が越後へ下向	神余昌綱書状	県史五七八
15	享禄4・7・17（一五三一）	常興	長尾信濃守（為景）	「御使僧可被申候」の文言あり	大館常興尚氏書状	県史六〇
16	享禄4・7・17（一五三一）	右京亮信春	長尾信濃守（為景）	「御使僧可被申候」の文言あり	富森信春副状	県史六九

17	天文4・6・14（一五三五）	資定（柳原）	長尾信濃守（為景）	禁裏御旗を花蔵房が懇求	柳原資定書状	県史一〇〇〇
18	天文5・3・5（一五三六）	資定（柳原）	長尾信乃守（為景）	「委細者花蔵房可被申候」の文言あり	柳原資定書状	県史一〇〇一
19	天文5・3・5（一五三六）	光秀	長尾信濃守（為景）	「従花蔵院承候」の文言あり	山形光秀書状	県史一〇〇三
20	天文5・9・20（一五三六）	法印秀清	長尾信濃入道	「委曲花蔵院可被申入候」の文言あり	法印秀清書状	越史三
21	天文19・3・吉（一五五〇）	幸海	長尾平三（景虎）	花蔵院と神余氏とが交渉に当たる	愛宕山下坊幸海書状	県史一五五
22	天文22・4・21（一五五三）	別当代・執行代・執行代	長尾弾正少弼	「委曲花蔵院可有演説候」の文言あり	延暦寺別当代・執行代連署状	越史四
23	永禄3・1・27（一五六〇）			至徳寺を近衛前嗣の旅館とする	謙信公御年譜六	上杉家御年譜
24	永禄3・9（一五六〇）			近衛前嗣等三人が至徳寺に寄宿	北越軍記四上	越史四
25	永禄3・9（一五六〇）			近衛前嗣が至徳寺に居留	上杉羽前米沢家譜二	越史四
26	永禄3・9（一五六〇）			近衛前嗣等三人が至徳寺に寄宿	北越畧風土記二	越史四
27				至徳寺村・安国寺村の名称が残存	越後頸城郡志稿二十五	越史四
28	永禄7・7・2（一五六四）	輝虎（上杉）	河上伊豆守・同中務少輔（富信）	織田信長へ使僧を派遣	上杉輝虎書状	県史二七七八・三八六四

29	永禄8・6・16（一五六五）	朝玄景連（朝倉玄蕃允）・山崎吉家（山崎新左衛門尉）	直江（直江景綱）	「委細御使僧江令申候」の文言あり	山崎吉家・朝倉景連連署状	県史四〇〇
30	永禄8・6・16（一五六五）	朝玄景連（朝倉）	直和（直江景綱）	「結句預御使僧候」の文言あり	朝倉景連書状	県史四〇一
31	永禄12・2・10（一五六九）	信長（織田）	直江大和守（景綱）	「御使僧可有漏脱候」の文言あり	織田信長書状	県史三八六
32	永禄12・2・29（一五六九）	輝虎（上杉）	蔵田紀伊守	「東海道筋使僧上下」の文言あり	上杉輝虎書状	県史四一九五
33	永禄12・2・29（一五六九）	長親（河田）	蔵田紀伊守	「東海道筋へ御使僧被遣候」の文言あり	河田長親副状	県史四一九六
34	天正6～8（一五七八～八〇）			「委曲紙面之趣御使僧花蔵院へ申顕候」の文言あり	某書状	県史三三〇一
35	天正8・9・14（一五八〇）	佐計（顕栄）	上杉弾正少弼（景勝）	「委曲花蔵院御見聞候」の文言あり	勝興寺佐計書状	県史三三〇二
36	天正9・4・20（一五八一）	長頼（菅屋）	須田相模守（満親）・上条入道（宜順）・専柳斎（山崎秀仙）	「様子御使僧江申渡候」の文言あり	菅屋長頼書状	県史三三〇五
37	天正9・8・24（一五八一）	佐運	越府（上杉景勝）	「委曲猶花蔵院可被申入」の文言あり	佐運書状	県史三三〇三
38	天正13・6・26（一五八五）	花蔵院円誉	泉沢右近允	巻数と懐紙を泉沢氏へ進上	花蔵院円誉書状	県史五〇三

出典欄の「県史」は『新潟県史』資料編・中世の史料番号を、「越史」は『越佐史料』の巻数を示す。

＊（『新潟県史』はこの他にも花蔵院が買主となった越後の旦那の文安五年と康正二年の売券があるとしている）

表のNo.1「花蔵坊」については、至徳寺の塔頭の花蔵院であるとは特定できない。又、No.3・4・12は紀伊国熊野の花蔵院であって、至徳寺塔頭の花蔵院ではないが、単に同名であっただけなのか、或は何らかの関係があったのか否かについては、今のところ判明しない。そして、使僧という記述があるものについては花蔵院であるとは必ずしも言えないが、至徳寺関係の僧侶であった可能性はある。中でもNo.32・33は東海道筋への使僧派遣についてのものであるが、ここで蔵田氏(紀伊守)がその「路次番」を勤めていたことが注目される。[139] それは前述した様に、同氏(五郎左衛門)は至徳寺に対する「賄賂」(財政的な支援)を担当しており、No.33の史料には「要明寺才覚分者たけ当方へ可被仰通段」とあり、蔵田氏が使僧の派遣についての裁量権を有していたものと推測されるからである。そうであるならば、幕府と深い関係があるという至徳寺の特殊性からして至徳寺関係の僧侶が派遣された可能性は十分考えられる。

No.13以降について見ると、至徳寺花蔵院の享禄〜天正にかけての活動が確認できる。そして、神余氏の交渉が主に三条西家を始めとする公家や幕府を対象として行われていたのに対して、花蔵院は主として幕府や仏教界を対象として交渉に当たっていたことが窺われる。中でも、No.35・37は越中国の木船城の城将をしていた石黒左近蔵人等が誓約に背いて同国伏木の勝興寺に敵対したことに関して、同寺が上杉景勝へ訴え出た時のものであるが、ここでも花蔵院が紛争地に対する利害関係の伴わない第三者的な宗教家として派遣されていることが注目される。又、No.38の史料には差出人として「花蔵院円誉」の名前があるが、この人物が至徳寺花蔵院に当たるものなのか否かについては不明である。

以上指摘して来た至徳寺の花蔵院は、大凡神余氏と同じ時期に活動したことが分かるが、天正八年七月に御館の乱に於いて神余氏が滅亡した後も暫くの間は活動をしていたことが窺われる。そして、この花蔵院の活動そのものは、神余氏職掌とも重なるところがあり、それは単なる使者ではなく、上杉氏の意向を代表しての高度な政治的交渉を行う特命の全権大使的な性格のものであり、神余氏の様に常時在京していたというものではなく、有事の際に臨時に設置・派遣されたものであり、それは神余氏が職掌として行なっていた使者とは全く別の次元で行なわれていたことを指摘しておきたい。更に№38を除き、花蔵院自身が発給又は受給した文書は管見の限り現存していない。そのことは上杉氏宛ての文書の文末にある「委曲花蔵院可被申入候」といった文言の存在とも考え合わせ、神余氏が上杉氏を代表する公的な性格を持ち合わせ連絡系統も画定していたのに対し、花蔵院の方は為景・謙信・景勝が私的に派遣し彼らに直属していたのであり、花蔵院が得た情報は文書という形ではなく、直接、上杉家の当主に口頭でもたらされたのである。

以上この二節では、具体的に在京雑掌神余氏の職掌を中心にして見てきた。そして、その特質としては六点を指摘した。又、神余氏と併置する形で、花蔵院の存在も指摘した。一節でも述べた様に、雑掌の設置は六代守護上杉房定の越後への下国を一つの契機としており、後に当該神余氏が在京を旨とする雑掌に任命されたのは、京都を中心とした先進地帯の状況の把握が必要不可欠であったからであり、更に、室町期に於ける守護としての職責であった「在京」ということを、神余氏に代行させ、守護上杉氏自身は在国しながら領国の経営に専念することができたのである。又、長尾氏（上杉氏）も補任状こそないものの実質的には越後の守護として在地支配の強化を図りながらも、守護としての職責である「在京」を神余氏に果たさせることに依って幕府との関係を保持し、領国支配の正当性、「公」権力としての領国内家臣団の主従制的結合の強化を推し進めることができたのである。

三　神余氏の越後下向

1　神余氏の越後下向と織田信長入洛

ここでは神余氏の最終的な越後への下向と在京雑掌職の消滅に至る迄の過程、そして河田・直江外交の登場に至る迄について、それらの上杉外交の中に占める史的な位置付けをする。

神余氏は今迄見て来た様に、京都に於いて上杉外交の任に当たっていたが、通説では天正五年(一五七七)六月九日に当時、越後国三条城の城主を勤めていた山吉孫次郎豊守が死去するに及び、その跡を受けて神余親綱が三条城主となったとされている。元々、三条の地は三条(蒲原)長尾氏の本貫地であったが、室町時代も中期以降になると同長尾氏が守護代として府中に駐在する様になり、そのためにその被官であった山吉氏が郡代として三条城主を勤める様になっていた。『新潟県史』通史編2中世では、山吉氏がかつて南朝方に属して上杉氏と抗戦した池氏の後裔であるかもしれないと述べる。

豊守には弟の孫五郎景長(後の玄蕃丞(官制では允が正しい))がいて跡式を相続したのであるが、城主の地位には就くことができず、更には山吉氏の所領の内一七三貫九八九文余が同年九月になって没収された(140)。景長が城主に補任されず、神余親綱が新たに城主に就任した理由については、景長が幼少であったことも考えられるが、三十六歳で病没した豊守の弟景長が幼少であったとは考えにくいこと、更に所領半地が没収されていること等から見て景長幼少のために云々という可能性は低く、山吉氏内部に何か問題があったものと類推される。そして、景長を始め旧山吉氏家臣は、そのまま神余氏の旗下に編入された。

前述の様に三条の地は長尾氏にとっても所縁のある土地であり、更に揚北・会津に対する重要な位置を占めていたにも拘わらず、その様な要衝に、京都で半ば公家の如き活動をしていた神余氏を配置する、如何なる必要性が存在していたのであろうか。一つには在京雑掌という要職にあった神余氏が、後述する様な在京雑掌職の消滅という事態に至り、長年の功を賞されての三条城主への補任ということも考えられる。後、御館の乱に於いて、天正八年（一五八〇）七月二日頃に三条城が陥落し神余氏は滅亡してしまうのであるが、その折に文献も多くが消滅してしまったものと思われ、何れも推定の域を出るものではない。

ところで、文政年中（一八一八〜三〇）に長沼寛之輔[141]が作成した『北越雑記』七には「三条城」として、「金鞠隼人親綱　永禄元年より天正七年迄、三条に居城す」とあるが、永禄元年（一五五八）はまだ山吉豊守が在世しており、更に天正七年は三条城陥落の前年で、天正八年七月迄は親綱が三条城中にいたことが史料上からも確認されるので、この記事については余り信憑性が無い。神余氏は、やはり山吉豊守死去後の天正五年六月以降に三条城主に補任されたものであり、それ以前は府内にいたと見て良いのではないかと考えられる。

神余氏の最終的な越後への下向、つまり在京雑掌職なるものが消滅した時期については次に挙げた永禄九年十月四日付の神余隼人佐（『新潟県史』は実綱と比定しているが、親綱の方が適切であろう）宛水原祐阿書状[142]が出されて以降、織田信長に依る足利義昭を擁しての永禄十一年九月二十六日の入洛に至る迄の間ということになると推定される。

（イ）一昨日、於時宜者令面語候、南方（北条氏）・御当方（上杉氏）御無事之儀、上意様（足利義昭）被仰置筋目、不被相捨、御取刷可有之旨、被思召詰候、如此儀も、御当方之明御隙、御本意之儀頼御申、晴御欝憤度由、被仰出、此分候、能々河豊（河田豊前守）・直太（直江大和守）御伝達（ロ）肝要候、恐々謹言、

祐阿（水原）（花押）
十月四日（永禄九年）
神余隼人佐殿（実綱）
御宿所

当該史料の差出人の水原祐阿は、この書状の包紙のうわ書きに依れば、十三代将軍足利義輝の執事であるとしている。この書状が出された前年、つまり、永禄八年五月十九日には三好左京大夫義継と松永右衛門佐久通の二人が訴訟と称して将軍足利義輝邸に討ち入り、義輝自ら防戦に勤めたものの多勢に無勢で遂に切腹して果てるという事態が発生した。同時に鹿苑院殿（周嵩）と慶寿院殿（足利義輝母）も自害したが、義輝の弟の一乗院殿（覚慶＝足利義昭）は南都において難を逃れた(143)。この後、三好・松永氏等は当時、阿波国の細川氏の下に身を寄せていた足利義栄（義輝・義昭・周高の従兄弟に当たる）を十四代将軍に据えた。一方、難を逃れた足利義秋（義昭）は、細川藤孝に救われて近江国より若狭の武田義統を頼って下向し、次いで永禄九年九月八日には越前へと移り、朝倉義景を頼って一族の仇を討つべく諸大名へ活発な働きかけを行っていた。

就入洛之儀度々如申遣、急度参洛之事、偏来入候、然者身体（ママ）之儀、可任置条、諸事可為意見次第候、日本国中大小神祇、殊八幡大菩薩・春日大明神・天満天神可有照覧候、不可相違候也、
（足利義秋）（花押）
永禄十
二月廿四日
上杉弾正少弼とのへ

右に挙げた起請文(144)の如く、足利義秋（義昭）は傍線部分のように上杉輝虎へも天文二十二年・永禄二年に次いで三度目の上洛をする様、何度となく要請していた訳であるが、当時、上杉氏は後北条氏・武田氏との間で交戦中であり、講和もはかばかしくなく、更に永禄十一年には越後国の揚北で優勢を誇っていた国人領主本庄繁長が輝虎に抵抗する等、

とても上洛などできる様な状態ではなかった。先に挙げた水原氏の書状は、その様な状況の中で神余氏に宛てて出されたものであり、傍線(イ)の部分で「一昨日、丁度良い具合に面会して会談した」としており、この時に神余隼人佐(親綱)が在京して越・甲・相講和の早期成立と早急な輝虎上洛についての要請が水原祐阿からなされたものと推測され、傍線(ロ)の部分では後述する国許の河田豊前守長親と直江大和守景綱へその旨を伝える様申し送っている。そして、この史料が神余氏の在京が確認できる最終のものである。これ以降、神余氏の在京を示す様な史料は見当たらない。

追而令申候、近国可有出勢旨言上ニ付而、不日ニ可被及御行候、然共御兵糧以下難調候間、御進上候様ニハ成間敷候哉、御参洛之儀、専用ニ被仰出候、又御兵糧迄之儀者、如何様共余ニ不事調候間如此候、被得其意、涯分御馳走肝要候、猶智光院可被申候間、令省略候、恐々謹言、

七月朔日　　　　　　　　　　　　(水原)祐阿

直江大和守殿
(長親)河田豊前守殿
(親綱)神余隼人佐殿
御宿所

この史料は永禄十年七月一日付の水原祐阿の書状(145)であるが、その充所は当時上杉氏の対京都外交を担当していた直江・河田・神余の三氏連名である。内容は、当時、朝倉氏を頼って越前国にいた足利義昭が、松永久秀・三好長縁等の内訌に乗じて京都回復を狙い、美濃・尾張・三河の軍勢を率いて行動を起こそうとしたのであるが、その兵糧を上杉氏に対して求め、合わせて上杉輝虎の上洛をも要請しているという文面である。この書状は先の永禄九年十月四日付の神余隼人佐の書状の約九ケ月後に出されたものであるが、この約九ケ月の間に神余氏が越後に帰国したことは、

当該七月一日付の書状の充所が河田氏を始め三氏の連名で出されていること等から見ても明らかである。

更に次に示す史料は、永禄十一年三月六日付の杉原祐阿（前出の史料の水原祐阿と同一人物か）の書状(146)であるが、その充所もやはり当時、上杉氏の対京都外交を担当していた直江・河田・神余の三氏である。

(イ)其国之儀無御心元被思食、被差下柳沢候、仍為御音信、御内書（足利義昭）并御太刀一腰、御腹巻一領、大守御拝領候、可然様可被申入候、将亦三和（越・甲・相）之儀、御取扱有之度被思食、彼両国へ被相尋候処、可応　上意之由、内々言上候間、急度可被差下仁体候へ共、若御請無之者、却而如何候条、先為被相尋如此候、各有御談合、事調候様御馳走専一候、(ロ)委細段此仁可被申候間、具御返事肝要之旨、被仰出候、恐々謹言、

（永禄十一年）三月六日　　祐阿（杉原）（花押）

直江大和守殿（政綱・景綱）
河田豊前守殿（長親）
神余隼人佑殿（親綱）
御宿所

先ず傍線(イ)の部分で、足利義昭が「其国」（越後）へ柳沢氏を派遣したことを述べ、更に傍線(ロ)の部分では詳しい事情については柳沢氏が説明するであろうから、甲・相との和議について一切の返答を心得ておく様にとの上意であるとしている。又、充所が先の水原祐阿書状と同様に三人の連名で出されていること等から、神余隼人佑親綱はこの時点でも在国していることが窺われる。つまり、神余親綱の越後下向は永禄九年十月四日から先の史料の出された永禄十年七月一日以前ということになり、それに伴って在京雑掌職も消滅してしまったことになる。そして、永禄十一年の九月には、織田信長が足利義昭を擁して上洛を果たす。

今度凶徒等令蜂起処、則織田弾正忠（信長）馳参、悉属本意、于今在洛事候、次越・甲此節令和与、弥天下静謐馳走、信長可相談儀肝要、為其差下智光院（頼慶）候也、
（永禄十二年）二月八日　（足利義昭）（花押）
上杉弾正少弼（輝虎）とのへ

これは、足利義昭が上杉輝虎に宛てて出した御内書[147]であるが、義昭は三好・松永勢を一掃して将軍足利義栄を廃し永禄十一年十月には、自ら十五代目の将軍に就任した。そして今度は、上杉輝虎と武田信玄との和議を信長の仲介で進め、「天下静謐」しようとしたのである。神余氏は永禄十一年三月の時点では既に越後に在国していた。それ以降に又、上洛をする予定であったのかもしれないが、この信長上洛に伴って上杉氏内部でもこれ以上京都に雑掌を置くことに対する意義が論じられたことは十分考えられる。とにかくも、この信長上洛という事件が、上杉氏在京雑掌廃止（消滅）の一つの契機となったことだけは確かである。

そして、在京雑掌職廃止のもう一つの理由は、青苧公事にあったと推察する。在京雑掌としての神余氏の職掌の一つとして、三条西家へ対する青苧公事の納入が挙げられることは述べた通りであるが、児玉彰三郎氏は永禄年間も半ばに達すると越後国の青苧座が上杉氏（長尾氏）の統制下に入り、且つ青苧座側にとっても無力な三条西家を本所として仰ぐことに依る利益が薄れていったものと指摘している[148]。又、この後、慶長二年（一五九七）十二月十三日付の上弥彦社（魚沼神社）神主蔵田与三宛上杉家奉行人連署知行書出[149]には「山野竹林川幷蠟漆桑楮苧万小成物已下者、別而御料所ニ罷成候」とあって、青苧を始め万小成物を上杉氏の直轄支配として一般給人より切り離し、一般給人の支配を米だけに限定するという傾向が出現する。このことは、神余氏の重要な職掌であった青苧公事の三条西家への納入の停止をも意味しているのであり、その点でも神余氏が在京する必要性が薄れていったものと推察される。

2 河田・直江外交の登場

永正～天文年間にかけての越後・京都間の外交・連絡体制については一四九頁に図示した通りであるが、その定例の形態に変化が生ずる様になった。その新しい体制は、天文末年頃から弘治・永禄年間を経て御館の乱が発生した天正六年頃迄続くことになる。つまり、河田・直江体制の登場である。この内、直江氏は代々越後国三島郡の与板城主を勤めており、「旗本」とも呼ばれた上杉謙信の信頼の厚い直属の家臣であった。ここで問題となるのは、直江与兵衛尉実綱(後の大和守景綱)である。彼は永禄二年(一五五九)の上杉謙信の上洛に際して「御入洛ノ評定」に列したり、「供奉ノ元老」を勤めたりもした(150)。又、彼は関白近衛前嗣の永禄三年九月の越後下向に際してもその総指揮をとったことが次に記した『謙信公御年譜』巻六の永禄三年正月二十七日条に、

> 前嗣公当季秋ニ至テ、必御下国アルヘキ由仰セ越ル、ニ付テ、直江与兵衛ニ命シテ至徳寺ヲ点シテ旅館ニ定メラル、(中略)、諸番所勤番ノ族マテ残ル所ナク直江是ヲ沙汰ス、

とあって、実綱が関白前嗣の接待役を勤めていたことが分かる(151)。又、これ以前にも実綱は前嗣の下向について深く関わっていたことが、前嗣の智恩寺岌州宛の書状に依って明らかである。それには「直江与兵衛尉(実綱)一札ニ、拙者下向之義、景虎及同心、互以誓紙身血申合候」とあって、当時前嗣の下向に反対していた勢力があったにも拘わらず、実綱は隠密の内に景虎と前嗣との媒介として準備を進めていた。そして実綱は、天正五年(一五七七)四月に死去したと伝えられ、家督は与兵衛尉信綱が継承したが、天正九年九月一日に彼は春日山城中で毛利名左衛門秀広に殺害され、結局、直江家は上田衆の樋口与六兼続が継承することになった。

一方、河田氏は上杉謙信が永禄二年に二度目の上洛をした際に岩鶴丸(後の長親)を召し抱え、その後、父親の九郎左衛門も越後へ移り住んでいる。そのことに関して『北越軍記』四上(152)では、次の様に記述する。

永禄二年七月ハ、洛外ノ名所、旧跡、神社、仏閣、無レ残見物、（中略）、九月頃ニ比叡山・日吉山王へ参詣、此時江州守山住人川田九郎左衛門カ子岩鶴丸ヲ被召抱、後川田豊前守長親是ナリ、越中魚津城主トナシ、六万貫ヲ給ル、其後父九郎左衛門モ越後ニ来リ、伊豆守入道禅忠ト号ス、

「上杉家家中名字尽手本」(153)に依ると、河田氏の一族は以上の豊前守長親・九郎三郎（九郎左衛門のことか）の他にも長親の伯父に当たる伯耆守重親、そして対馬守吉久・勘五郎等の名前が見られる。又、「上杉古文書」十二(154)には、河田善右衛門大夫忠朝の名が見受けられる。御館の乱に於いて、長親は織田信長より本国近江の地を与えることを条件に味方に付く様誘われたが(155)、長親はこれを拒否し上杉景勝に従った。それに対して重親と吉久の二人は、三郎景虎方に加勢した。

河田・直江氏関係文書表（京都外交）

No.	年代	発給者	受給者	内容	文書名	出典
1	天文22・12・17（一五五三）	朝秀（大熊）・実綱（直江）実乃（本庄）		京都の要脚公田段銭の請け取りに関して	本庄実乃・大熊朝秀等連署段銭請取状	県史一五九八
2	永禄2・7（一五五九）	前（近衛前嗣）	智恩寺（岌州）	直江実綱一札に前嗣越後下向について景虎同心の記載ある、とする	近衛前嗣書状	越史四
3	永禄5カ・3・5（一五六二）	宗房（安上）	川田豊前守（長親）・直井（江）大和守（実綱）	景虎の管領職就任を祝す	安上宗房書状	県史四〇五

4	永禄6・8・11（一五六三）	（近衛前嗣）	本庄美作入道（宗緩）・直江大和守（実綱）・長尾右京亮・河田豊前守（長親）	越後在国中に於ける懇意を謝す	近衛前嗣書状	県史三四二三
5	永禄6・3・26（一五六三）	（近衛前久）	直江大和守（景綱）・川田豊前守（長親）	越後在国中に於ける懇意を謝し、上洛の強行について弁明する	近衛前久書状	越史四
6	永禄8・6・16（一五六五）	朝玄景連（朝倉玄蕃允）・山崎吉家	直江（景綱）	足利義輝逆殺に関する京都の状況	山崎吉家・朝倉景連連署状	県史四〇〇
7	永禄8・6・16（一五六五）	朝玄景連（朝倉）	直和（直江景綱）	京都の状況と輝虎の上洛に関して	朝倉景連書状	県史四〇一
8	永禄8・6・24（一五六五）	宗房（安上）	川田豊前守（長親）・直井（江）大和守（政綱）	大覚寺義俊の命に依り輝虎の上洛を要請	安上宗房書状	県史三七四〇
9	永禄8・8・5（一五六五）	（大覚寺義俊カ）	直江大和守（実綱）	足利義輝逆殺に関し輝虎の上洛を要請	某書状	越史四
10	永禄8・8・6（一五六五）	惟政（和田）・長盛（杉原）・藤孝（細川）・藤長（一色）	直江与兵衛尉（実綱）・川田九郎左衛門尉・神余隼人佑	足利義秋に協力し輝虎が上洛することを要請	一色藤長等四名連署状	県史三七三八
11	永禄8・10・16（一五六五）	長親（河田）	和田伊賀守	足利義秋の和田への「移御座」を祝す。輝虎上洛に関して	河田長親書状	県史四〇八五
12	永禄9・7・1（一五六六）	（足利義秋）	河田豊前守（長親）	輝虎の上洛に関して	足利義秋義昭御内書	県史三七〇三

13	永禄9・8・19（一五六六）	信景	上杉弾正少弼（輝虎）	足利義昭の若狭下向について。「河田豊前守可被申入候」の文言あり	武田信景書状	県史一四六
14	永禄9・10・4（一五六六）	祐阿（水原）	神余隼人佐（実綱）	越・相和議について。「河豊・直太御伝達肝要候」の文言あり	水原祐阿書状	県史四四八
15	永禄10・7・1（一五六七）	（足利義秋）	直江大和守（景綱）	輝虎の上洛を要請	足利義秋義昭御内書	県史九五九
16	永禄10・7・1（一五六七）	信堅（飯河）	直江大和守（景綱）	輝虎の上洛を要請。越・相和議についての報告を求める	飯河信堅御内書副状	県史三八九
17	永禄10・7・1（一五六七）	（義俊）	直江太（大）和守（景綱）	輝虎に兵糧の提供を求める	大覚寺門跡義俊書状	県史四〇二
18	永禄10・7・1（一五六七）	祐阿（水原）	直江大和守・河田豊前守（長親）・神余隼人佐（親綱）	輝虎に兵糧の提供を求め、合わせて上洛も要請	水原祐阿書状	越史四
19	永禄10・7・7（一五六七）	（足利義秋）	河田豊前守（長親）	義秋に対する馬進上の答礼	足利義秋御内書	越史四
20	永禄11・3・6（一五六八）	祐阿（杉原）	直江大和守（政綱）・河田豊前守（長親）・神余隼人佑（親綱）	越・甲・相の和議に関して	杉原祐阿書状	県史四〇四一

21	永禄11・7・18（一五六八）	智光院頼慶・新清右秀種（新保）	鰺清（鰺坂清介）・河豊（河田豊前守長親）	義秋が美濃に移り織田信長に頼る	智光院頼慶・新保秀種連署状	越史四
22	永禄11・9・21（一五六八）	信長（織田）	直江大和守（景綱）	信長が上洛の為に近江に着陣	織田信長書状	越史四
23	永禄12・2・10（一五六九）	信長（織田）	直江大和守（景綱）	越・甲の和与に関して	織田信長書状	県史三八六
24	永禄12・2・27（一五六九）	良頼（三木）	直江大和守（景綱）	駿・甲・京都の情勢について	三木良頼書状	越史四
25	永禄12・2・29（一五六九）	長親（河田）	蔵田紀伊守	東海道筋へ派遣の使僧に関して	河田長親副状	県史四一九六
26	永禄12・4・7（一五六九）	信長（織田）	直江大和守（景綱）	越・甲の和議に関して	織田信長書状	県史三八三
27	元亀2・1・22（一五七一）	山崎長門守吉家	河田豊前守（長親）	信長と浅井・朝倉氏との合戦について。「直和迄御伝達肝要候」の文言あり	山崎吉家書状	越史五
28	元亀3《カ》・10・10（一五七二）	（河上富信カ）	河田豊前守（長親）	「直江大和守殿可被申入候」の文言あり	河上富信書状	越史五
29	元亀4・4・25（一五七三）	河上中務丞富信	河田（長親）	上方・甲・濃・尾の情勢について	河上富信書状	県史五一四
30	元亀4・3・21（一五七三）	（足利義昭）	川田豊前守（長親）	甲・越・本願寺の和をなし、信長追討を要請	足利義昭御内書	越史五

31	元亀4・4・25（一五七三）	江馬輝盛	河田豊前守（長親）	京都等の状況を河上富信に報じさせる	江馬輝盛書状	越史五
32	天正3・3・21（一五七五）	快宣	謙信法印御坊	高野山恒例の使僧派遣について。「直江大和守殿可有御披露候」の文言あり	快宣書状	越史五
33	天正3・9・11（一五七五）	信長（織田）	直江大和守（景綱）・河田豊前守（長親）	年頭の儀の為、佐々長秋を差し遣わす	織田信長書状	越史五
34	天正4・6・20（一五七六）	河田豊前守長親・鯵坂清介長実	吉江喜四郎（資堅）	本願寺の使者派遣される	河田長親・鯵坂長実連署状	越史五
35	天正4・7・27（一五七六）	駿河守元春（吉川）	直江太（大）和守（景綱）	足利義昭の備後への移座に関して	吉川元春書状	県史三八八
36	天正5・4・12（一五七七）	弼長	川田豊前守（長親）	本願寺光佐、謙信へ書状を送る	弼長書状	越史五
37	天正5・4・28（一五七七）	昭秀（一色）	河田豊前守（長親）・鯵坂清介（長実）	謙信に越前進撃を要請する	一色昭秀書状	越史五
38	天正5・5（7カ）・16（一五七七）	定次（河上）	河田（長親）	能登・加賀を巡る情勢	河上定次書状	越史五

出典欄の「県史」は『新潟県史』資料編・中世の史料番号、「越史」は『越佐史料』の巻数を示す。

表のNo.10・14・18・20等には河田・直江・神余氏の名前が見受けられ、神余氏の最終的な越後への帰国の時期を挟んで三年程度はこの三氏に依る対京都外交が展開された。そして、No.20以降、天正八年の滅亡に至る迄、神余氏が外交に関与した形跡は見当たらず、又、天正五年の三条城主補任に至る迄を見ても、その他一切活動の記述は見当たらず、空白の期間となっている。この三氏体制が続いたと思われる約二年～三年（永禄八年～十一年）の間は、上杉外交にとっても特異な過渡的な時期であったものと推定される。それは№10・14・18・20の何れもが足利義昭に依る上杉輝虎の上洛要請に関するものであり、それが永禄十一年九月二十六日の織田信長上洛に依って必要性を失い、神余氏が外交から遠ざけられたものと考えられ、この三年間は神余氏から河田・直江氏への外交事務引継ぎの期間と考えられるからである。永禄十一年以降に神余氏が外交担当より外された（引退した）理由については定かではないが、とにかくも図式は次の様に変化した。

天文末年～天正六年以前の上杉氏外交体制

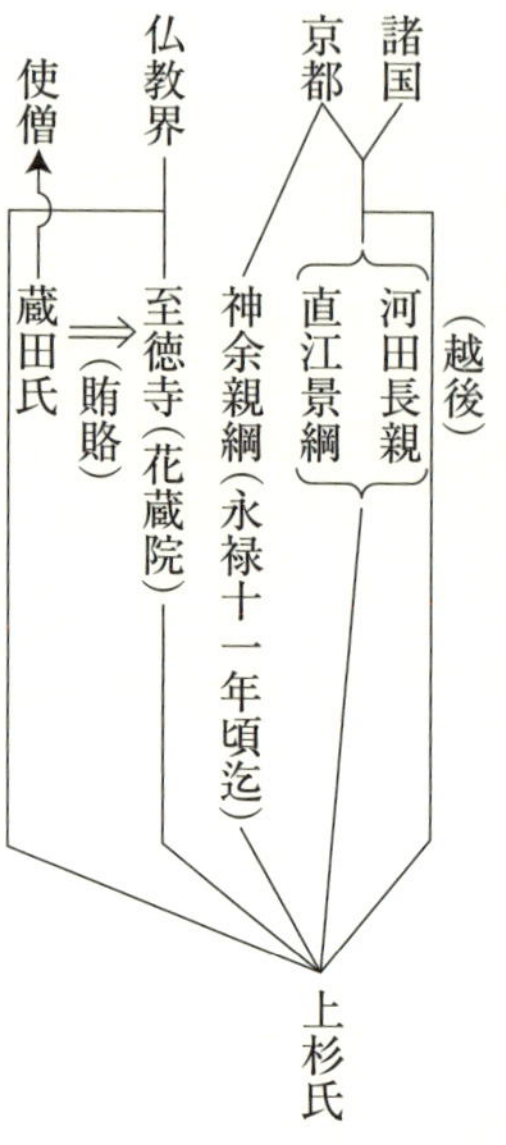

ここで、先の図式との変化を見てみると、青苧公事を介した長授院妙寿・蔵田氏系統と段銭所・公銭方系統の消滅が挙げられる。前者の消滅は長授院妙寿の大永三年（一五二三）死去と青苧座そのものが上杉氏の統制下に入ったためであるが、後者の系統の消滅については天文十九年（一五五〇）二月の守護上杉定実死去が原因で守護所の機能が停止したためではないかと思われる。№13・14・27・28等を見ると、文末に定例の文言として「～殿可被申入候」「～迄

「御軍役帳」と「上杉家家中名字尽手本」に見える諸氏

	御軍役帳	上杉家家中名字尽手本
1	御中城様（上杉景勝）	
2	山浦殿（国清）	山浦源五（村上国清）
3	十良殿（上杉景信）	上杉十郎（景信）
4	上条殿（政繁）	上条弥五郎（政繁）
5	弥七郎殿（琵琶島）	琵琶嶋弥七郎
6	山本寺殿（定長）	山本寺伊予守（定長）
7	中条与次（景泰）	中条与次（景泰）
8	黒川四郎次郎（清実）	
9	色部弥三郎（顕長）	色部惣七郎（長真）
10	水原（能化丸）	
11	竹俣参河守（慶綱）	竹俣三河守（慶綱）
12	新発田尾張守（長敦）	新発田尾張守（長敦）
13	五十公野右衛門尉	五十公野右衛門尉（重家カ）
14	加地彦次郎	加地宗七郎
15	安田新大郎	安田新太郎（吉親カ）
16	下条采女正	
17	荒川弥二郎	荒川弥二郎
18	菅名与三	
19	同心菅名孫四郎（綱輔）	菅名源三（綱輔）
20	平賀左京亮	
21	同心丸田	
22	同木津	
23	同千田	
24	新津大膳亮	
25	同心船山	
26	同蔵吾	
27	斎藤下野守（朝信）	斎藤下野守（朝信）
28	千坂対馬守（景親）	千坂対馬守（景親）
29	柿崎左衛門大輔（晴家）	柿崎左衛門大夫（晴家）
30	新保孫六	新保孫六（景之カ）
31	竹俣小大郎	竹俣小太郎
32	山岸隼人佐	山岸隼人佑
33	安田宗八郎（顕元）	安田宗八郎（顕元）
34	船見	船見（規泰）
35	松本（鶴松）	松本（房繁カ）

36	同心力丸	
37	同湯山	
38	同向居	
39	同白川	
40	同氏江	
41	同山屋	
42	同松江	
43	同大堀	
44	本庄清七郎（秀綱）	本庄清七郎（秀綱）
45	吉江佐渡守	
46	同心石坂七郎三郎	
47	山吉孫次郎（豊守）	山吉（景長）
48	直江大和守（景綱）	直江大和守（景綱）
49	吉江喜四郎（資堅）	吉江喜四郎（信景・資堅）
50	香取弥平太	
51	河田対馬守（吉久）	河田対馬守（吉久）
52	北条下総守（高定）	北条下総守（高定）
53	小国刑部少輔	小国形（刑）部少輔（重頼）
54	長尾小四郎（景直）	長尾小四郎（景直）

以上の他に「上杉家家中名字尽手本」に記載されている諸氏

北条安芸守（高広）
北条丹後守（景広）
那波次郎
後藤左京亮（勝元）
河田九郎三郎
倉賀野左衛門尉（尚行カ）
河田伯耆守（重親）
大石惣介（芳綱）
竹沢山城守
上野中務丞（家成カ）
小中彦兵衛尉
河田勘五郎
三条道如斎（信宗）
鮎川（盛長）
大川（長秀）
堀江駿河守（宗親）
和納伊豆守
本田右近允（長定カ）
村山善左衛門尉（慶綱）
河田豊前守（長親）
鰺坂備中守（長実）
吉江織部佑（景資）
土肥但馬守（親真）
計見与十郎
小嶋六郎左衛門尉（職鎮）

神保安芸守（氏張）
遊佐左衛門尉（盛光カ）
石黒左近蔵人（成綱）
斎藤次郎右衛門尉（信利）
寺崎民部左衛門尉（盛永）
小嶋甚介（国綱）
寺崎牛介（盛徳）
長沢筑前守（光国）
平子若狭守（房長）
井上肥後守
長与一（景連）
遊佐美作守（続光）
三宅備後守（長盛）
三宅小三郎（宗隆）
温井備中守（景隆）
平加賀守（尭知）
西野隼人佑
畠山大隈守
畠山将監
下間侍従法橋坊（頼純）
七里三河法橋坊（頼周）
坪坂伯耆守
藤丸新介（勝俊）
瑞泉寺
勝興寺

「御軍役帳」については史料上の記載順に記した。

ここで記した「御軍役帳」は「天正初年軍役帳」の題箋のある『新潟県史』資料編3中世一、八三九号である。

御伝達肝要候」という件が見受けられるが、これは京都を含めた諸国との交渉は全て河田・直江の二氏を通すことを意味し、そのうえ、それらの外交案件は河田・直江氏の合議で決せられ上杉氏に呈せられたものと推察される。[156]

天正年間に入ると上杉氏は「御軍役帳」を作成し、更に同五年になると「上杉家家中名字尽手本」が上杉謙信より喜平次景勝に与えられた。右下の表はその両史料に見える諸氏の名前を、列記したものである。

これを見ると、直江大和守景綱は軍役帳・名字尽の双方に名前が見え、河田氏も対馬守吉久がやはり双方に名前があり、更に名字尽には九郎三郎・伯耆守重親・勘五郎・豊前守長親等の名前が見受けられる。これに対して神余氏は、何れにも名前が記載されてはいない。[157]河田氏は前述した様に永禄二年以降に登用された新参者であるにも拘わらず、急速に在地へ展開して行ったものと考えられる。そのことは、御館の乱に於いて河田氏一族が上杉景勝・景虎方に分裂して戦っていることからも明らかであり、その点で神余氏とは対照的な存在であると言える。直江・河田氏は天文末年頃より京都外交に携わる様になったが、両氏は神余氏とは遠い京都のみならず上杉氏に関わる全ての外交交渉にも当たっていた。又、両氏は外交のみならず内政全般にも関与しており、内政・外交の両面で謙信政権（府内長尾氏の政権）の中枢を占めていた。直江氏は譜代の重臣として、河田氏は元々近江国出身ということもあって京都・畿内周辺の情勢にも明るかったと思われることから、それぞれ外交に携わったのであろう。

一方、『藩制成立史の綜合研究　米沢藩』[158]では「御軍役帳」や本稿の冒頭でも掲げた「侍衆御太刀之次第」について詳細な検討を試みているが、その中で、上杉氏は特に註記こそしないものの、軍役帳の作成に関して一門・国衆（奥郡・中郡・上郡）・譜代（一部新参の直臣）という区分方式を採用しているとし、[159]更に上杉家家臣団の中に於ける序列が永禄期には既に城中の席順に依って固定化されており、その変更は欠員の補充という形をとって、全て上杉氏の統制下で行われたと結論付けている。こうした状況の中にあって、神余氏の上杉家家中内での席次が決定付けられていないのは非常に異例なことであり、それは神余氏が代々京都在住を原則としていた上杉氏の京都代官的存在であったためであり、上杉氏からは軍役等一切を課す対象とは見なされなかったものと思われ、上杉氏の家臣ではあるものの非常に特例的な存在であったと言えるのである。しかし、名字尽の作成されたと思われる天正五年十二月の段階では、既に三条城主に就任していたものと思われるにも拘わらず、同氏の名前が見当たらないということは猶疑問が残るところである。

何れにせよこの河田・直江外交は前代の外交体制を一歩推し進めた形態のものであり、対京都外交に詳しい専門家的存在の河田氏、そして長尾氏譜代の重臣であった直江氏という組合せに依って、外交・内政を一括して扱う執政体制を現出し、外交案件に就いての判断が適格・迅速になり、府内長尾氏に依る外交の最後を飾るものとなった。それは、重臣自身が直接外交に携わると共に組織を簡素化し、連絡系統を一元化することでより強力な外交を行うことができる様になったということである。つまり、前代の外交体制が長授院妙寿・蔵田氏、至徳寺(花蔵院)、段銭所・公銭方という様にその扱う内容に依ってルートが区々であったのに対して、ここで扱って来た河田・直江体制は、それらのルートを一括し、国許に於いても外交専任の担当官が設置されたことで、上杉氏の外交史上に於いて初めて登場した、より強力な外交体制であると評価することができるのである。そして、次代の上杉景勝・直江兼続といった、上田衆に依る政権・外交へと引き継がれて行くのである。

四　御館の乱に於ける神余氏

1　上杉謙信の死

前節迄は越後上杉氏の外交担当者としての神余氏の動向を中心として見て来た訳であるが、この四節ではそうした外交職から解放された後の、より在地性を帯びた同氏の動向を、上杉謙信の死去とその後に展開された御館の乱の中に見出そうとするものである。三節でも触れた様に、神余氏が外交の一線より離れたのは永禄十一年（一五六八）以降のことと推定される。そして、それから御館の乱が勃発する天正六年（一五七八）迄の間については空白の期間となっており、神余氏の行動が確認できない。しかし、ここに興味深い史料が一つある。(160)

其以往不二申承一候、去時分以二脚力一申入候キ、参著如何未二罷帰一候、抑、新田(上野)手詰ニ付而、伊勢崎之地従二南方(小田原)一
近日普請被二申付一候、兵粮以下も差越由候、北源(北条源三)者小山物主落著、去月以来在城、是茂普請専ニ候、我等父子劬
労可レ為二御察一候、御越山可レ為二何比一候哉、当春夏之間御調義至二于御遅延一者、伊勢崎之儀者従二南方一入念候条、
近年之御功作も不レ可レ有二其曲一候、何篇新田・桐生手詰不レ及二是非一由候、千言万句当春夏之間御越山相極候、
御屋形へ雖下可二申達一候上、片便之間、無二其儀一候、仍、此客僧愛宕へ有二立願一、毎年相立候、路次無二相違一様被レ
加二御詞一任入候、諸余期二来音一候、恐々謹言、

三月廿八日　梶原源太 政景

河田豊前守殿
柿崎和泉守殿
長尾遠江守殿
竹俣三河守殿
桐沢但馬守殿
神余隼人殿

吉江喜四郎殿
水原弥四郎殿
安田治部少殿

この史料が『越佐史料』が登載するところの天正五年のものであるとするならば[161]、前述の空白期間内に於ける神余氏の消息を示す唯一の史料ということになる。内容としては、小田原の北条氏の北上に対して、関東の梶原政景より上杉謙信の出陣を求めて来ているというものである。この史料の充所を見てみると、九名の諸氏の名前があり、その中に河田豊前守長親と共に神余隼人（親綱）の名も見られる。この充所として挙げられている諸氏は何れも上杉謙信の側近ばかりであり、吉江喜四郎資堅等は河田長親と同様に、元々近江国の住人であったものが謙信に依って召し出されて来越したものである。この様な中に神余氏がその名前を連ねているのは、同氏が帰国以来越後府内にあって上杉謙信政権の中枢に取り込まれていった事実を表すもの、と考えるのも可能であると思われる。

この充所の中でも神余・吉江・河田氏等の様に新参者であり、且つ京都・畿内を中心とした諸国の事情に詳しい実務家と、竹俣・水原・安田氏等の様な揚北衆、そして、その他の国衆・一門という構成が、謙信政権の性格を如実に物語っているとも言える。又、この史料は神余氏が京都外交以外に顔を出した初めてのもの、ということになる。とにかくも、神余氏は帰国後謙信政権に参画し、天正五年六月九日の山吉豊守の死去に依って三条へ配置されたものと見るのが妥当であろうかと思われる。そして、この後、御館の乱が発生すると上杉領内は景勝・景虎両派に分かれて戦闘を交えることとなり、神余氏も初めの内は消極的ながらも、最終的には三郎景虎方に加勢し滅亡への道を辿ることになる。

上杉謙信は、天正六年三月十三日の未の刻（午後二時頃）に、その四十九年に亘る生涯を閉じた。その死因については同二十四日付の上杉景勝の小島六郎左衛門宛書状[162]にも「謙信不慮之虫気、不レ被二執直一遠行」とあって、病没であるとしているのであるが、一方では次の史料のように自殺・他殺ということも同時に噂として大分広まっていた様である[163]。

去比者道無二相違一帰国候ツル哉、無二心元一候、然者長尾輝虎生害之由、方々同説候、実儀定而其地江可二聞召届一候、委細可レ披二露一回報一候、恐々謹言、

（天正六）三月廿五日　　氏照（北条）（花押）

釣月齊（荒井）

これは小田原の北条氏照が、荒井釣月斉に上杉謙信の死因について調査をさせたとの内容のものであるが、傍線の部分で「方々同説候」とあるのは謙信生涯の噂が少なくとも北条氏の内部ではかなりの信憑性を以て信じられていた状況が推測される。元々「生害」という言葉には「自害する」と「殺害される」という相対する二つの意味がある訳であるが、ここでは後者の意味であろうかと思われる。更にここで問題となって来るのは、謙信死後に於ける上杉氏の家督を誰が継承するのかということである。このことは、この後の御館の乱に於ける神余氏等の動向を考える上でも重要な点となると思われる。周知の様に、当時上杉氏には喜平次景勝と三郎景虎という二人の養子（家督候補者）がいた。この内景勝は、越後上田城主であった長尾越前守政景の次男として弘治元年（一五五五）十一月二十七日に上田城で誕生し、永禄二年に子供がいなかった上杉謙信の養子となった人物であり、謙信にしてみれば甥に当たる者である。一方の景虎は小田原の北条左京大夫氏康の七男として生まれた氏秀[164]のことであり、元亀元年（一五七〇）四月に人質として来越し、謙信の養子となり名を景虎と改め、更に長尾政景の娘を以てその妻としている[165]。つまり景勝と景虎とは、義兄弟の間柄なのである。

この上杉謙信の死去に始まる御館の乱については従来様々な研究が行われて来たのであるが、その内、池田嘉一氏

越・甲・相関係系譜

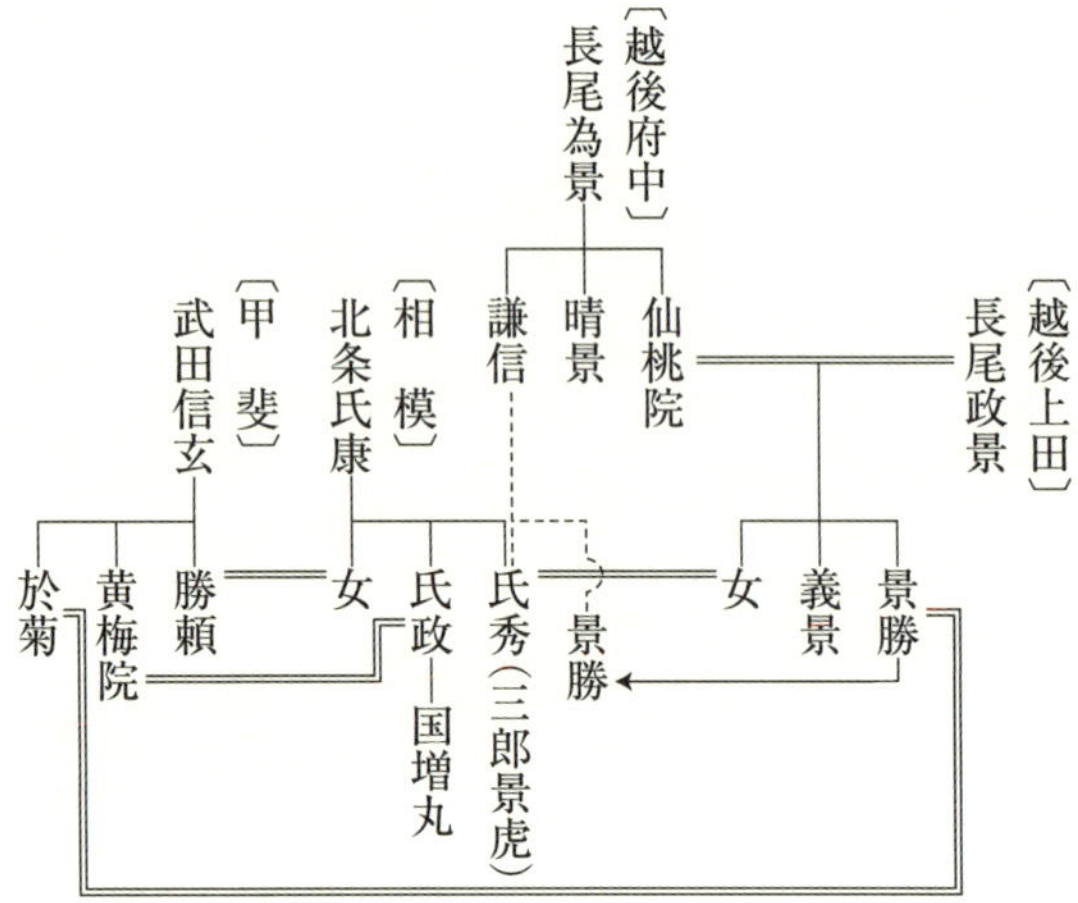

『越佐史料』等を基に作成

はその著書[166]の中で、謙信死後の上杉氏家督について、謙信は三郎景虎を家督に据えることに決していたと述べられ、その理由として以下の四点を指摘されている。先ず第一点として、謙信が景虎を実城に最も近い二の郭に配して自分の姪（長尾政景の娘）と結婚させ、更に「景虎」という謙信の旧名を与えて景勝より上方に住まわせたこと、第二点に「御軍役帳」の中で景勝には軍役を課しているにも拘わらず景虎には何も課していないこと、第三点に御館の乱に際して分国内外諸氏の多くが景虎を支持したこと、そして第四点として景勝が実城を占拠した後に小島六郎左衛門に宛てて出した書状[167]の文言を挙げられている。

ここで、上杉氏の家督に関する記述をいくつか挙げてみる。先ず『上杉米沢家譜[168]』には「直江大和守景綱の後室、御枕辺近く候して、高声ニて御跡目御相続ハ何れニ候哉、景勝公にて候哉と奉レ伺候処、最早御言舌も叶ひ玉はされとも、うるはしき様子にて、唯御首肯し玉ひけれハ、並居たる諸臣皆喜悦の眉をそ舒にける」とあり、人事不省に陥った謙信は実際には家督についての発言をしていないことが明白に記されている。更に『謙信公御年譜』巻二十の天正六年三月九日条では「直江大和守景綱カ室、御枕近ク候シケルカ、高声ニ御家督ハ弥景勝公へ御譲リ玉ハンモノト申演シニ、管領御言舌トマリ玉ヒシカトモ、御納得アレハ、只御首肯シタマフハカリ也」とあって、『上杉家譜』と同様の記述をしている。しかし、以上二つの史料は、後になって体制寄りに書かれているものなので、その真実性は余り評価できない。その点で次の『北越軍記』[169]四下は、又、違った表現をしている。

　直江山城守兼続・本庄越前守繁長・長尾権四郎景路ヲ始、老臣共内談シテ、謙信御逝去有時、トカク他家ヘ被レ取ンヨリハ、甥ト云、同姓ト云、又子分ニ約束セラレタル事ナレバトテ、上田ノ喜平次景勝ヘ、上条民部少輔義春ヲ遣シ、内証ヲ云入、迎ニ遣ユヘ、景勝潜ニ本丸ヘ入、上田者、黒金上野介・宮島参川守・栗林肥前守ヲ、本丸ノ大手搦手門々ノ番ニ置、上杉三郎景虎ヲ、本丸ヘ不二寄付一候、但、三郎モ、景勝妹聟ニテ、然モ謙信養子ニ定候ヘトモ、上杉家ノ仇敵北条氏康ノ子ナルユヘ、越後侍共上下是ヲ主君トセンコトヲ不レ悦、家臣モ上条民部モ、喜平次景勝ヲ謙信家督ニ立ント志テ、相聟ノ三郎越後ノ家督トナラバ、小田原ノ氏政(北条)、貪欲不義ノ人ニテ、頓テ越後ヲ北条領分ニセラレン事、目ノアタリナリトノ了簡ナリ、

　即ち、家督については触れられておらず、直江・本庄氏等が家督として景勝を推挙したのは、小田原の北条氏出身の三郎景虎が実家の勢力を背景として強引に家督を継承するのではないかという疑念に対して、機先を制したものと思われる。

　更に、天正六年四月晦日付で、上野国の由良成繁が景虎の近臣遠山康光に宛てた書状[170]の中では、「景虎(三郎)江御家督□(譲カ)候由承及」と言っており、先程の池田氏も指摘した前掲の上杉景勝の小島六郎左衛門宛の書状[171]では「遺言之由候而、実城(春日山城本丸)へ可レ移之由、各強而理候条、任二其意一候、(中略)謙信為二遺言一、刀一腰次吉作秘蔵尤候」と言っており、そして、同じく天正六年四月二十日付の吉江信景宛の本庄繁長書状[172]には「被レ任二御遺言一、即御実城江御移」とあって、景勝・景虎方双方の見解が食い違っているのである。

以上の記述から推察すると、上杉謙信はその家督については遺言をしていなかったものと思われ、景勝・景虎共に謙信の養子ということから、自分自身こそが上杉家の家督相続者であると思い込んでいたのではなかったか、と推測される。そして、前述の様に景勝を「御軍役帳」の筆頭にもって来ていること、そして、「上杉家家中名字尽手本」を景勝にのみ与え景虎へは渡していないこと等から、謙信は景勝を軍事指揮権者・武門の統率者に、又、景虎を国守(主)とする両主制的な構想を持っていたとする考え方も浮かんで来るのではなかろうか。このことは謙信が二人の養子を持ち、更に発病から死去に至る迄に一ケ月程あった訳であり、自分の死去後に家督を巡る争いが起こるであろうことは十分予想されたことであるにも拘わらず、家督を決め得なかったことにも依るのである。又、黒川真道も『越後史集上杉三代軍記集成—地—』[173]の中で「景勝公は、某は御隠居の御跡目とありて、御持国の内、半分支配し、三郎景虎と両旗にて、御跡を黒め候へとの儀なり。(中略)他家の北条に、御跡を踏すべきにあらざれども、御養子分になさる丶上は、御掟を守り、両旗にと和談あらば、其通なり」と記しており、両主制的な構想を示唆している。

2　御館の乱に於ける神余氏の動向

一節では上杉謙信死去後に於ける状況、特に家督を巡る問題を取り上げ、それは特に家督についての遺言が存在しなかったものと推測した。こうした情勢の下でこれから問題となってくるのは、神余氏がどうして上杉三郎景虎方に加勢したのか、ということである。この御館の乱は謙信死去後に発生し、東日本一帯を巻き込んだ大乱へと発展した。その原因は前述の様に謙信の死去と、その後の家督の行方を巡ってのものであった。

謙信死去後における神余氏の動向を示す初見の史料は、次に示した天正六年(一五七八)三月二十八日付の神余親綱書状[174]である。

爰元相騒申之段、自世間雑意申上ニ付而、為御仕置、林部三郎右兵衛方・楡井修理亮(親忠)方被指越候、則各々江様躰之儀申談候、(イ)就中当家中之面々ノ証人計御要害ニ被指置、自余之儀者差帰可申之段、被仰越候間、是も御両衆へ致手日記指渡申候、扨又、今度近辺証人取申義者、先年会津口ニ雑意申廻時分、境目為御仕置源五(山浦)殿様・吉江織部佑(景資)方被指越、近辺之証人当地仁可被召置候間、可致手日記之由、御理ニ候条、則御日記致之差上、近辺証人共取申、一両年拙者ニ御預ケニ候キ、今度之儀も、所之地下等迄、殊外動揺仕候間、先年之御かまちたるへく候と存、不得　御諚候得共、証人之儀をも給置候、此内をも山之内・新かた(潟)津なとの義者承引不申候間、自拙者重而者不申届候、子細之段者、是も　御上使江申渡候、扨亦、(以下第二紙)爰元諸領所中江、証人之儀申理之由、其元御披判之段及承候、淵底御両衆江証人之致手日記如差渡申候、当家中之面々証人之外者、六ケ所ならてハ証人召寄不申候、此外相渡由申仁候ハヽ、被為引合御尋可被成事、各々御前ニ可有之候、先年証人出申所も、下田(南蒲原郡)領其外へ取不申候、淵底是も　御上使被聞召届候間、可被御申上候、然者当地長敷衆上府之儀、上様(上杉謙信)御遠行之砌より再三申理候、尤此度之儀者、各々如御見聞、種々及意見申候、併面々存分之儀をも、　御上使衆江被申上候間、定而委可被達　上聞候、子細猶重而可申達候条、不能詳候、恐々謹言、

追而啓上、(ロ)此度拙者無如在、以神血御上使衆可懸御目之由有之申候得共、無　御諚処、争見可申之由、深御理ニ御座候間、先以延引申候、何様重而各々頼入可得其旨候、(ハ)併以神名拙者無私曲通ニ御両衆江奉頼候キ、此等之段可然様各々奉任之候、以上、

(天正六年)三月廿八日　　(神余小次郎)神小
親綱

(吉江信景・資堅)吉喜

北下（北条下総守高定）
三道（三条道如斎信宗）
参御報

右の書状は上杉謙信が死亡した十五日後に出されたもので、充所の吉喜は前述の吉江喜四郎資堅であり、北下は刈《かり》羽《わ》郡北《きた》条の北条高定、三道は元能登国湯山城の長沢筑前守の家臣で謙信に召し抱えられた五十公野《いじみの》信宗である。この三人は何れも謙信の側近として登用された人々で、景勝側の人物であった。長文の書状であるがその内容は、神余親綱が三条近辺より証人（人質の意か）を集めたことに対して上杉景勝より叛意があるものと見なされ、親綱がこの文書の充所である三氏に対して色々と弁解しているというものである。ここで注目されるのが傍線(イ)の部分で、神余氏の家臣が差し出している人質だけが危険な城塞に配置されていると、初めて不満を表明していることである。しかし、その一方では、傍線(ロ)の部分で自分のとった行動に関して手落ちが無かったことを主張し、同じく傍線(ハ)の部分では自分に不正や叛意の無いことを述べている。

この時、春日山城では上杉景勝と三郎景虎との間に確執が生じて、三月十四日～十五日には、実城の景勝と二の郭の景虎との間で「弓鉄炮のせり合[175]」がある等、緊迫した状況が続いていた。この後、天正六年五月十三日には三郎景虎が「夜陰ニ紛レ二ノ丸ヲ退キ、御館ニ楯籠ル[176]」こととなった。この景虎が逃げ込んだ御館（城）は、現在の上越市五智一丁目の御館公園を中心とした一帯にあり、かつて、上杉謙信が関東管領上杉憲政の居館として天文年間（一五三二～五五）に造営したと言われているものであって、昭和三十九年より四度に及ぶ発掘調査に依って土塁を含め東西が一三五メートル、南北が一五〇メートルのほぼ正方形の内郭を中心として、その周囲に堀や外郭を巡らせ、敷地が約七度傾東した大きな館であることが判明した[177]。猶、この発掘調査については、緊急調査経過報告が出版されている[178]。

御館の乱に於ける上杉景勝・景虎の主要な陣容

景勝方		景虎方
深沢刑部利重	登坂与五郎清忠	本庄清七郎秀綱
福王寺兵部少輔	樋口主水助	堀江駿河守宗親
斎藤下野守朝信	栗林治部少輔政頼	桃井伊豆守義孝
村山善左衛門尉慶綱	登坂神兵衛	河田伯耆守重親
登坂角内広重	遠藤宗左衛門尉	北条安芸守輔広
大石兵部丞	佐野清左衛門尉	北条丹後守景広
富里三郎左衛門尉	山崎専柳斎秀仙	篠宮出羽守
小森沢刑部少輔政秀	泉沢河内守久秀	東条佐渡守
金子次郎右衛門尉	直江与兵衛信綱	柿崎
吉田源左衛門尉	山崎隼人佐	琵琶島弥七郎
築地修理亮資豊	黒金景信	本田石見守
上野九兵衛尉	桜井吉晴	上杉十郎景信
山浦国清	多功	長尾新五郎
上条弥五郎政繁	佐藤	長尾景義
樋口与三右衛門	小川左衛門尉	上野中務大輔
登坂与右衛門安忠	菅名綱輔	山本寺伊予守定長
板屋修理亮	水原満家	垂水右近
長尾平太	加地春綱	岩井大和守歳能
鰺坂長実	五十公野宗信	黒川清実
神保識泰	新発田重家	小笠原
吉江喜四郎信景	山浦景国	琵琶島善次郎
佐藤平左衛門	本庄繁長	河田対馬守吉久
毛利名左衛門尉秀広	小島職鎮	上杉宗四郎
吉益伯耆	二宮左衛門大夫	本庄新六郎顕長
荻田与三左衛門尉	岩井昌能	関沢
長尾筑後守	岩井信能	開発
小倉将監	嶋津喜七郎	東条喜三
蓼沼友重	尾崎重信	木村孫四郎
秋山式部丞	広居忠家	鈴木主水
若林九郎左衛門	山本寺孝長	石坂左近
三条道如斎信宗	小国石見守実頼	長谷川主水
山岸宮内少輔秀能	鮎川盛長	長谷川伊兵衛
山岸出雲守光祐	色部修理大夫長真	若林甚八郎
長与一景連	千坂景親	北条刑部少輔
新発田尾張守長敦	安田掃部助顕元	神余小次郎親綱
竹俣三河守慶綱	安田治部少輔長秀	東条惣介
飯田与三右衛門尉	吉江織部助景資	丸田周防守
中条越前守景泰	吉江木工助宗信	丸田掃部助
河田豊前守長親		丸田伊豆守
		長島右衛門
		井上三郎左衛門（後、景勝方へ）
		山吉玄蕃丞景長（後、景勝方へ）
		小田切治部少輔
		北条高広
		岩井式部

『新潟県史』『越佐史料』『戦国大名家臣団事典　東国編』等を基に作成

当時、御館にはまだ憲政がおり、三郎景虎と運命を共にすることになってしまった。又、『景勝公御年譜』巻一の天正六年四月条では三郎景虎方に加勢した諸氏として、「栃尾城主本庄清七郎綱秀(秀綱)・鮫尾城主堀江駿河守宗親・信州飯山城主桃井伊豆守義孝・上州厩橋(沼田)城主河田伯耆守重親・北条(厩橋城主)安芸守輔広・同丹後守景広・米山寺城主篠宮某・三条ノ町奉行東条佐渡守・猿毛地ニハ柿崎一族・琵琶嶋城主琵琶嶋弥七郎・其外本田石見守ヲ始メ小身ノ軍士マテ悉ク従属ス幷直峯・坂輪・旗持・越中ノ不動山・根知ノ将士等、及ヒ郷民マテ志ヲ通スル者猶多シ」と記しており、信州・上州の諸氏をも含め、中越地方の有力な諸氏が中心となって景虎方に味方したのであった。これに対して景勝方は、当初は不利な状況であったが、本庄繁長を始めとして揚北衆の多くが景勝に味方した[179]ことに依って、景虎方の決定的な優勢となるには至らなかった。ここで双方の陣容について、前頁の表に記した。

さて、神余氏の動向についてであるが、東蒲原郡三川村岩谷の平等寺にある薬師堂の内陣正面右側上部嵌板墨書[180]に、「三月末黒川(会津)ミのき衆小国之地より乱入、四月十六日ふてうきにてはいほく、引こミ候、(イ)五月一日、三条手切候、同十三日、三郎殿春日を引のき、御城内之内へ御入候、三ほう寺殿を始十余人御味方候間、春日と日々の御調義候、(ロ)就之栃尾・三条申合、小田切治部少輔・小沢大蔵、五月廿四日すかの(菅名・五泉市・村松町)へ手切」とあるが、傍線部分の(イ)では天正六年五月一日の段階で三条、つまり、神余氏が上杉景勝に対して叛意を示していることが窺われる。これは、先に掲げた同年三月二十八日付の神余小次郎の書状が出された約一ヶ月後のことであり、この間に神余氏は三郎景虎に味方するということになったのである。

又、傍線(ロ)の部分では栃尾、つまり、本庄秀綱と神余親綱とが談合して、会津の蘆名盛氏の家臣小田切治部少輔と小沢大蔵とを越後へ導き入れて菅名へ侵攻させているのである。更に、同年七月九日付の山岸宮内少輔(秀能)・同隼人佐宛上杉景勝書状[181]では、当時黒滝城将を勤めていた山岸氏に対して、景勝は武田勝頼との間で和与が成立したことを告げた上で「栃尾江雖入計策無納得歟、左候共、折々武略専一候、三条辺（神余親綱）江茂以手引計議候而可被見候、何篇茂其筋調略之議、任入候」などと述べている。栃尾の本庄秀綱は、この約二ヶ月後の九月下旬になると御館城へ入って三郎景虎を支援する等、自らも軍事的な行動を起こしていた訳であるが、三条の神余氏の方はどうも態度がはっきりしていなかった様である。ここで示した史料に於いても、景勝は山岸氏に対して中郡の仕置を一任した上で時々は本庄氏に集中的に攻撃を仕掛ける様に指示している訳であるが、神余氏に対しては傍線の部分にもある様に計策を巡らせて相手方を混乱させ、様子を見る様に言っており、神余氏の出方を窺っている状態であった。景勝も同氏に対しては、不明な要素が多々あったのではないかと思われるのである。

そして、この後、御館城では食料の備蓄が次第に急を告げて来た。そのため、三郎景虎は蒲原郡より食料を調達しようとして、三条の東条惣介に対して神余親綱にその依頼をさせた。(182)

爰元諸軍堪忍一円不成候之条、其地城米之儀、(イ)神余（親綱）かたへ申越候間、如何様にも相稼、当月中先以(ロ)三千俵可上候、必無油断小次郎（神余親綱）ニ申理、早々可上候、(ハ)来月者順風有間敷候、致塩味一刻も早速可為漕候、本庄清七郎（秀綱）郡下之儀者、彼仁人脚可申付候、畢竟面々稼肝用候、為其遣一筆候、穴賢〳〵、

（天正六年）九月十四日　景虎（上杉）（花押）

(ニ)東条惣介とのへ

この書状の充所で傍線(ニ)の部分にある東条惣介は、前掲の池田喜一氏に依ると、三条町奉行の代理を勤めていた人物である。この書状からは御館内の緊迫した空気が伝わって来る様であるが、傍線(ハ)の部分では「来月」、つまり太陽暦の十一月は日本海側特有のしぐれの天候となって海路より米を輸送することは困難となるから云々、と述べているが、この頃はもう既に柏崎より直江津に至る街道筋は景勝方に制圧されていて、陸送は不可能であった。そして、

傍線(ロ)の部分の「三千」の字は、前に書かれてあった文字を擦り消した上に書かれており、如何に御館側が混乱し焦っていたのかを如実に物語っている。

又、傍線(イ)の部分では、もう既に米のことに関しては神余親綱に対して申し入れてあると記しているが、親綱はこの九月の時点でもまだ自らの態度を明らかにはしていなかったのではないかと思われる。それはこの様な緊急時に於いてさえ、この書状自体が東条惣介という人物に宛てて発給され、同氏を介して親綱に申し入れているという点からである。本来ならば、この様な状況の下に於いては、親綱に直接宛てて書状を発給するのが自然な形であると思われるが、ここでそうしていないということは、つまり、三郎景虎自身がまだ親綱の出方についての確証を得ていなかったのではないか、と推察される。

ところで、この書状の充所である東条氏についてであるが、同氏は終始一貫して三郎景虎方の参謀を勤めていた様である。『景勝公御年譜』巻一の天正六年五月十五日条では東条佐渡守について「三条町奉行」であるとしており、天正六年五月十六日の未明には「逆心仕、春日町に火をかけ、御城の麓より、家数三千間計焼払、我館に居なから敵に成也」[183]とあり、更に翌天正七年三月十七日に御館より鮫尾城へ落ちて行く三郎景虎の従者として「東条佐渡守・同喜三」[184]の名前が見受けられ、『景勝一代略記』では東条喜三が東条佐渡守の子息であると記載している。[185]

この東条氏は、三条の町奉行として三条城主の神余親綱とは切り離せない関係にあったのであり、東条氏が強力に三郎景虎を支持していたことは、当時その態度が明白ではなかった神余親綱にも少なからず影響を与えたことは確かであり、そうした点から右に示した景虎の書状を見ると、神余親綱は御館城へ兵糧米を送ることを景勝に対する憚りからためらっていたのではないかと思われ、そうした親綱の心境を察知した三郎景虎が三条町奉行代理の東条惣介に対して、親綱へ働き掛けさせていたのではないかと推察されるのである。又、蒲原郡三条の地は前述した様に長尾氏にとっては所縁のある土地であり、そうしたことから城将の神余氏の他にも町奉行として東条氏が補任され、御料所の管理にも当たっていたのであろう。

そして、翌天正七年に入ると御館側の劣勢は愈如何ともし難く、三郎景虎は次に掲げた書状(186)に於いて河田吉久に対し、神余氏の参陣を催促させている。

急度申届候、(イ)仍当月朔日・二日、不慮之仕合を以、従春日山相働、府内悉令放火候、無是非次第、口惜敷迄候、
此時ニ候条、本清（本庄清七郎）相談、以夜続日、早々参陣可走廻候、(ロ)去年之儀者、三条内取合を以、参陣無之候事、歎敷候、
此度之儀者及折角候条、万事を打置、三条有一味、一刻片時も早々於打着者、生々世々可為祝着候、左様ニ無之
付てハ、去年以来之忠信も水ニ可成候、能々有分別、参陣待入候、猶下村可申候、恐々謹言、

景虎（上杉）（花押）

（天正七年）二月五日

(ハ)河田対馬守（吉久）殿

右の書状の傍線部分(イ)にもある様に、天正七年二月一日には、昨夜より八幡宮に参詣して御館へ帰る途中であった北条丹後守景広が、上杉景勝方の荻田孫十郎の奇襲に依って深手を負い、夕方になって死亡し、更に翌二日には景勝に依って御館城の「外構」が焼き払われる等(187)、三郎景虎方にとっては大きな痛手となる様な事件が立て続けに発生していた。そうした状況の中で、河田氏や神余氏に対して支援要請が為されている訳である。充所の傍線(ハ)の部分にある河田対馬守吉久は、上杉謙信の下ではその旗本も勤めた人物であり、三節でも触れた河田豊前守長親の一門であるとされている。

さて、この書状の中で大変注目されるのが、傍線(ロ)の部分にある一節である。つまり、昨年の景虎に依る参陣要請に対して、三条で内訌があったために神余氏が参陣しなかったということである。では、具体的にその「取合」が何

を指しているのかについてであるが、それは神余氏、或は山吉氏を始めとしたその家臣をも含めて、三郎景虎支援に関してのものであったのではないかと推察される。そのことは、この後に神余旗下であった井上氏が景勝の中郡出馬を知るや否や逸速く景勝に寝返り、又、同じく神余氏の配下となっていた山吉氏が、景勝方に寝返ることからも裏付られるのではなかろうか。

つまり、井上氏や山吉氏は三郎景虎方に味方することに反対し、当初より景虎支援を打ち出していた三条町奉行の東条氏等の勢力もあって、神余氏は身動きができない状態に追い込まれていたのではなかったか、と思われるのである。そして、古来よりの神余氏家臣ではなかった井上(山吉氏の一門)・山吉氏等は、一旦は景虎方に傾倒しかかった神余氏に従属してはみたものの、三郎景虎死去後に上杉景勝が中郡へ出陣して来ると聞くや否や、本領や三条城主としての地位を回復しようとして神余氏を見限ったものと考えられる。

右の書状の出された翌月、つまり、天正七年三月十七日になると御館城は遂に陥落し、同日御館城より春日山に向かおうとしていた関東管領上杉憲政と三郎景虎の子道満丸は、上杉景勝の命令を受けた桐沢但馬守具繁と内田伝之丞に依って四ツ屋で殺害され、更に鮫尾城に逃れた三郎景虎も景勝に追い詰められ、同月二十四日の午の刻に自害し、この御館の乱はその発生源に於いては一応終息した形となったのである。

3　三条城主神余氏の滅亡

以上述べて来た様な状況の下で、御館の乱は三郎景虎の死に依って府内を中心とした地域ではその決着を見、その舞台は三条・栃尾を中心とした中越地方へと移った。そしてそのことは、今迄明確な態度を示していなかった三条の神余氏に、御館の乱に於いて初めて積極的な軍事行動をとらせることとなった。その多くは蒲原郡に於ける上杉景勝方の主要城塞であった、黒滝・天神山城との間のものであった。

先ず、神余氏に依る戦闘の初見は、天正七年（一五七九）十月二十八日付で上杉景勝より黒滝城将を勤めていた山岸秀能（父）・村山慶綱（子）・山岸光祐（子）の父子に宛てた書状(188)に見えるものであり、それに依ると「自三条（神余親綱）重而相働之由候、其聞得無二心元一之処、如二書面一者、号二扇山（西蒲原郡）一地利、両日相責候哉、手前稠被二仕払一故、凶徒失レ手退散之由、誠粉骨手柄之程無二比類一候」とあり、神余氏の軍勢が西蒲原郡の扇山を攻撃したが、黒滝城兵に依って退けられた。

そして、翌天正八年になり、正月も「三条表無事(189)」に過ごし、同年三月に入ると上杉景勝は先程の山岸父子に対して中郡への出陣を告げたのである(190)。

(イ)乍二便札一申届候、仍而出馬之儀、弥無二油断一候、縦、(イ)国中之面々膝下之者共、以二如何様之子細一出馬之儀申留候共、父子三人、三ケ年以来之忠信争而可二黙止一之候哉、縦令、今般出二馬於中郡ニ一、折レ鋒尽レ矢、先祖累代之失二名誉一候共、出馬之儀無二無三思詰候、(ロ)自然表裏之族出馬不レ定候様ニ申儀も可レ有レ之条、鬱憤之通、委露二帋面一候、此上愛宕麻（摩）利支天も照覧、出馬必然候、謹言、

（天正八）三月廿七日　景勝

山岸宮内少輔（秀能）殿

村山善左衛門尉（慶綱）殿

山岸出雲守（光祐）殿

(ロ)就出馬之儀、使僧条目慥聞届候、去々年以来忠信不浅処、争而旁可相捨候哉、内々疾茂進馬、其地下条之仕置、弥可談合候処、及聞分者、(イ)未河中嶋水高由候間、遅々候、然者彼使僧如才覚者、漸水干之由候条、今日始而人躰一騎合迄為誓詞、近日可進旌旗相定候、如何茂可心安候、(ロ)自何以無力故、家来之者共令欠落之段、無余儀候、雖

然出馬不可有遅々条、何共附勇、家中之者共引立、堅固之備専用候、猶、使僧口上申含候間、態々相尋被聞届尤候、謹言、

閏三月朔日　　　　　　　　景勝

山岸宮内少輔殿
村山善左衛門殿
山岸出雲守殿

上杉景勝の蒲原郡への出陣を延期させていた要因は色々とあったのであるが、その一つは北陸方面に於ける情勢であった。織田信長の配下であった柴田勝家は加賀・能登・越中国へ侵攻する様子を示していたし、又、当面の問題としては史料(ロ)の傍線部分(イ)にもある様に、信濃川等の水嵩が高いために軍勢を進めることができなかったことである。ここに記されている「河中嶋」とは『越後名寄』(191)六に「蒲原郡、西川ト、中ノ口川ノ中間ヲ云、其境広ク、村里多シ」とある様に、現在の中ノ口川と信濃川に挟まれた広大な中洲の様な島となっている地域のことであろうかと思われる。最近に於いても新信濃川(大河津分水路)が竣功する迄は度々洪水に見舞われた地域であり、況してや当時は雪解けの時期でもあり、一度水が上がると中々回復しなかったのであろう。しかし、それにも増して景勝の中郡出馬を拒んだのは、史料(イ)の傍線部分(イ)(ロ)にもある様に、寧ろ景勝方の内部に於ける事情に依るものではなかったのではあるまいか。

つまり、この戦乱に於いて景勝方に加勢してはみたものの、この後誕生するであろう上田衆(上田長尾氏)に依る政権に対する危惧から、中郡への出征には二の足を踏む諸氏の存在が指摘されるのではないかと思われる。それ故に色々と口実を設けては景勝に出馬の延期を申し入れ、国内に不安定要因を残しておくことが得策とする人々が存在し

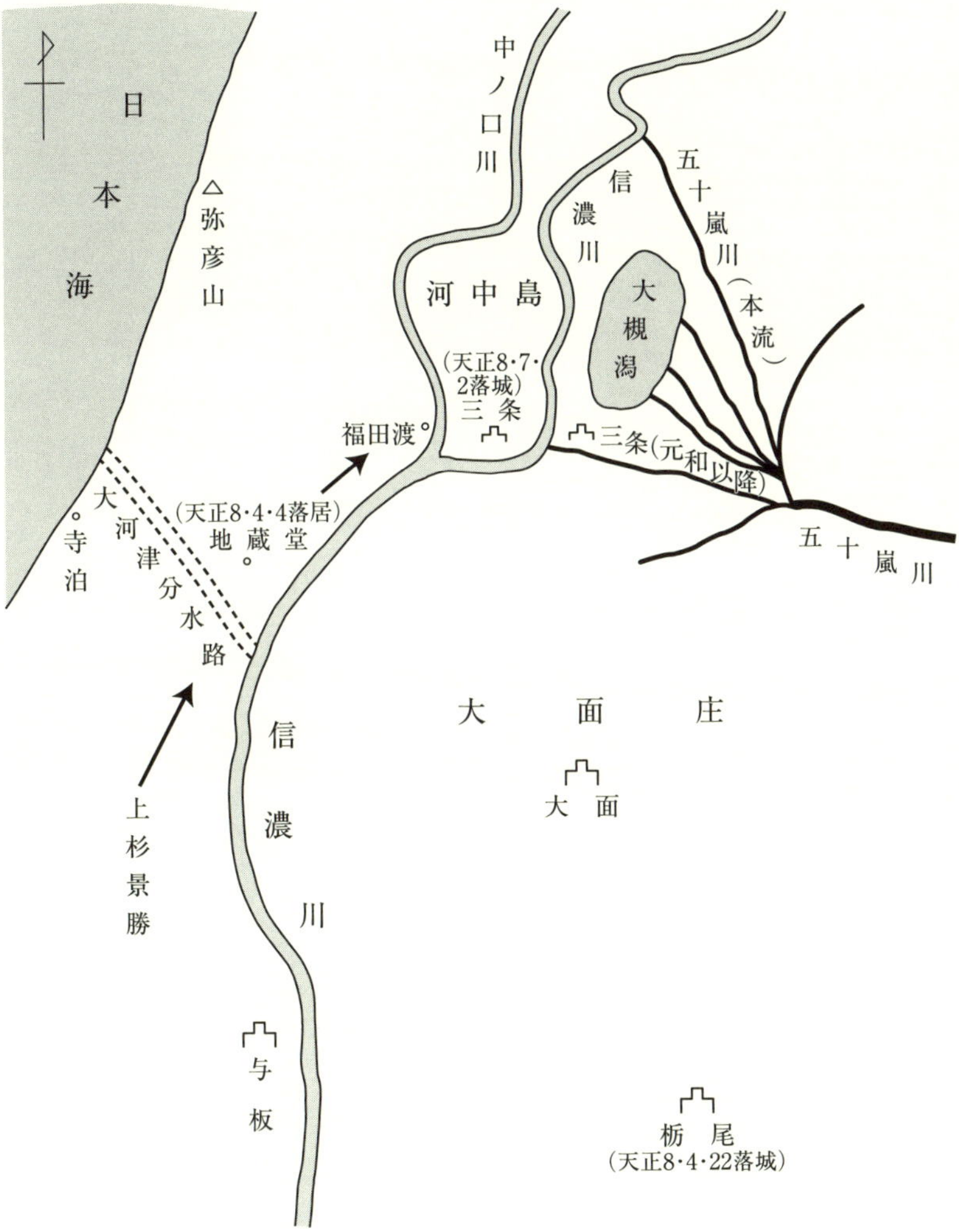

中郡略図

五十嵐川の河道については渡辺註(26)参照

ていたと思われる。しかし、黒滝城は神余氏等の数度に亘る攻撃に晒されて、史料(ロ)の傍線部分(ロ)にもある様に城兵の逃亡が相次ぎ、放置できない状況となった上、逆に揚北に於いては景勝に抗していた黒川清実が降伏し、同じく景勝に抵抗していた鮎川盛長の攻撃に本庄繁長が着手する等、「揚河北有一統」(192)という景勝の中郡出馬にとっては有利な情勢が整うに及び、天正八年閏三月二十六日に至り、やっと景勝は春日山城を進発したのである。

景勝出発の約十日前、閏三月十七日には神余氏の配下であった山吉氏一門の井上三郎左衛門に対し、景勝は書状を下している。『景勝公御年譜』巻四の天正八年閏三月十七日条では、その間の事情とその書状とを登載している。

三条ノ士、井上三郎左衛門ニ御書ヲ下サル、今度三郎景虎ノ党属誅伐ノ為御出馬ノ砌、赤忠ヲ著スヘキ旨心腹ヲ開キ言上ス、(イ)此度景虎ノ与党張本トシテ三条城主金鞠(神余)伊与(予)守ト云者アリ、(ロ)三郎左衛門モ已ニ金鞠ニ一味スト雖モ、飜然トシテ義ニ伏シ、味方ニ属シ御出馬ヲ迎ヒ忠功ヲ顕スヘキノ由ナリ、其御書云、

今度出馬之砌、可抽忠信由、神妙候、時宜於相調者、河中島ニ而三万疋之知行可充行候、急度可励忠信事簡(肝)要候也、仍如件、

天正八年

壬三月十七日　　景勝

井上三郎左衛門殿

右の史料に出て来た井上三郎左衛門は、傍線部分(ロ)にもある様に神余氏の配下であった者であるが、前述した様に神余氏が三郎景虎方に加勢することに対して反対していたものと思われ、前掲の天正七年二月五日付の景虎の書状にある「取合」に於いて退けられた人物であると考えられる。この時点に於いて、三条城内に対立が存在していたことは遺領の配分の項で後述する通りである。又、傍線(イ)の部分には三条城主として神余伊予守の名前があるが、これが

親綱の一族に当たるものなのか、或は親綱自身が隼人佑に代わって新たに名乗った受領名であったのかについては不詳である。

ところで、中郡に出陣した景勝は、天正八年四月四日に現在の分水町地蔵堂を鎮定し、ここを本営とした。そして、上杉景勝が上田の武将下平蔵人へ宛てた同四月十四日付の書状(193)には、「爰元三条江押詰悉放火、地蔵堂押詰陣取候、彼地今明日中可レ明レ隙候」とあり、景勝は三条城下を全て焼き払ってしまった。又、景勝より春日山城の留守将であった内田伝之丞へ宛てた四月二十一日付の書状(194)には、「三条表数ケ所敵地利押落之」とあり、景勝は三条付近にあった神余氏の砦を数ヶ所攻め落とす等、神余氏を追い詰めていったのである。『越後治乱記』下では「大茂・蔵王堂両城降参之事附三条城落去之事」という題目を立てて、景勝の中郡出馬より三条城陥落に至る迄の経過について、次の様に記述している(195)。

館方の残党下郡に支て、数ケ所の城に楯籠て有けるを、追ばつあらんとて、天正八年卯月四日御出馬有て、先、三条表地蔵堂町に馬を立らる、此所三条ゟ抱の大茂（大面）・蔵王堂とて、二ケ所有、(イ)前に信濃川とて大川を隔たる地なれバ、左右なく御馬を寄らるへき様なかりしかば、舟橋を懸んとて、寺泊の浦ゟ数百艘の舟共、其間二里余り有ける椎谷山ゟ引寄ける、山を舟の通ふ事、前代未聞のためし也、彼の地の者共、是を聞、未橋も懸さる先に、三条の城へ逃籠り、さらば三条の地を責らるべしとて、(ロ)御馬を三条・地蔵堂町ゟ一里過て信濃川の分さりに、福田渡迚大河有、此二河の間に、村里田畑多し、是を越後の川中島と申也、又、三条の城際に、五十（余）嵐川とて有けれハ、此両川の舟橋を渡さんと、船共を寄ける所に、(ハ)三条前代の城主ハ山吉也、今の城代ハ神摩利と言者也、然バ前代の山吉が家来ども、此城に籠けり、かれらが本ゟひそかに内通してけるハ、少御馬を寄られ候へ、神摩利を打取まいらすへしと申ければ、則、蔵王堂へ馬を向られ、城々をハ責給わす、栃尾・大茂・蔵王堂三ケ所の城下少々放火して、六月下旬に御馬を入らる、然者(ニ)七月上旬に、山吉か者共、神摩利を討取、其頭を注進す、件の者共ハ、山吉《田イ》・横目・石附・上松・中野・笠《宮イ》原・佐藤・宮嶋・小鷹・西海《梅カ》枝等也、五十騎組へ入らる、三条衆とハ申也、(ホ)同八月上旬に、大茂の城代丸田伊豆守、蔵王堂の城主同舍弟因幡《周防》守三人共に御詫申て、御免被ㇾ成、

傍線(イ)(ロ)の部分にもある様に、上杉景勝は地蔵堂より三条へ進むために近くの寺泊の港より数百隻の漁船を取り寄せ、それを信濃川に繋げて渡し、「舟橋」を作って渡河していたことが分かる。又、傍線(ハ)の部分では、三節でも述べた様に天正五年以来神余氏の配下となっていた山吉氏が密かに上杉景勝へ内通していた。神余氏を城中で討ち取る手筈となっていたので景勝は三条より栃尾・大面・蔵王堂城の方面に向かい、それぞれ城下を焼き払った上、六(五ヵ)月の下旬になって一旦春日山城へ帰陣している。(196) 山吉氏はこの戦乱に於いて、曾て失った本領と三条城主の地位を回復しようとして景勝に内通したのである。このことは、単に神余氏と山吉氏との関係に於いてだけではなく、神余氏を三条へ配置した上杉謙信とその養子である景勝との関係、更には府内の長尾氏と上田長尾氏との関係をも含めて考え合わせなければ論じられない問題であるとも思われる。

神余・丸田氏等と共に中郡で景勝に抵抗をしていた栃尾の本庄秀綱については、天正八年四月十五日になって景勝が栃尾へ出陣し、更に「今廿二、宿城相破、数多討捕、中城迄放火」(197)するに及んで栃尾城が陥落し、秀綱は「本ヨリ三郎景虎ノ与党随一ナレハ、御許容アルヘキニ非ス、猶更攻ラルヘキニ相定ム、清七郎此夜城ヲ走出テ会津へ出奔」した。そして、この報を受けた三条城内では、「楯籠ル丸田伊豆守・同周防守兄弟ハ、如ㇾ斯味方ノ城々落居スレハ、此城ノ落居モ程アルマシト思ヒ、此上ハ降人トナリテ、命ヲ助ラント談合シ、味方ニ倚頼シテ降ヲ乞フ、公聞シ召レ、降スル者ハ賞スルノ理アルヲ以テ、早速ニ御免ヲ蒙リ、二人トモニ城ヲ出テ、三条辺ヨリ遥ニ隔リタル郷里ニ蟄居ス」(198)という状況に追い込まれたのである。この丸田伊豆守・同周防守(俊次ヵ)の二人はこの後、「府内へ被㆓召連㆒」(199)

先に掲げた『越後治乱記』下の傍線部分㈭にもある様に、天正八年八月の上旬、つまり、三条落居後になって景勝より許され、丸田氏[200]はこの後も周防守俊次の活動（文禄年間〈一五九二～九六〉）が確認できる。[201]

この様に、三条城内では井上・山吉氏等の離反や丸田氏の離脱等、神余氏にとって形勢は非常に不利となった。そして春日山城に帰陣した上杉景勝は、黒滝城将山岸宮内少輔秀能に宛てて次の書状[202]を送り、第二次中郡出陣等について報じている。

納馬以来、其表模様無㆓其聞得㆒之条、先日企㆓脚力㆒候処、(イ)河中島無㆓別儀㆒之由候、就㆑中鴻巣（西蒲原郡）普請堅固成之、番手以下堅申付由、尤干（肝）用候、右ニ如㆓申届㆒候、(ロ)当月下旬ニ者必令㆓出馬㆒、三条之儀可㆓討果㆒候間、可㆓心安㆒候、雖㆘無㆓申迄㆒候㆖、其内其元手堅之仕置専一候、謹言、

六月四日　（景勝）（花押）

山岸宮内少輔殿

上杉景勝が春日山城に戻った五月下旬以降は、傍線部分の(イ)にもある様に三条城を巡る攻防は膠着状態に陥っていた。そうした中で景勝は、戦乱の早期終結を図るために第二次の中郡出陣を決定し、六月下旬には再出馬し三条を落居させることを傍線(ロ)の部分で述べた上で、山岸氏に対して猶一層の警戒を指示している。更に右の書状が発給された五日後の六月九日には、再度景勝より黒滝城の山岸秀能・同光祐に対して書状[203]が出されている。

（前略）(イ)三条へ為㆓計策㆒、被㆑越㆓書中㆒候歟、依㆑之彼案書幷神余返札両度共ニ到著、具令㆓披見㆒候、雖㆑不㆓初義㆒候、毎度入念如㆑此之儀共、誠以感入迄候、(ロ)従㆓三条㆒も、為㆓悃望㆒使僧を雖㆓差越候㆒、知行方之儀も爾与不㆓申越㆒何ニても無㆓実行㆒様候間、先々彼使僧を者爰元ニ留置、菅名（綱輔）孫四郎人を相添候間、孫四郎者計指返候、(ハ)定而重而人を可㆑越候条、左候者、善左衛門（村山慶綱）所迄侘言之模様、可㆑為㆑知候、猶、爰元之様子、善左衛門可㆓申越㆒候、謹

言、

（天正八）六月九日　　　　　　　　（景勝）（花押）

山岸（秀能）宮内少輔殿

同（光祐）出雲守殿

先ず、傍線(イ)の部分で、山岸氏が三条城中の神余氏に対して書状を送ってその動静を探り、その時の書状の写しと神余氏の返書とを春日山城の上杉景勝へ送っている。そして、次の傍線部分(ロ)では、神余氏が使僧を景勝の許へ送り降伏について切望しているのであるが、口先だけで誠意が無いと見え、同伴して来た景勝方の部将菅名但馬守綱輔の家臣だけを帰して、神余氏の使僧は景勝の許に抑留されている。又、傍線(ハ)の部分では神余氏が何度となく使者を景勝の許へ派遣したのであるが、景勝が取り合わなかったため、今度は村山慶綱に対して景勝への執り成しを依頼する様になった。ここに至って遂に神余氏は投降を申し出たが、景勝はこれを許さなかった。前述の丸田氏は赦免されているが、本庄秀綱は会津へ逃亡していた。この御館の乱に於いて最後迄抵抗し続けた神余氏を固より景勝が許す筈もなく、又、もし許していれば領国内に於ける家臣団の主従制的結合の強化は図れなかったのであり、この後、新発田重家の討伐のためにも神余氏を取り除くことは必要不可欠な条件であったのである。又、言い方を変えれば、神余氏は上杉謙信（府内長尾氏）の雑掌ではあっても、上杉景勝（上田長尾氏）のそれではなかったのであるとも言える。

そして、景勝は天正八年六月二十日付で山岸秀能等三名に宛てて書状を出し[204]、その中で須田・甘糟・島津氏等を検使として先に進発させ、景勝自身は同二十二日に出発すると言っている。この様に第二次中郡出兵をした景勝は、

「天正八年秋七月二日、軍士ヲ催シ御出馬ナサレ、三条ノ敵士金鞠（神余、以下同ジ）ヲ攻玉フ、時ニ山吉玄蕃城中ヘ相図ヲシ金鞠ヲ討取ル、是ヨリ越国大半平均ス、サレトモ残党所々ノ村落ニ隠レ居テ、民舎ヲ犯シ掠ルノ由聞ヘケレハ三条近辺御仕置

ナサレ御納馬」[205]したのである。山吉景長は三条城内へ景勝方の軍勢を導き入れ、自ら（或はその家臣）が神余親綱を討ち取ったのである。天正八年七月二日頃のことであった（『新潟県史』通史編2中世では三条城落城を六月二十日上杉景勝書状より、六月十五日頃であるとしている）。御館の乱はこの三条城の開城に依って、その勃発以来約二年四ヶ月余に亘る幕を閉じたのである。又、三条城はこの後、山吉景長を経て、甘糟重長が城将を勤めることとなった。神余氏を討ち取った人々として、前掲の『越前治乱記』下の傍線部分(ニ)では、山吉氏の他にも横目（田カ）・石附・上松・中野・笠原・佐藤・宮嶋・小鷹・西海枝氏等の名前を挙げているが、これらの人々は恐らく三条近辺の武士身分の者であって、その筆頭格が山吉氏であったものと考えられる。

その山吉氏であるが、三章の冒頭でも述べた様に天正五年六月九日に景長の兄であった孫次郎豊守が病没するに及び、同九月に所領半地が没収されると共に城主の地位をも取り上げられ、新たに城主として神余親綱が就任して来た。長尾為景や上杉謙信には重用されていた神余氏ではあったが、山吉景長を退け城主となったことに依って後日に禍根を残すこととなり、結果的にはそのことが山吉氏をして景勝方へ内通させるという事態を招き、神余氏を滅亡へと追い込んでしまったのである。その山吉玄蕃丞景長であるが、三条に於いて景勝に忠信を尽くしたという理由で、以前に没収されていた本領と木場・河中島の内浄蓮寺分等が天正八年五月二十二日付で充行われた[206]。更に同六月十二日付では、三条近辺の一所も新給された[207]。これに依って、山吉氏は所期の目的を達したと言える。

さて、天正五年に山吉氏の所領が没収された経緯について、『北越雑記』[208]七では左の様に記述している。

謙信御代、永禄年中より、山吉孫次郎豊守、若年ニ候得共、家老職被二仰付一、豊守は正応入道嫡子ニて御座候、天正五年六月九日、孫次郎豊守三十六歳病死、跡式右弟之孫五郎景長致二相続一候、（中略）(イ)山吉孫五郎景長代ニ、兄孫次郎豊守病死之節、所領半地ニ被レ成候処、景勝より、新発田因幡守（神余親綱ノ誤ナラン）追罰ニ付、度々忠節有レ之、本領安堵被二仰付候、中ノ嶋と申所、則代々山吉旧領ニ御座候故、其節御返被下、則、景勝証文有之候、(ロ)孫五郎後玄蕃と改名、景勝供仕、会津幷米沢迄参リ候、今上杉家ニ、山吉源左衛門ハ其後胤也、

天正五丁丑年九月中、山吉所行被召上候ニ付、村方検地知行高之覚

(ハ)(西蒲原郡)大友村

五千八百四拾三束苅、代四拾貫八百文、　本府

八千四百五拾七束苅、代五拾貫弐百文、　見出

三貫五百文、　野畠見出

都合百三貫五百文、

此外

千九拾苅、　六ケ村中使六人

三百文、　白山田諏訪田

(ニ)(西蒲原郡)味潟村西東

三千百五拾束苅、代弐拾貫五拾文、　本府

四千四百拾四束苅、代三拾三貫文、　見出

都合五拾五(三カ)貫五拾文、

此外

壱万三千八百四拾束苅、当不作、

(ホ)針ケ曾根村（西蒲原郡）
千四百弐拾八束苅、代拾貫文、　本府
此外
　弐万五千弐拾五束苅、当不作
　(ヘ)大浦池田共ニ
四百七拾三束苅、代三貫弐拾文、　本府
弐百拾束苅、　代壱貫四百六拾七文　今度見出
此外
　五百文、　池田之内本府
　八百三拾文、　今度見出
　百七拾壱束苅、代壱貫弐百弐拾文、　本府見出
都合拾七貫四百三十九文　本府見出
　以上某所分、
右者、山吉孫次郎豊守死去之節、被㆓召上㆒候而、天正十一年（八ノ誤カ）、山吉玄蕃景長本領安堵被㆓仰付㆒候、

ここに挙げた『北越雑記』の記述でも、山吉豊守死去後に於ける本領半地没収に関しては、傍線部分(イ)の様にその事実のみを記して、その理由迄は記述してはいない。それについては三節の冒頭でも述べた様に、山吉氏内部の問題から発したものであると推察した。そして、傍線部分(ハ)～(ヘ)の、この没収された合計一七三貫九八九文余の土地が上杉氏の御料所へ編入されたのか、或は三条城の「城領」とされたのか、又は神余氏へ充行われたものなのかは不詳で

ある。[209] 更にこの他、前掲の黒川真道氏は「謙信公御逝去の時、御遺言に、山吉が一跡を勘五郎に下さる。謙信公御逝去なされて、其儘勘五郎薙髪して、道寿斉と改むるなり」と記し、山吉氏所領の没収を明らかにしている。さて、山吉景長であるが、この後にも署判のある文書が散見し、傍線部分(ロ)の様に景勝の配下として米沢迄移っていった。

ところで、天正五年には、「三条領闕所帳」[210]と「三条衆給分帳」[211]とが作成された。[212] 両者共に山吉氏の庶子家であった森田氏の旧蔵であり、闕所帳は闕所地に於ける稲の刈上帳であって、給分帳は山吉氏を始めとして当該地域に所領を保有していた諸氏の名前・知行地とその高を記録したものである。ここで、給分帳に見える諸氏の名前・知行地・高を一覧にした上、この御館の乱に依る所領の異同をも表にして検討してみる。

天正五年の三条衆給分帳に見える給人・知行地・貫高（記載順）

給人	知行地	総貫高
（山吉玄蕃）	吉田之内（西蒲原郡）・三条之内境村（加茂市下条字境）・宮の浦（三条市下保内）	四二貫九二〇文
山吉孫右衛門尉	福島村（中之口村）・はい潟村（燕市灰方）・はり山筒井・曲通（月潟村）・高木こうや共二（吉田町高木新田）	一〇一貫七〇〇文
山吉掃部	新保村（三条市）・塚目・大曲と村（南蒲原郡中之島村）・福田之関所（燕市八王子）	一六貫五六九文
山吉右衛門尉	大面庄二本所村（見附市本所）	一二貫文
山吉源衛門尉	大槻之内石上（三条市）・大面之庄之内平所・同大浦之関（南蒲原郡下田村大浦）	五三貫文
山吉四郎右衛門尉	大槻之内・大面之内・出雲田内二はた村三ケ所	一七貫文
山吉兵部少輔	尾崎村（南蒲原郡栄町）・大崎之内共二（三条市）	一二貫五三〇文
（池千世松丸）	中野島（中之島村）・はり山・大くち（中之島村）・三林四ケ所（見附市）	九六貫　三六文

仁科孫太郎	大面之北かた（栄町）・同蔵内村（栄町）・袋村（三条市）・屋田村（栄町矢田）	一三八貫七〇〇文
※本成寺	今井川前野（三条市今井）・新堀（栄町）・よし野や四ケ所（栄町）	八五貫文
神保	よし田村（南蒲原郡田上町）・河ふね川村（田上町川船河）	四五貫二二五文
（白川彦八郎）	太田村（燕市）・とろゝ木村（燕市廿六木）・そまき（燕市）・二関村四ケ所（燕市）	六九貫一七九文
名塚	間堀村（西蒲原郡巻町）・漆山・てんちくと村（西蒲原郡西川町）・押付村（西川町）	八八貫一〇〇文
（新屋源介）	福応《マヽ》之庄・つほ山村・小川村	二二貫五二五文
大石源忍	吉田之内こうのす村（吉田町）	一四貫一七〇文
塚目	小中川村	三四貫文
本田善左衛門尉	和納村（西蒲原郡岩室村）	三九貫九七〇文
中原主水助	吉田之こうのす・牛か島村（三条市牛ケ島）	二七貫九九〇文
二俣太炊《マヽ》助	出雲田之庄内	一五貫文
（佐藤与八郎）	大面之庄内太浦村	一五貫一四五文
（新屋右衛門尉）	菅名之庄之内如うか沢村（南蒲原郡田上町茗ケ谷カ）	一〇貫文
宮原けんもつ	潟くち村（三条市片口）	八貫四九二文
玉虫修理	保内（三条市）	一七貫三一〇文
潟上孫五郎	保内	一五貫二二〇文
久世三五郎	保内	一六貫七六五文
小柴新四郎	保内太浦之池田共二	二一貫七一〇文

近藤図書助	保内・月岡村（三条市）	二五貫四〇〇文
馬場四郎左衛門尉	柳沢村（三条市）・はいかた村（燕市）・牛か島村（三条市牛ケ島）	二六貫五七〇文
吉井	（形《預カ》ちのやく）	七貫文
岡部助二郎	天神林村（加茂市）	二〇貫　三〇文
須賀正左衛門尉	大面庄袋村（三条市袋）	九貫四九〇文
井口	しやう瀬村（白根市庄瀬）・三条内塚目・大うら村	七二貫三九五文
横田蔵人	福応《マヽ》之庄之内	三八貫　一九文
吉田善兵衛	大もの庄之内	一四貫三〇〇文
椎野彦七郎	三条吉田村（三条市）・くりはやし村（三条市）・八王子共ニ（燕市八王子）	一一貫八四〇文
長井喜兵衛	はうし三条之内大崎（三条市）・小中川（燕市）・曲淵（三条市）	三五貫文
広瀬縫殿允	大面庄内袋村	一七貫七〇〇文
（弓下右馬助）	三条之内境村・まゆミ村（中之島村真弓）	一七貫文
石付清七郎	柳沢村（三条市）	一一貫三二五文
小鷹孫三郎	大もの庄之内小高村（燕市）・同月岡村共ニ（三条市）	一七貫文
河村善右衛門尉	大崎・海老か瀬村（新潟市海老ケ瀬ヵ）・しはたのきれと村	一二貫四五八文
黒井弥七郎	会津之保之内遊川（田川町湯川）・三条之内裏門共ニ	二一貫四五四文
（河上新介）	大槻之庄之内	一七貫四八六文
上松弥兵衛	大崎・そり田村（見附市反田）	四貫五〇〇文

早川式部丞	坂田之内(田上町坂田)・はうし村二ケ所	一三貫四四二文
西海枝右馬助	福応之庄内狼か島(西蒲原郡分水町笈ケ島)	一一貫五八三文
石関惣兵衛	妻有之庄之内二山さき村	九貫文
丸岡右馬助	三条之内蔵の岡か村	一三貫四二〇文
河野弥左衛門尉	出雲田庄境村(見附市坂井)・大崎之内二ケ所	一六貫六〇〇文

給人欄の括弧は「三条関係知行配分表」に名前の見える者。
本成寺寺領は、天正八年七月七日付で景勝より安堵されている。

三条関係知行配分表

日付	旧主	新主	該当地	出典	三条衆給分帳の記載
天正8・3・14(一五八〇)	神余(親綱)	斎藤下野守(朝信)	刈羽郡内の六ケ所を除く全てと大澄(積)の地の神余分	斎藤文書	
天正8・5・22(一五八〇)		山吉玄蕃丞(景長)	本領＊①・木場の地・河中島の内浄蓮寺分	山吉文書	山吉玄蕃
天正8・6・12(一五八〇)	弓削・根岸伝介	佐藤与八郎	弓削分・根岸伝介分	歴代古案六	弓下右馬助の記載あり。佐藤与八郎
天正8・7・7(一五八〇)	栗柄・中野甚右衛門・杉原源介・金子与五郎・榎井源七郎・西村助右衛門	西方弥右衛門(頼忠)	栗柄分・中野甚右衛門分・杉原源介分・金子与五郎分・榎井源七郎分・西村助右衛門分	景勝公御年譜四	

天正8・7・7（一五八〇）		西方弥右衛門（頼忠）	平嶋の関＊②	景勝公御年譜四	
天正8・7・7（一五八〇）	山田新四郎・河瀬平四郎・大槻四郎右衛門・田沢与三郎・高橋蔵人佑・山崎清四郎	小池文六	山田新四郎分・河瀬平四郎分・大槻四郎右衛門分・田沢与三郎分・高橋蔵人佑分・山崎清四郎分	歴代古案四	
天正8・7・7（一五八〇）	高橋勘解由左衛門・窪藤左衛門・新田新三郎・山下彦二郎・野島	山田弥左衛門	高橋勘解由左衛門分・窪藤左衛門分・新田新三郎分・山下彦二郎分・野島分	歴代古案六	
天正8・7・7（一五八〇）	尾崎十右衛門・榎井甚右衛門・新屋右近丞・谷弥四郎	丸山助兵衛尉	尾崎十右衛門分・榎井甚右衛門分・新屋右近丞分・谷弥四郎分	歴代古案六	新屋源介・新屋右衛門尉の記載あり。
天正8・7・7（一五八〇）	小湊新八郎・宮島半助・新林・角田甚八郎・熊倉右近	鈴木勘助	小湊新八郎分・宮島半助分・新林分・角田甚八郎分・熊倉右近分	歴代古案六	
天正8・7・7（一五八〇）	吉田甚四郎・木野弥七郎・山村孫九郎・藤井与介	平賀内蔵助	吉田甚四郎分・木野弥七郎分・山村孫九郎分・藤井与介分	景勝公御年譜四	
天正8・7・7（一五八〇）	石付弥八郎・滝沢・西方小四郎・小湊	石隅次郎兵衛	石付弥八郎分・滝沢分・西方小四郎分・小湊分	景勝公御年譜四	
天正8・7・7（一五八〇）	宮嶋清左衛門・石塚蔵人助・山崎弥三郎・大槻新四郎・百東清右衛門	福崎源之丞	宮嶋清左衛門分・石塚蔵人助分・山崎弥三郎分・大槻新四郎分・百東清右衛門分	景勝公御年譜四	
天正8・7・7（一五八〇）	河上新助	笠原弥左衛門	河上新助分	景勝公御年譜四	河上新介

天正8・7・26（一五八〇）	池	宇野民部少輔	三条給人前池分	色部文書	池千世松丸
天正8・8・20（一五八〇）	椿喜助	桜井神兵衛	三貫五百文之地広瀬三条の内椿喜助切府（符）	景勝公御年譜四	
天正9・11・晦（一五八一）	白川	吉江与橘（景資）	三条の白川分	吉江文書	白川彦八郎の記載あり
天正10・閏12・11（一五八二）	神余	村田与十郎	神余分	村田文書	
天正8年頃カ（一五八〇）	神余（「神余方」の記載あり）	毛利安田	神田保（一町八段）	「古文書集」所収文書	
	神余（「かなまり方」の記載あり）		かなまり方知行かんはらこほりのうちたら田（三条市鱈田）・かわくち・やつなかはま	「古文書集」所収文書	

『越佐史料』・『新潟県史』を基に作成

＊①山吉氏は、天正五年六月九日に豊守が死去するに及んでその本領の内一七三貫九八九文が没収されていた（『北越雑記』七（『越佐史料』巻五―七六六～七六八頁））。又、天正八年六月十二日付でも同内容の宛行状がある（山吉文書）。

＊②これは、上杉氏の御料所の代官として西方氏が補せられたものであるが、一応記したものである。

それに依ると、三条衆（前掲の黒川真道氏は「三条城附六十二騎の与力あり」と記している）として記載されている諸氏は四貫五〇〇文の上松氏から一三八貫七〇〇文の仁科氏迄その規模は様々である。先ず前掲の『越後治乱記』下の傍線部分(ニ)で神余氏を討ち取った諸氏として記載されている山吉・横目・石附(田カ)・上松・中野・笠原・佐藤・宮嶋・小鷹・西海枝氏の内、中野・笠原・宮嶋氏を除いた七氏は給分帳に三条衆として登載されている。更に給分帳に記され

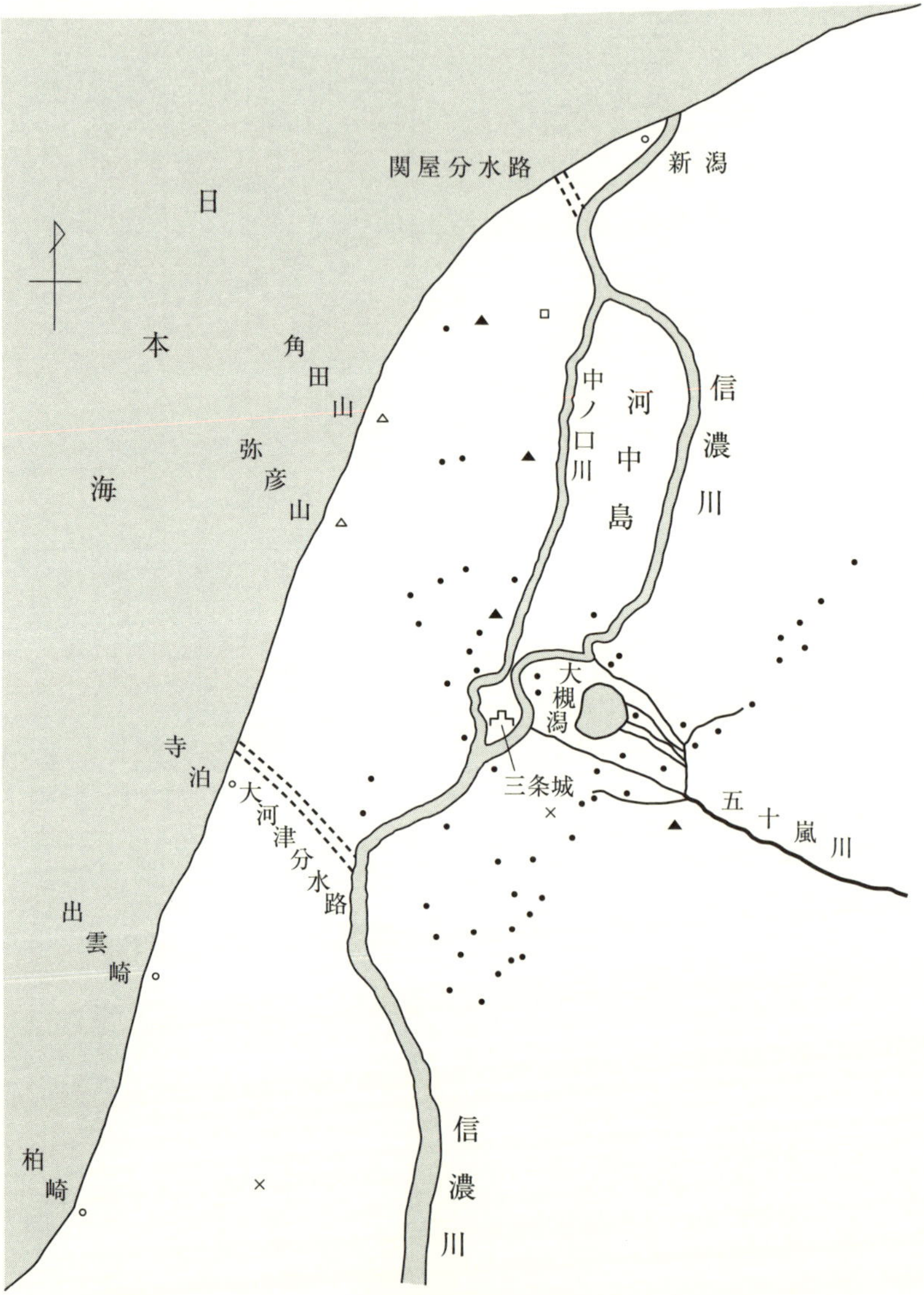

三条関係所領分布図

凡　　例

●は三条衆給分帳に見える地名
×は神余氏の所領
▲は山吉氏が天正五年に没収された所領
□は山吉氏が御館の乱の功績に依り新給された土地

ている諸氏の内、神余方に属したのは池・白川・新屋・吉田・石付・河上の諸氏であり、上杉景勝に従ったのは山吉玄蕃丞と佐藤与八郎である。又、西方・山田・中野・宮嶋氏等は双方に所見があることから、一族が分裂して戦っているものと思われ、三条衆やそれぞれの一族の内部でも神余親綱・上杉景勝双方に分かれて戦闘に加わっていることが分かる。

つまり、神余氏側は、管内の諸氏を完全には統制することができずに勢力としては全くまとまりがつかなかったのであり、地の利だけを頼りにして戦っていたということになる。このことは、上杉氏がその御料所内に於いては、代官といえども一切の被官関係を結んではならないとした政策(213)の結果であり、この三条衆も上杉氏の陪臣ではなく上杉氏の直接的な命令が届いていた直臣的な存在であり、そのことが却って景勝方には有利に働いたということである。そして神余氏の所領についてであるが、「知行配分表」からも見て取れる様に、それは刈羽郡や蒲原郡の各地に散在していたものと考えられ、そのことも神余氏にとっては不利な要因であったのである。又、その他の諸氏に関しても、複数の給人の遺領が一人の給人に対して新給されていることから、当該地域に於いては揚北や会津に備えるために個々の給人を増強させる政策が上杉氏に依って執られると同時に、散在化も又進められたものと思われる(214)。

掲出した分布図は、給分帳や「知行配分表」に見える地名を示したものであるが、それを見ると、先ず、三条衆の所領は三条城を中心としてほぼ一定の範囲内に存在していることが分かる。しかし、三条衆の中でも筆頭格の山吉氏の所領については、天正五年九月に召し上げられた所領や御館の乱の功績に依って充行われた土地等を見ても、揚北の近くに迄存在している等、かなり広い範囲に亘って散在していたものと考えられる。又、神余氏の所領については、同氏自身が元々越後出身の在地領主ではなく、その所領も後に付与されたものであるために著しい散在性を示し、その上、前掲の「知行配分表」の冒頭で挙げた、神余親綱が所有していた大澄(積)(現長岡市)の地については一節でも触れたが、それは一村全体を神余氏が一円的に知行しているのではなく、相給関係にある大澄の一部分を神余氏が知行するというものであり、在地との結び付きは極めて弱いものであった。

以上の様にして、御館の乱とその戦後処理は終わった訳であるが、伊東多三郎氏[215]は給地の大量新給に依って在地の武士の家臣化が進んだことで、この御館の乱は却って上・中越地方に於ける上杉氏の支配が確定したものと評価している。又、水谷(現黒川)光子氏[216]は、小規模な御料所の設置や在地領主に依る一円的領有の否定等、御料所や知行制の問題に於いて御館の乱が重要な契機となったと評している。

ところで、この四節に於いて御館の乱を主な舞台として神余氏の動向を扱ってきたのは、単に戦乱の記録だけを目的にしたのではない。それは長尾氏(上杉氏)にとって重要な時期、つまり、事実上守護に取って代わり国主としての地位を確定した永正〜永禄年間という時期に、長尾為景・上杉謙信の外交官として常時在京し、上杉外交を展開していた神余氏が永禄年中(一五五八〜七〇)の在京雑掌職廃止・越後帰国という事態を経て、越後府内に於ける謙信政権の構成員としての位置付けが、謙信死後に於いてどの様な変化を遂げたのかを探知することであった。

又、神余氏が上杉景勝に最後迄抵抗し続け得たことが、従来言われて来た様な唯単なる景勝に対する反感だけからであったのか、そして、伊東氏や水谷(黒川)氏が述べている様に自立的勢力の強い性格を持っていたということだけで片付けられる問題であるのか、ということである。この御館の乱を境にして、上杉氏の外交体制が大きく変化したことは確かな様に思われる。それ以前の外交体制は、天文年間(一五三二〜五五)迄のものについてはそれぞれ連絡系統が明確に区分(専門化)されており、永禄〜御館の乱迄については河田・直江氏に依る合議制が採用されていたことは既述の通りである。それに対して、御館の乱後に於ける体制は上田衆の樋口(直江)与六兼続に依る専制外交、豊臣政権とそれに組み込まれた上杉領国[217]という、近世的封建体制の萌芽をも見るに至るのである。

以上、四節で見て来た様に、この御館の乱に見える神余氏の動向は、天正七年三月の上杉三郎景虎死去に至る迄の間については極めて消極的なものであり、それは一項でも述べた様に上杉謙信がその後嗣を決定していなかったための結果であると推定したのである。それに対して上杉景勝は、神余氏に当初より嫌疑をかけており、謙信時代の様に神余氏を政権の構成員としては登用するつもりが無かったことを推察させる。

又、三郎景虎死去後はそれ迄府内に投入されていた兵力が中郡へも投入できる様になり、更に武田勝頼の妹於菊が上杉景勝へ輿入れする等、越・甲同盟のより一層の強化が図られるに及び、景勝の二度に亘る中郡出陣が実行されて神余氏は否応無しに戦乱へと引き摺り込まれていったのである。そして、神余氏が最後迄景勝に抵抗し続けることができたのは、神余氏の景勝に対する反感が存在したことも否定はできない訳であるが、先の伊東氏や水谷(黒川)氏が論述している様な神余氏自身の自立的勢力の強大さといった問題に対しては、本庄氏等を除いて神余氏だけに限定して言えば、その勢力は寧ろ弱体なものであって、それは井上・山吉氏一族の様な配下の部将を神余氏が十分に統制し得なかったことが如実に物語っている。

以上の様なことから見ても、神余氏は長尾為景・上杉謙信、つまり、府内長尾氏に依る政権の雑掌なのであり、上杉景勝、上田長尾氏のそれではなかったのである。又、上田衆に依る専制的な政権に危惧の念を抱いていたことも、事実であろう。このことは乱後に於いて、三節でも述べた河田長親・直江実綱という執政官に代わって上田衆の樋口(直江)与六兼続の急速な進出に依って、彼が内政・外交の両面に亘って景勝を補佐し、その執事・家老的地位に登ったことからも明らかである。外交だけに絞って言うと、景勝時代のそれは謙信時代の体制を更に推し進めた形態のものであり、あらゆる案件が景勝と兼続の二人に依って決定され、他の機関・人物の意志がそれに反映されることは無かったのである。つまり、外交については、従来よりの権力体系が破壊され、より専制化が進んだものであると評価することができるのである。

おわりに

以上、越後上杉氏の外交を、「公儀」という観点から調べてきた。「公儀」性の中に於ける神余氏の位置付けについては「はじめに」でも述べた通りであるが、それは公的に支配の正当性を認められ、在京を原則としていた守護上杉氏に対して、自らの支配の正当性を強調しなければならなかった私的権力である戦国大名上杉氏が、神余氏を常時在京させて自身の不在京性を補完し、領国内に於ける秩序の維持に勤めたというものであった。又、戦国大名上杉氏が京都に深く関心を示したのは単なる名誉獲得の為に云々、ということではなく、領国内の支配に於いて自分自身と他の有力な諸氏とを区別するための指標でもあったのである。そうした状況の中に於いて、神余氏の存在というものは越後上杉氏という一つの地方国家のアンバサダー的なものであり、それ以前に於いては、つまり、守護上杉氏の時代には区々であった外交に関する雑掌が、戦国大名上杉氏の治世下になると永代の「職」という形で代々世襲される様になり、更に常時在京することをも原則とするに至った。それが神余氏であったのである。

又、同時にこの時期は、佐藤博信氏の言う大名領国制の「公儀」化が完成する時期でもあった。[218] 当該期に於ける戦国大名領国を地方国家と呼んだのは、それ自体が全く完結した体制を維持し、上級領主の存在を否定したからにも依るが、同じ時期に西国へやって来た西欧の宗教家達は、大友・大内氏等の戦国大名を「国主」「国王」「王家」と記し、その一族に対し「殿下」の敬称を以て呼んでいるのである。無論、彼らは戦国大名が「公方様」(将軍)の麾下であり、「公方様」が大名(守護)に対しての命令権を有していることを承知しているのである。このことは、最早客観的に見れば当時の日本には統一的な国家は存在せず、小王の分立という状態であって、首都である京都でさえも彼らをして「地方」と呼ばせしめた。しかし、同時に彼らは、京都が日本の「最高の政庁の所在地」であることを知っており、日本を一つの民族が形成する複数の国家群の集合体であると見ていたのである（以上ルイス・フロイス『日本史』参照）。(218)

最後に、本稿の中で特に問題となった点、今後の課題として指摘した点等について整理する。

先ずその第一点としては、神余氏自身の系譜の問題がある。本文中では安房国の神余氏と越後国に於ける神余氏とが、恰かも同一の系譜上に並ぶ一族であるかの様に記述してしまったが、果たしてそうであるのか。

第二点としては、判門田氏等の関東の上杉氏の雑掌と越後上杉氏との関連。

第三点としては、神余氏以前の「雑掌」という記述が如何なる人々であったのかということ。

第四点としては、神余氏が最終的に越後へ下向して三条城主に就任し、御館の乱に至る迄の間の上杉家家臣団の中に於ける同氏の仕置付けである。これに関しては三節でも触れた訳であるが、軍役帳・名字尽手本の双方共に神余氏の名前が見当たらないのは、猶疑問が残るところである。

第五点としては、四節でも述べた御館の乱に於ける神余氏の動向の中で、同氏の戦乱に於ける動向を追う余り、在京雑掌職や外交との関連でとらえることができなくなってしまったということである。同氏が帰国後、御館の乱に至る迄の間には外交に全く関与しなかったのか、などという点である。

以上挙げた様な諸点を解明しながらも、今後共考察してみようと思う次第である。

註

（1）　朝尾直弘「将軍と天皇」（永原慶二他編『戦国時代』吉川弘文館、一九七八年）、藤木久志「関東・奥羽両国惣無事令

について」(杉山博先生還暦記念会編『戦国の兵士と農民』角川書店、一九七八年)、永原慶二『日本中世の社会と国家』(日本放送出版協会、一九八二年)参照。

(2) 世良晃志郎『封建制社会の法的構造』(創文社、一九七七年)。

(3)『角川日本史辞典』(角川書店、一九六六年)「雑掌」の項参照。

(4)『群書類従』第二十九輯所収。

(5)『群書類従』第二十九輯所収。

(6) 児玉彰三郎『越後縮布史の研究』(東京大学出版会、一九七一年)、中沢肇「越後の青苧考」(渡辺慶一先生古稀記念論集刊行委員会編刊『越後地方史の研究』、一九七五年)。

(7) 竹田和夫a「室町後期武家雑掌の性格について―上杉家雑掌神余氏の動向を中心に―」(『長岡郷土史』二三、一九八五年)、同b「室町戦国期武家雑掌の基礎的考察―上杉家雑掌神余氏を事例として―」(『地方史新潟』二一、一九八六年)。

(8) 越後上杉家に於いては特定の機関の公職を世襲化する傾向が、後述する公銭方・段銭所に於いての大熊政秀・朝秀父子の様に散見している。それは守護職という言わば「永代の職」を持つ上杉氏が、自らの持つ「職」を「遷代の職」としないために、配下の者に「永代の職」を補任したと考えることもできる(笠松宏至『徳政令』、岩波新書、一九八三年、参照)。

(9)『景勝公御年譜』巻四の天正八年閏三月十七日条(『上杉家御年譜』第二巻　景勝公(1)、米沢温故会、一九八八年)。

(10)『新潟県史』資料編3(新潟県、一九八二年)中世一、八三二号。

(11)『新潟県史』資料編5中世三、三八九九号

就伊勢肥前守(盛種)知行分当国松山保事、被成御内書之由候、幷細川殿以御自筆之御書、安藤筑後守方へ被仰旨候、次、
秋庭備中守(元当)方以書状被申入候、此段自私能々可申下趣、堅蒙仰候之条□(言カ)上候、宜有御披露候、恐々謹言、
二月十一日　隼人佑(神余)(豊)慶綱　在判
謹上　長尾信濃守(能景)殿

傍線部分から判断すると、この時、神余慶綱が在京していたものと考えられる。しかし、慶綱が神余氏であると比定できるものなのか、猶検討を要するところである。

(12) 竹田　前掲註(7)。

(13) 大野太平『房総里見氏の研究』(宝文堂書店、一九三三年)に依ると、神余氏は藤原氏の出身とする。

(14) 『房総里見誌』(『史籍雑纂第一奥附』所収、国書刊行会)には、以下の様な神余氏の動向について記述をしている部分があるので、参考として左に記す。

于レ爰安房国は僅か四郡、四家の武士一郡宛を分て守二護之一、所謂安西武部大輔勝峯、(平郡勝山、)神余左衛門督景春、(安房郡神余、)丸右近介元俊、(朝夷又白郡石堂谷、浜構二出城一)東条左衛門督重永、(長狭郡中条村、泉に出城構レ之、)又四人各頼朝卿より采地宛行はれ、守護する事久し、(中略)、然るに今永享十年の比、神余か家臣に山下左衛門佐景遠と云し者、主君景春に嗣子無レ之、殊に老衰なれは、己れ主家を押領せん事を思ひ、或は家士に謀計を語り、主人に異心を勧めて、動すれは争乱を起さしむ、(中略)、然と雖とも景春老功の智士にて、奸詞に落されす、山下か非計を憎み、折あらは渠を亡んとし玉ふ、景遠其頃東条左衛門か聟なれは、東条へ密事を語り、潜に景春を討ん企、応永の比、謀欲募り、従士を以終に景春を殺さしむ、景春の近士親族大に怒り、自刃を振て山下と挑戦し、山下を畑山と云処之押詰め、既に追討せんとせし時、東条か加勢に出せし多兵、忽ち攻来て山下に加り大勢に成、終に神余の士前後を塞かれ、不レ残彼所にて討死す、

（中略）、是より山下主君の遺領を押領して、自己に神余郡を改て、山下郡と郡号を改め、其居所を山下と呼、神余村の内に其処ぁり、角て一郡に跨踞せし事、悪まぬ者はなかりけり、（中略）、其頃安房国四家の郡主の中に、山下左衛門逆意を以、主君神余殿を弑せし不道を悪み、丸の元俊安西勝峯両将心を合せ、山下左衛門か逆意一郡を押領したる旨、京都将軍へ訴レ之、将軍尊氏より六代義教将軍なり、甚た御忿呵ましまし、急き山下を亡し、非義を改め、郡内平和ならしむへしと、件の両家へ台命下る、

(15)『千葉県のあゆみ』（千葉県、一九八三年）参照。

(16)『館山市史』（館山市、一九七一年）参照。

(17)『角川日本地名大辞典12　千葉県』（角川書店、一九八四年）参照。

(18) 太田亮『新編　姓氏家系辞書』（秋田書店）、同『姓氏家系大辞典』第一巻（角川書店、一九六三年）参照。

(19)『講本保元物語』（育英書院）。

(20)『吾妻鏡』（国書刊行会）。

(21) 神余氏の居城跡は館山市神余の平田原にあって、丘の上には薬師堂があり、和田山の山腹に金丸氏代々の墓石が一五～一六基ある（大野 前掲註（13）参照）。

(22) 安房国の神余氏の事績については、以上の他に齊藤夏之助『安房志』（多田屋支店、一九〇八年）がある。それには神余氏の発生より天正年間に至る迄の詳細な治績が記されている（後に『金丸氏家系』と称された）が、大野太平氏は「此家系の記事は年月日を記すこと詳細にして如何にも確実らしいものであるが、実は基点に於て疑ふべきものである」と述べ、更に内容の一部に近世の作品である滝沢馬琴『南総里見八犬伝』との関連も指摘できるとして、『金丸氏家系』については信頼性に欠けるものであると述べられている（前掲註（13）参照）。

(23)『山口県史料』中世編上(山口県文書館、一九七九年)所収。
(24)『新潟県史』資料編5中世三、三六八八号参照。
(25)前掲註(11)参照。
(26)『越後野志』十六(『越佐史料』〔名著出版〕巻五—七五八頁)には「前ニ五十嵐川ノ急流アリ、右に信濃川ノ大水アリテ堅要の城地也、城外ノ溝池今猶存シテ其水深シ」とあるが、これは元和年間(一六一五～二四)以降の三条城のことであり、三条城は市橋下総守長勝の治世下になり、元和三～四年にかけて三条古城町一帯に移され、それは現在の弥彦線北三条駅付近にあったものと思われる。猶、今でも北三条駅の北側には(東・西)裏館《うらだて》という地名が残っている。又、元和年間以前の三条嶋の城は須頃地区にあったと言われている〔渡辺行一『三条の歴史』、野島出版、一九六六年参照〕。
(27)渡辺 前掲註(26)参照。
(28)『新潟県史』資料編3中世一、八三九・八四〇号。
(29)『新潟県史』資料編3中世一、八八六号。
(30)杉山博氏は、守護大名が在国したのは分国中に於いて特別な出来事があった場合のみであり、平時に守護大名は京都や鎌倉にのみいてそれぞれの政策を分担して、そうした点は後の戦国大名の場合と対比するのに於いて注目しておかなければならないことであると指摘する(「守護領国制の展開」『岩波講座 日本歴史』7中世3、岩波書店、一九六三年)。又、これから述べる越後守護上杉氏の在京性に対して戦国大名上杉氏の不在京性を論じるに当たり、在京雑掌神余氏の在京性は戦国大名上杉氏の不在京性を補う役目をも果たしていたと思われることを指摘しなければならない。更に永禄六年五月に作成された『永禄六年諸役人附』(「光源院殿御代当参衆并足軽以下衆覚」『群書類従』第二十九輯所収)には、「外様衆　大名在国衆」として「上杉弾正少弼輝虎」の名前が註記されている(和田英松『新訂官職要解』〔所功校訂、講談社学術文庫、一九八三年）に依れば、大名とは後世守護の総称であり、外様衆とは国持衆の分家や領地が国持衆に次ぐ程のものを指すとする）。同じ上杉氏でありながら、幕府側からは既に在京衆としては把握されておらず、ここに守護大名と戦国大名とを画する一つの指標が存在していることは、「公儀」的権力を考えて行く上でも大変興味深いことであると考えられる。

(31) 文安元年十二月十四日付山吉久盛打渡状（『新潟県史』資料編5中世三、二六六九号）には「任京都・府中御判之旨」とあり、上杉房朝と長尾実景に依る二元存在が指摘できる。

(32) 奥野高廣「武蔵守護代大石憲儀の新史料」（『武蔵野』三〇三、一九八三年）。

(33) 『新潟県史』資料編3中世一、八二八号。

(34) （嘉吉二年ヵ）正月二十日付上杉長棟《憲実》書状（『新潟県史』資料編3中世一、八〇七号）及び同年十二月五日付上杉長棟《憲実》書状（同八一四号）に依ると、「龍春殿」（上杉房顕）。

(35) 『新潟県史』資料編3中世一、二二五号。

(36) 湯山学「山内上杉氏の在京代官判門田氏」（『武蔵野』三〇九、一九八六年）。

(37) 『実隆公記』永正六年六月十七日条に「今夜禁中警固衆上杉以下被進之」とあるが、これが上杉房定時代に於ける様な在京の将士に当たるものなのかどうかについては不詳である。

(38) 『群書類従』第二十九輯所収。

(39) 田沼睦『日本史⑶』中世2（有斐閣新書、一九七八年）参照。

(40) 『越佐史料』巻三―三一九頁。

(41) 以上『群書類従』第二十九輯所収。

(42)　杉山　前掲註(30)。
(43)　大永二年(一五二二)七月に大館晴光が写した安富元盛武家書札礼写(『新潟県史』資料編3中世一、八三三号)には、上杉民部大輔(房能)が大内氏や若狭武田氏等と共に「国持衆」として記され、越後上杉氏は室町幕府からは最早在京の守護家としては把握されていないことが注目される。
(44)　『増補　続史料大成』第十四巻(臨川書店)。
(45)　『増補　続史料大成』第五～八巻(臨川書店)。
(46)　『国史大辞典』第二巻(吉川弘文館、一九八〇年)「上杉氏」(杉山博執筆)の項参照。
(47)　荻野三七彦編著『吉良氏の研究』(名著出版、一九七五年)。
(48)　『実隆公記』長享二年四月九日条。
(49)　羽下徳彦「越後に於る守護領国の形成―守護と国人の関係を中心に―」(『史学雑誌』六八―八、一九五九年)参照。
(50)　長尾為景安堵状(折紙)(『新潟県史』資料編5中世三、四二三二号)。
(51)　水谷(現黒川)光子「越後における戦国大名制の形成過程―特に国人層との関係を中心に―」(『日本史研究』六四、一九六三年)。
(52)　竹田　前掲註(7)参照。
(53)　『県史』資料編4中世二、一六二二号。
(54)　湯山　前掲註(36)。
(55)　『新潟県史』資料編4中世二、一三七四号。
(56)　羽下　前掲註(49)参照。

（57）『新潟県史』資料編4中世二、一三七五号。

（58）文亀元年になると、若狭武田氏の被官であった粟屋左衛門尉と吉田某が相次いで三条西邸へ祗候する様になるが、後の吉田・粟屋両氏と神余氏との親密な関係を考えると、上杉・武田両氏の雑掌がほぼ同時期より三条西邸へ祗候する様になったことは注目される。

（59）『実隆公記』明応七年四月十六日条には越後商人に依る青苧の盗買についての記事があるが、そのことに関して坂本青苧座の香取等が三条西実隆に「口入」を依頼してそれが実施されたとあり、盗買の禁制に関して府内等で上杉氏或はその雑掌が関与した形跡は見当たらない。

（60）「和田中條文書」（『越佐史料』巻三―二四一～二四二頁）。

（61）「読史堂古文書」（『越佐史料』巻三―二四二頁）。

（62）「新善光寺文書」（『大日本史料』第九編之七）参照。ここに挙げた守護上杉邸は、室町幕府が文明九年十一月十五日に房定に与えた「樋口以南高倉以東四町（間カ）々、樋口以南万里小路以東四町々、六條坊門高倉東□南角寺屋敷地」（『越佐史料』第三―二二五頁）のことと思われる。

（63）児玉 前掲註（6）、中沢 前掲註（6）。

（64）『新潟県史』資料編3中世一、一八四号。

（65）天文二十二年十二月十八日付本庄実乃書状（『新潟県史』資料編4中世二、一五九六号）には「就段銭之義、御切紙具令披見候、則御公銭衆へ及理、段銭所へ為持申候処、西分之義付而、備前守（大熊朝秀）方有料被相押候」とあって、大熊氏（政秀・朝秀父子）が公銭衆として守護段銭所を管掌し、守護段銭の徴収に当たっていたことが指摘される。

（66）『新潟県史』資料編3中世一、四七〇号。

(67) 赤沢計真「越後守護領国と公田段銭」(『新潟史学』一八、一九八五年)。

(68) 結局、この後、享禄三年九月二十八日付の足利義晴御内書(『新潟県史』資料編3中世一、二九五号)で唐織物下賜についての決定がなされている。

(69) 岸田裕之「中世後期の地方経済と都市」(『講座日本歴史』4中世2、東京大学出版会、一九八五年)参照。

(70) 『新潟県史』資料編3中世一、五七八号。

(71) 竹田和夫「中世後期越後青苧座についての再検討—本座・新座関係及び商人衆を中心に—」(『新潟史学』一八、一九八五年)。

(72) 小野晃嗣「卸売市場としての淀魚市の発達」上・下(『歴史地理』六五—五・六、一九三五年)。

(73) 『実隆公記』大永六年十二月二十九日条では、この年に於ける所々の未進を列挙しているが、この中には青苧公事も含まれている。膝下の山城国に於いてさえ左記の様な状態であったのに、遠隔の地である越後よりの青苧公事の完納など思いも寄らないことであった。

当年所々未済、言語同断也、

〈御牧百疋、(十月分、相残弐百疋也、)

〈石原地子五十疋、〈武者小路地子五十疋、

〈六条坊門三十疋、(半済之間如此也、公家無半済儀、無謂之由遣人申了、他□云々、)

〈魚市百疋、

〈北口百疋、

〈塔森二百五十、(不可説々々々、)

〈別納買物共到来、
〈青苧公用残一貫七百文、
〈西畠炭一荷、用脚、

(74) 芳賀幸四郎「中世末期における三条西家の経済的基盤とその崩壊」(『日本学士院紀要』一三―一、一九五五年)。

(75) 越後神余氏の他にも、武家雑掌に依って貢租が三条西家へ納入されていたものとしては、長享～延徳年間にかけて美濃国の土岐左京大夫の被官・雑掌であった斎藤越後守に依るものが指摘できる。『実隆公記』長享三年二月十日・五月二十日・同二十三日条など参照。同七月一日条に依ると、同氏は「濃州国衙用脚」の三条西家への納入業務を行なっていた。更に同記に依ると、三条西家は美濃国内には苧関や濃州綿等に対する権益を保持していたことが知られる。

(76) 文明十八年五月二十六日付の上杉房定宛幕府奉行人連署奉書(『実隆公記』裏書巻十)には、「帯　綸□(旨)御判御教書以下之証文、自往古為□致成敗」とある。

(77) 佐々木銀弥氏は、蔵田氏が上杉氏の御用を勤めた商人であるとし、大永五年以降に於いては蔵田氏が上杉氏の指示に依り、青苧そのものや青苧座迄も統制下に置くに至ると述べている(「中世の都市と商品流通」『岩波講座 日本歴史』8 中世4、一九六三年)。

(78) 『新潟県史』資料編3中世一、九〇号。

(79) 『越佐史料』巻三―六九一頁。

(80) 『越佐史料』巻三―六八一頁。

(81) 『新潟県史』資料編3中世一、九一号。

(82) 『新潟県史』資料編3中世一、九六号。

(83)『新潟県史』資料編3中世一、一八二号。
(84)新城常三『社寺参詣の社会経済史的研究』(塙書房、一九六四年)。
(85)「歴代古案」九(『越佐史料』巻六―一三五頁)。
(86)藤木久志「蔵田氏」(『国史大辞典』第四巻、吉川弘文館、一九八四年)参照。
(87)小野晃嗣「三条西家と越後青苧座の活動」(『歴史地理』六三―二、一九三四年)。
(88)竹田和夫は前掲註(71)の中で、青苧公事の納入が公家雑掌と青苧座の雑掌との協力に依り、初めて円滑に納入されたと指摘している。
(89)竹田和夫は、この他にも北林新三郎や窪津四郎左衛門等を青苧商人として指摘している(註(71)参照)。
(90)『室町幕府引付史料集成』上・下(近藤出版社、一九八〇・八六年)。
(91)柚木学「幕藩体制の確立と越後海運」(『越後地方史の研究』、一九七五年)参照。
(92)『若越小誌』(歴史図書社、一九七三年複製)参照。
(93)本章一―2所収「室町時代の諸大名に於ける外交を担当した雑掌」表(本書未収)参照。
(94)享禄元年十一月十一日付(『新潟県史』資料編4中世二、一六九六号)。現在は反町英作氏の蔵となっており、「越後古文書集之内　雑文書」と外題にある。
(95)浩宮徳仁親王「『兵庫北関入舩納帳』の一考察―問丸を中心にして―」(『交通史研究』八、一九八二年)。
(96)取分の二〇〇〇疋は『実隆公記』大永七年十二月十三日・同二十三日・同八年二月七日条とあることから、本文のように解することができる。
(97)児玉彰三郎氏は、蔵田五郎左衛門が新たに青苧座の管理に当たることを三条西実隆が認めざるを得ず、この大永七年の青苧公事の請取状が蔵田氏宛に出されたと述べている（註（6）参照）。
(98)『実隆公記』に依ると、越後国よりの青苧公事の未進に関する記述は、年代順にして左に示した通りである。
永正七年四月二十九日条
永正八年十一月十六日条
大永五年閏十一月二十七日条
大永七年十月四日条
大永七年十一月九日条
享禄元年十一月二十日条
(99) 今谷明『言継卿記』（そしえて、一九八〇年）九三～九六頁参照。
(100) 桑山浩然『室町幕府引付史料集成』下巻（近藤出版社、一九六六年）一五三～一五四頁。
(101)『室町幕府引付史料集成』下巻の解説を参照。
(102) 脇田晴子『室町時代』（中公新書、一九八五年）。
(103)『新潟県史』資料編3中世一、四四〇号。
(104)『新潟県史』資料編3中世一、二九四号。
(105) 註（68）参照。
(106)『新潟県史』資料編3中世一、五九号。
(107)『新潟県史』資料編3中世一、一五五号。
(108)『上杉家御年譜』第一巻　謙信公（米沢温故会編纂、原書房、一九八八年）。

(109) (イ)富森信盛書状（『新潟県史』資料編3中世一、一三二号）、(ロ)大覚寺門跡義俊書状（同一三七号）、(ハ)津崎光勝書状（同一四〇号）。

(110) 『謙信公御年譜』巻二の天文二十一年五月十二日条には「神余隼人正親綱上洛ス」とある。後掲の「神余氏の越後・京都往来関係年表」参照。

(111) 後掲の「神余氏の越後・京都往来関係年表」（本書一三六頁）参照。

(112) 本書第一章註(29)参照。

(113) 註(10)参照。

(114) 佐藤博信「越後上杉謙信と関東進出―関東戦国史の一齣―」（『上杉氏の研究』戦国大名論集9、吉川弘文館、一九八四年）。

(115) 例えば『実隆公記』永正七年八月二十一日条には、「遣越後国之書状遣神余許」とある。

(116) 『新潟県史』資料編3中世一、四四五号。

(117) 『新潟県史』資料編3中世一、四四一号。

(118) 『謙信公御年譜』巻一の天文十五年十二月十九日条、又は『三公外史』（『越佐史料』巻三―八八一～八八二頁）参照。

(119) 『新潟県史』資料編5中世三、三八七一号。

(120) 佐藤博信「足利満千代王丸のこと」（『戦国史研究』八、一九八四年）。

(121) 享禄元年には、足利高基がその子亀若丸の為に将軍足利義晴の一字拝領の申請を長尾為景へ依頼し、義晴は亀若丸に「晴」字を下賜して亀若丸は晴氏と名を改めた（『越佐史料』巻三―七四五～七四八頁参照）。

(122) 『新潟県史』資料編3中世一、七九五～七九七、七九九・八〇〇号。

(123) 神余昌綱越後国役注文(『新潟県史』資料編3中世一、五八九号)。
(124) 室町幕府奉行人連署折紙(『新潟県史』資料編3中世一、四四二号)。
(125) 長授院妙寿外二名連署段銭請取状(『新潟県史』資料編3中世一、二七二号)。「色部文書」の中にも同日付で合計一町三段の三名連署(関沢顕義・大熊政秀・長授院妙寿)の段銭請取状がある(同二七六〇号)。更に同日付で合計一段六一束苅の同じ三名連署の請取状がある(同二七一五号)。
(126) 赤沢 前掲註(67)参照。
(127) 『新潟県史』資料編5中世三、二七一五号。
(128) 『新潟県史』資料編3中世一、一八四号。
(129) 至徳寺の塔頭としては長松院・最勝院が史料上からも確認できるが(『半陶藁』三〔『越佐史料』巻三―二九三～二九四頁〕)、花蔵院については確認ができない。
(130) 『越後頸城郡誌稿』二十五(『越佐史料』巻二―四六二頁)には「関白旅館、幷至徳寺・安国寺廃跡、至徳寺・安国寺供ニ大刹ナリケルト雖トモ、此両寺慶長三年、上杉景勝会津転封ノ節、彼地へ引移り、当郡ニハ其廃寺ノ跡ヲ村落トシ、今ニ至徳寺村(中頸城郡)・安国寺村ノ名称ヲ残セリ」とある。
(131) 『新潟県上越市　伝至徳寺跡発掘調査報告書　越後府中における中世遺跡の調査』(上越市教育委員会、一九八三年)参照。
(132) 田浪龍之「上杉転封随伴寺社考」(前掲『越後地方史の研究』)参照。
(133) 『鹿苑日録』(続群書類従完成会)第一巻の明応八年十一月十七日・十八日条参照。又『蔭涼軒日録』の長享二年四月八日条参照。

(134) 渡辺慶一『越後府中地方史研究』（さ・さ・ら書房、一九七二年）参照。

(135) 『新潟県史』資料編3中世一、五七八号。

(136) 『半陶藁』三（『越佐史料』巻三―二九三～二九四頁）。

(137) 仏の徳を称えた韻文体の経文のことであり、三字或は七字が一句となっている。四句を一偈とする（『新字源』、角川書店、参照）。ここで横川景三が贈ったのは、七字が一句となった偈であった。

(138) 『京華集』十二（『越佐史料』第三―三七七頁）。

(139) 「伊佐早文書」所収の天正六年七月二十三日付米山寺・犀浜・百姓等宛の上杉景勝朱印状（『越佐史料』巻五―五四四～五四五頁）では、公用と偽り「使僧」や「脚力」が街道筋に於いて「賄以下」を申し付けたとあり、蔵田紀伊守は上杉氏よりの使僧の派遣に関して、道程に於ける使僧に対しての「賄」や寺院側との接渉等に当たっていたものと思われる。

(140) 『北越雑記』七（『越佐史料』巻五―七六六～七六八頁）。

(141) 『越佐史料』巻五―七五八頁。

(142) 『新潟県史』資料編3中世一、四四八号。

(143) 永禄八年六月十六日付山崎吉家・朝倉景連連署状（『新潟県史』資料編3中世一、四〇〇号）参照。

(144) 足利義秋（義昭）起請文（『新潟県史』資料編3中世一、一〇一二号）。

(145) 「河田文書」（『越佐史料』巻四―六〇八頁）。

(146) 『新潟県史』資料編5中世三、四〇四一号。

(147) 『新潟県史』資料編3中世一、九六二号。

(148) 児玉前掲註（6）参照。

(149)『新潟県史』資料編5中世三、二四四八号。

(150)『謙信公御年譜』巻五の永禄二年正月条。

(151)「上杉文書」五(『越佐史料』巻四—二一六〜二一七頁)。

(152)『越佐史料』巻四—二三四頁。

(153)註(29)参照。

(154)『越佐史料』巻五—一六七頁。

(155)『越佐史料』巻五—四六九〜四七〇頁参照。

(156)『藩制成立史の綜合研究　米沢藩』(藩制史研究会、一九六三年)では、河田長親が謙信の側近に登用された永禄四年以降、直江実綱・河田長親連署の魚沼郡徳政条々等の重要事項を始め、発給文書に直江・河田両氏の連署する奉書が増加し、上杉氏の受給文書の中でも直江・河田氏に執奏を依頼する近衛・足利・織田氏等の文書が、永禄期を通じて著しく増加していることを指摘している。

(157)小林計一郎氏は「上杉軍団の一考察—地下槍を中心に—」(前掲『越後地方史の研究』)の中で、「御軍役帳」と「上杉家家中名字尽手本」より、上杉謙信が軍を、例えば北条安芸守隊の様に「〜隊」と意識していたことは明らかであると述べている。このことからすれば、旧来よりの在地領主ではなく譜代の家臣も持っていなかったと思われる神余氏が軍役帳に登載されておらず、又、軍役も負担しないとしても不思議ではないと考えられる。

(158)前掲註(156)。

(159)水谷(現・黒川)光子氏は、前掲註(51)の中でこの「御軍役帳」について言及し、国人の本領をそのまま給地としている等、内容的には徹底したものではなかったことは明らかである、と述べている。

(160)「歴代古案」一羽前(『越佐史料』巻五—三七三～三七四頁)。尚、本状は史料纂集本『歴代古案』(続群書類従完成会)第一～第五、及び、『別本　歴代古案』(八木書店)第一～第三には収載されていない。

(161)内容から見て天正初年のものであるとは推定されるのであるが、充所の内「柿崎和泉守」が柿崎景家であるとするならば、彼は天正二年に死去したとされ(『戦国大名家臣団事典　東国編』、新人物往来社、一九八一年)、猶検討を要するところである。

(162)「上杉家古文書」(『越佐史料』巻五—四五二頁)。

(163)『会津四家合考』九(『越佐史料』巻五—四五八頁)。

(164)長塚孝氏は「北条氏秀と上杉景虎」(『戦国史研究』一二、一九八六年)の中で、『小田原衆所領役帳』や『北条家過去帳』等を基にして、更に三郎景虎の発給文書に氏秀の署名のある文書が発見されないこと等から、上杉景虎と北条氏秀とは全くの別人であるとしている。しかし、来越して上杉謙信の養子となった人物は北条氏康の子息かその関係者であることだけは確かな様であるので、上杉氏家督を巡る本質的な構図に変化が生じないため、ここでは「氏秀」と記した。

(165)『上杉米沢家譜』(『越佐史料』巻五—四五三～四五四頁)参照。

(166)池田嘉一『史伝上杉謙信　全』(中村書店、一九七一年)。

(167)「上杉家古文書」(『越佐史料』巻五—四五二頁)。

(168)『越佐史料』巻五—四三二頁。

(169)『越佐史料』巻五—四五五～四五六頁。

(170)「歴代古案」一(『越佐史料』巻五—四七〇～四七一頁)。

(171)「上杉家古文書」(『越佐史料』巻五—四五二頁)。

(172)「吉江文書」(『越佐史料』巻五―四五三頁)。
(173)黒川真道編『越後史集上杉三代軍記集成―地―』(聚海書林、一九八三年)。
(174)『新潟県史』資料編5中世三、三六八八号。
(175)『甲陽軍鑑』品第五十四巻第二十(『甲斐叢書』第五巻、甲斐叢書刊行会)。
(176)『景勝公御年譜』巻一の天正六年四月条。
(177)植木宏「越後春日山城の縄張―周辺砦群の配置と遺構に基づく推定―」(前掲『越後地方史の研究』)参照。
(178)『御館跡緊急調査経過報告』(新潟県教育委員会、一九六六年)。
(179)色部長真の家臣が景虎方に加勢しようとしたのであるが、本庄繁長がこれを鎮定した(「歴代古案」七『越佐史料』巻五―四九一頁参照)。
(180)『新潟県史』資料編5中世三、二九三六号。
(181)『景勝公御年譜』巻二の天正六年七月九日条。
(182)上杉景虎書状(『新潟県史』資料編5中世三、二八五九号)。
(183)『景勝一代略記』(『越佐史料』巻五―四九二頁)。
(184)『景勝公御年譜』巻三の天正七年三月十七日条。
(185)『越佐史料』巻五―六七一~六七四頁。
(186)上杉景虎書状(『新潟県史』資料編5中世三、二四五八号)。
(187)『景勝公御年譜』巻三の天正七年二月一日~二日条参照。
(188)「桑田従尊氏所蔵文書」(『越佐史料』巻五―七二〇~七二一頁)。

(189)「歴代古案」七（『越佐史料』巻五―七三一～七三二頁）。
(190)(イ)上杉景勝書状写（「歴代古案」七『越佐史料』巻五―七三九頁）、(ロ)上杉景勝書状写（『景勝公御年譜』巻四〈註(9)〉の天正八年閏三月一日条）。
(191)『越佐史料』巻五―七六八頁。
(192)『景勝公御年譜』巻三の天正七年十一月十一日条。
(193)「下平文書」（『越佐史料』巻五―七五六頁）。
(194)『新潟県史』資料編5中世三、三三五九号。
(195)『越佐史料』巻五―七五七～七五八・七八三頁。
(196)上杉景勝が春日山城へ一旦帰城した時期については、この『越後治乱記』下では六月下旬としており、『景勝公御年譜』巻四では五月下旬としている。景勝の大関親憲等六名の上田城将に宛てた天正八年五月十八日付書状（『景勝公御年譜』巻四の天正八年五月十八日条には川辺迄帰陣したとあり、又、同五月二十七日付で出されている景勝の黒滝城将山岸秀能等二名宛の書状（「山岸文書」『越佐史料』巻五―七六九～七七〇頁）では、既に春日山城へ帰陣していることが明記されているので、景勝の春日山帰陣は同年の五月二十日過ぎであったと考えられる。
(197)「菅名文書」（『越佐史料』巻五―七六一頁）。
(198)『景勝公御年譜』巻四の天正八年四月十五日条。
(199)『景勝一代略記』（『越佐史料』巻五―七六一頁）。
(200)丸田氏に関しては、『越後野志』十六（『越佐史料』巻五―五〇六頁）に「雷城」の説明としてその出自が、以下の様に記されている。「城主（中略）丸田周防守等居住ス、丸田周防守遠祖ハ、筑後の産ニテ、竹地源太□基ト云、源頼義ニ仕へ、其後裔後藤兵衛尉吉道、平治ノ乱ニ源義朝ニ仕へ、軍破シ、義朝東国ニ奔ル日、従臣三十四人ノ其一人也、吉道カ後裔、文明中、本州安田ニ来テ居住スルコト数世、一族長尾筑前守高景ノ妹聟トナル者アリ」。

(201)『新潟県史』資料編5中世三、二四六八・三三五四・三六四一・二四六七号等参照。

(202)「山岸文書」(『越佐史料』巻五―七七〇頁)。

(203)「山岸文書」(『越佐史料』巻五―七七一頁)。

(204)『随得随録』五(『越佐史料』巻五―七七三~七七四頁)。

(205)『景勝公御年譜』巻四。

(206)「山吉文書」(『越佐史料』巻五―七六五頁)。

(207)「山吉文書」(『越佐史料』巻五―七七二頁)。

(208)『越佐史料』巻五―七六六~七六八頁。

(209)藤木久志氏は、「上杉氏知行制の構造的特質―織豊期大名論のこころみ(一)―」(『史学雑誌』六九―一二、一九六〇年)の中で、越後上越地方の場合を例に取り上げて給人の知行形態について、大名直轄領支配・直臣在番知行・豪族本領知行の三つの類型を指摘している。元々三条の地は長尾氏(府内・三条)の本貫地であった訳であり、山吉氏は三条城を預かる代官として長尾氏の所領の管理をもしていたものと思われ、後に神余氏が三条に赴任して来ても神余氏は代官として長尾氏の所領(直轄領)を支配し、天正五年九月に没収された山吉氏の所領をも「城領」として管理し、神余氏自身が知行していた本領とは区別されていたものと考えられる。

(210)『新潟県史』資料編5中世三、二七〇三号。表紙には「天正五年丁丑九月吉日」とある。

(211)『新潟県史』資料編5中世三、二七〇四号。闕所帳と給分帳とは、当初より一緒に綴られていたとされている。又、

『新潟県史』通史編2中世では、この二史料が元々単一であったものが二つに分割された記録であると述べている。

(212) 金子達氏・米田恒雄氏は「『三条闕所御帳・三条同名同心家風給分御帳』の紹介」(阿部洋輔編『上杉氏の研究』戦国大名論集9、吉川弘文館、一九八四年)の中で、現・市川浩一郎氏所蔵になるこの二史料がその記載方式等から見て天正五年に作成されたものとは特定できず、それからは戦国末期～近世初期にかけて作成されたものと思われ、内容としては天正年間のものであろうと述べている。

(213) 上杉景勝が天正九年十二月十日付で御料所である柏崎(現柏崎市)に出した制札(『新潟県史』資料編4中世二、二二七九号)には、その六条目で「御料所之内、不可有他被官事」と言っており、御料所内のあらゆる者に対して上杉氏の命が直接的に伝達される様になっていた。

(214) 伊東多三郎氏は「越後上杉氏の領国支配の成立」(『国民生活史研究―生活と政治』、吉川弘文館、一九八四年)の中で、天正六年～八年にかけての御館の乱に依って当該地域に於ける神余氏やその配下の諸氏の所領が全て上杉氏の手中に入ったものと推定し、しかし、それらの没収された土地が上杉氏の御料所とはされずに、有功の諸氏に新給されたものが多かったことから、蔵入分の増加策よりも有功の部将に対する土地の給与こそが、常に軍備を整えておかなければならなかった中世末期の諸大名が実行した政策である、と述べている。

(215) 伊東　前掲註(214)参照。

(216) 水谷(現黒川)　前掲註(51)参照。

(217) 天正十年～十五年に発生した揚北衆の一人、新発田重家に依る反乱に対して、豊臣秀吉が上杉権力を超越してその討伐を命じ、赦免の条件をも上杉氏に対して示したことを指摘しておく。

(218) 佐藤　前掲註(114)参照。

(219) ルイス・フロイス『日本史』。

付論一　戦国大名家在京雑掌の経済的活動

——上杉氏雑掌神余氏の場合——

戦国大名家に於ける在京雑掌とは、その職掌に於いて「柳営にも出入して公私の雑事をうけ給りしなり」というものであり、近世に於ける留守居役に相当するものであったという。[1] 越後上杉氏の在京雑掌であった神余氏も、その様なものの一つであったと考えられる。この神余氏が雑掌に就任したと推定される文亀・永正年間（一五〇一〜二一）頃（在京初見は『蔭涼軒日録』文明十八年〈一四八六〉正月二十二日条）に於ける、同氏の活動を示す興味深い一つの史料がここにある。[2]

一　霜朔
秘計要脚弐拾参貫文〔借主交名在別紙〕事、今度就被定置法、拾分壱進納之上者、任借書之旨、本利共以速可令返弁之段、
対借主堅可被加催促之由、所被仰下也、

永正元　十　十三日　　左衛門尉

散　位

備〻

神余越前守殿

右の史料は、充所が神余越前守昌綱であり、表紙に「就徳政拾分一御奉書　頭人御加判引付　永正元　十月日」とある九七通の奉書の控の中の一通である。この場合の引付というのは、分一銭納付条件付徳政令の発令に際し、分一銭の幕府への納入を確認して奉書の発給を記録したものである。室町時代の特色として、経済や資本の台頭といった

ことが挙げられる。そのことは土倉や酒屋の代表者が納銭方という形で、幕府の財政にも関与する様になることからも窺える。脇田晴子氏に依れば(3)分一徳政令は、①借主擁護の享徳～康正期、②貸主擁護の長禄～文明期、そして③分一銭納入者を擁護する永正～天文期の三期に大別できるとする。ところで、先に示した奉書であるが脇田氏に依る③期に該当するものであり、永正元年(一五〇四)の徳政令発布に際して、神余昌綱が幕府に対し融資総額二三貫文の十分の一に当たる銭を納入した上で徳政禁制の適用を受けたものであって、債務者に対しての貸金返済の督促を認める旨が記されている。謂わば、神余氏は土倉業を経営していたということになるのであるが、無論、同氏は上杉氏の在京雑掌であるから、サイドビジネスとして行っていたと言った方が正しいかもしれない。

ところが、金融業を経営していた筈の神余氏が、その一方では借金をしていたという事実が存在している。『親俊日記』(4)天文八年(一五三九)十二月二十九日条には「常盤井宮雑掌申彼地子神余隼人借銭事披露之」とあり、常盤井宮家の雑掌が同家の地子銭を神余隼人佑実綱が借用していることを、幕府政所代蜷川親俊に告げているのである。常盤井宮家は九十代亀山天皇の皇子恒明親王に始まる宮家で、天文八年当時は同宮家最後の恒直親王が当主であった。では何故、神余氏は借金をしなくてはならなかったのであろうか。時期が年末だけに、越年のための費用に事欠いたことも考えられる。更に前掲の奉書との関連から、金融業を経営するための当座の資金を調達したとも考えられる。しかし、この二史料の間には三十五年もの時間的隔りがあり、天文八年の段階でも神余氏が土倉を経営していたとは必ずしも言い切れない。やはり、脇田氏が指摘する様に、室町期に於いては金の有る者は貸し、無い者は借りたということに帰するのではなかろうか。

ところで、神余氏の金融業経営については、そのもう一つの特質として三条西家へ対する融資がある。三条西家は全国の青苧座の本所として越後青苧座をも管掌していたが、神余氏は上杉氏の京都代官という立場からも同家とは密接な関係を保ち続けていた。三条西実隆の日記『実隆公記』を見ると、神余氏の同家に対する融資には二類型があることが分かる。①大永八年(一五二八)七月九日条には「神余用脚五百疋秘計、無利、年中可返弁之由遣折帋者也」とあり、神余氏は無利息ではあるが純粋に金融業の対象として、実隆に五〇〇疋を貸し付けている。これに対して、②大永七年十二月十三日条には「神余越前以使者五百疋送之、是苧公事内可致秘計」とあって、本国越後より未進のままになっている青苧公事の私的立替えという名目で、神余氏が実隆に融資(譲与)をしているのである。このことは、三条西家が古来持ち続けてきた権益を、神余氏が私的に保障していたということを意味する。それは上杉氏に依る、越後青苧座の掌握(三条西家と越後青苧座との分離)のための代償であったのではなかろうか。

以上の様に越後上杉氏在京雑掌神余氏は、同氏本来の職掌とは別に金融業を営み貨幣経済に深く関わる等、正に冒頭にあるが如く「公私の雑事をうけ給」っていたのである。

註

(1)『武家名目抄』第一(『改定増補故実叢書』十一巻)一六七頁参照。

(2)桑山浩然校訂『室町幕府引付史料集成』下巻(近藤出版社)一五三〜一五四頁。

(3)脇田晴子『室町時代』(中公新書、一九八五年)参照。

(4)『増補 続史料大成』第十三巻。

付論二　上杉氏在京雑掌神余氏を巡る問題

越後上杉氏の在京雑掌である神余氏に関しては、その雑掌職就任の時期を文亀・永正年間（一五〇一～二一）頃と推定した。ところが神余氏自身については、文明十八年（一四八六）より在京していたと思われる記録が存在し、その雑掌職就任の時期も可成早い段階に迄溯ることができるものと考えられる。そこで、その問題に関して再び検討を加える。

先ず、神余氏の在京を示す初見は『蔭涼軒日録』（以下『日録』）文明十八年正月二十二日条に「往二興文首座一。（中略）守林院神余越前守。同小次郎。（中略）高橋徳倉観世太夫所賀」とあり、この当時の蔭涼職である亀泉集証がそれぞれの宿所へ赴き年賀を行ったというのであるが、その中に神余越前守・小次郎父子と思われる名前が見られる。冒頭の興文首座というのは、周防国大内氏の在京雑掌である相国寺大智院競秀軒の東周興文のことであり、この頃には相国寺を中心とした在京雑掌ネットワークの様なものが存在していたのかもしれない。又、守林院であるが、或は相国寺の塔頭ではなかろうか。この後『実隆公記』享禄三年（一五三〇）十二月十三日条に「神余子息仙蔵主蒙疵」の記載があり、神余昌綱の子息が相国寺等の禅林の中にいたことが分かる。この後の『日録』の記載を見ても「守林院神余小次郎（二）」の如く守林院と冠することが多く、神余氏が同院に起居していたことが窺われる。更に『日録』長享二年（一四八八）七月十日条に「衆林院語云。上杉被官。長尾。石川。斎藤。千坂。平子《タイラコ》。此五人為二古臣一。飯沼等者非二評定衆一也」とあり、衆林院なる者が上杉氏の被官について報じているが、これは神余氏の寄宿する守林院と何らかの関係があるのか、或は守林院＝衆林院であるのかもしれない。

先の文明十八年という年には、神余氏と密接な関係のある事柄を巡り、或事件が発生した。それは青苧座を巡る問題であり、その本所の三条西実隆は幕府へ越後国府中に於ける新儀商人の営業停止を訴え、この年の五月二十六日付で幕府は、この頃既に在国していた越後国の守護上杉相模守房定に対し「速停止新儀」すべき旨の奉行人諏訪貞通等連署奉書（『実隆公記』紙背文書）を発給している。又、同記の同日条には「今日苧座中事奉書到来」とあり、それを日記の裏に写している。神余氏はこの後、永正年間以降に於いてはその職掌の一つである越後よりの青苧公事納入に関して、頻繁に三条西邸へ祇候する様になるが、この幕府奉行人連署奉書も実隆より神余氏の手を経て越後へ伝達されていったのかもしれない。

次に、『日録』延徳四年（一四九二）六月七日条には「騰西堂事昨日披露也。不レ可レ被レ仰二彼雑掌一。先神余一行取レ之可レ賜。其一行以レ之可レ伺由可レ被二仰遣一（中略）景雪拉二寿松蔵主神余隼人佐一来。不レ面レ之。隼人佐一行可レ賜レ之。以レ之可レ致二披露一」とある。これは鎌倉にある禅興寺前住の顕騰西堂（竺雲）が建長寺の坐公文（一種の売官）を望んだことに関して、亀泉集証が昨日六日に室町将軍義材（義稙）に披露したとして、「彼雑掌」（越後国府中にあった至徳寺の僧侶寿松蔵主）にはそのことを告げず、神余氏の書状を取り寄せて上意を伺うこととし、景雪（『扶桑五山記』では南禅寺の知客とある）が寿松蔵主と神余隼人佐昌綱とを蔭涼軒へ伴い、昌綱に書状を発給させたということである。翌八日条では、その書状を写し取っている。

顕騰西堂建長寺公帖事、上杉四郎以二書札一申上候通、早々御申御沙汰候者可二畏入一存候、恐々敬白、

六月七日　　昌綱　判

蔭涼軒

侍者御中

内容は、顕騰西堂の建長寺公帖を関東管領上杉四郎顕定の書状（六月五日条にあり）で申し上げた如く、早々に御沙汰を賜れば幸いであるというものであるが、ここで注目されるのが、神余氏の関東管領の在京雑掌としての存在である。上杉顕定は、実は越後国守護上杉相模守房定の次男で房顕の養子となったものであり、元々は越後方の人物であった。その点からすれば、神余氏が顕定の雑掌を兼任していても不思議ではない。又、神余氏自身に関しては、ここで「神余隼人佐昌綱」とあるのは『実隆公記』等の永正年間以降に於いては「神余越前守昌綱」として現れ、その子息の小次郎[二]実綱が「隼人佑」を名乗る様になり、神余氏は、当主が「越前守」、嫡男が「隼人佑」を称していたことが考えられる。

ここで重要なことは、神余氏と至徳寺や判門田氏との連携である。至徳寺は越後府中にあった臨済宗円覚寺派の寺院であり、京都との関係も深く十刹位に列せられ、この後、享禄～天正年間にはその塔頭である花蔵院が、越後上杉氏の雑掌を務める様になる。判門田氏は関東管領山内上杉氏の「京都雑掌」として常時在京し、当時は鶴寿丸がその任にあってこの顕騰西堂の件にも対処していた。更に、この後『晴富宿禰記』明応五年（一四九六）八月十一日条に、「遺状於松田豊前守（頼亮）許、越後雑掌神余隼人状等見送之、国者先属無為、但牢人等可出之由、雑説以外云々」とあり、官務壬生晴富が神余隼人（昌綱乃至実綱）よりの越後・関東の情勢を報じたと思われる書状を、一見した後に幕府奉行人の松田頼亮へ送ったとある。

以上の様に神余氏は当初の推定よりはかなり以前から在京して上杉氏の雑掌を務めており、特に関東管僚の雑掌との連携や相国寺を舞台にした活動が特質として挙げられる。

付論三　上杉氏在京雑掌神余氏と京都禅林

越後国の大名上杉氏（長尾氏）の京都雑掌であった神余《かなまり》氏と、京都禅林との関係については先にも触れたことがあるが、(1) ここではそれ以降に判明したこと等も交えながら、室町期の京都五山派禅院と越後上杉家在京雑掌神余氏との関わりについて、再度記してみたいと考える。

神余氏の系譜を見ると、越前守昌綱の子息としては隼人佑実綱・与三郎・仙蔵主の三人を確認することが出来るが、この内「仙蔵主」はその名前からも分かる様に、「蔵主」という役が禅院における蔵殿を管理する西班六頭首中の第三位に位置する役職であったことからも、彼が禅宗寺院の中にいたということが推測される。(2)「仙蔵主」の所見は『実隆公記』享禄三年（一五三〇）十二月十三日条に「神余・宗碩・周桂・等運来、勧一盞、神余子息仙蔵主蒙疵、東福寺塔頭廿余ケ所相残、海蔵院其外一所焼失、言語道断也、遣迎院断亡、歎息無比類、万陀羅者兼日遣他所云々、彼方通路難治之間、未聞実否」と見えるのみである。

これは近江国朽木に逃れていた第十二代将軍足利義晴の入洛準備のために、同国の守護である六角定頼方の三雲資胤等が東福寺付近に在陣して幕臣上野玄蕃入道等の支援に当たっていたのであるが、権中納言鷲尾隆康の日記『二水記』や『実隆公記』等に依れば、同十一日になって三雲勢が交替の軍勢の到着を待たず俄に帰国してしまったため、これを察知した細川晴元方であった故柳本賢治の余党が、法性寺の在家八町に放火し東福寺を攻撃したというものである。この攻撃に依って東福寺の塔頭の二十余箇所は災難を免れたものの、虎関師錬の塔であった海蔵院寺が焼失してしまった。その際に、神余昌綱の子息であった「仙蔵主」が負傷をしたというのであるが、『実隆公記』の文脈より察すれば、彼が東福寺内に起居していた禅僧とするのが妥当であろう。

ところで、この七年後の『鹿苑日録』（梅叔法霖の日記『日用三昧』の部分に当たる）天文六年（一五三七）七月四日条の記事に「自東福神余《カナマリ》（ママ）首座扇賛之礼持指樽一荷両肴豆腐。桃実一箱。来。侑糯酒矣」とあり、東福寺の神余氏が兼てより相国寺内の首座に依頼していた扇賛の御礼として、指樽や肴等を相国寺鹿苑院主である梅叔法霖の許に持参して一盞を傾けている。ここでも東福寺内に於ける神余氏の存在を知ることができるのであるが、但し、ここではそれが僧侶なのか、或は俗人であったのかは判明しない。

更に、この十四年後『梅霖守龍周防下向日記』(3)の天文二十年三月十日条では「斎設、尾州之請摂予賓位之頭、某之下海印寺尾州女中之俗弟也以心長州之僧神余方主位之頭、隆房次南湘院道□猶子宗甫歌道者也吉良党也竜本碁師三汁八斎中酒三返、予下戸之故也」として、神余氏に関する記載をしている。当該日記は東福寺塔頭大機院の開基梅霖守龍が、同寺領である周防国佐波郡得地保の年貢収納に関して大内氏と折衝を行うため、山口へ下向した際に記したものである。ここでは山口滞在中の梅霖守龍の一行に対して、大内氏評定衆で周防国守護代の陶尾張守隆房（後の晴賢）が酒の飲めない梅霖に配慮しつつ、三汁八菜という上等な饗膳の斎食を持てなしたというものであり、その際会席には僧俗の関係者数人が招待されていたが、その席次では梅霖が賓位の頭となり、恐らくは東福寺より同行したであろう神余氏が主位の頭となっていたのである。

以上の様に、記録上二十年余の間に東福寺内に於いて三件の神余氏に関する所見を指摘してみたが、それらが同一の人物であったのか否かに関しては、現在のところ結論を出す迄には至っていない。只、以前に京都五山派相国寺の塔頭と推定した『蔭涼軒日録』に見える「守林院（＝衆林院か）」が同じ京都五山の一つ東福寺内の塔頭であり、同院に起居していたものと考えられる「神余越前守。同小次郎」という父子と思われる人々が、同様に東福寺内にいたとする可能性が示唆される。そうであるとするならば、前述の東福寺内に於ける三件の所見を有する神余氏と『蔭涼軒日録』に見える神余氏が同じ系譜上、延いては同一の人々であったと結論付けることも可能であろう。

さて、冒頭でも掲げた神余昌綱子息であった東福寺内の「仙蔵主」についてであるが、当該人物に関しては一つの可能性として、室町時代後期の学僧彭叔守仙に比定することも出来る。彭叔は臨済宗聖一派に属し、幼少の頃より東福寺の自悦守懌の許に侍してその法嗣となり、軈て同寺二百七世の住持に就任し山内に善慧軒を構えて、天文二十四年十月十二日に没しているが、一貫して東福寺内で過ごした様である。(4) 彭叔の出自に関しては諸辞典では信濃国の人とするものが多いが、室町幕府奉行人諏訪氏の出身とする説もある等、玉村竹二氏もその伝には諸説の存在を指摘している。(5) しかし、前述の様に東福寺内に存在していた神余氏が越後上杉氏京都雑掌の神余氏と同一であったとするならば、その子弟を同寺に入院させることも十分可能であった筈である。更に先程の梅霖守龍も同じ聖一派に属して彭叔の法を嗣いでおり、神余氏との関連も否定することはできない。この様に、上杉氏在京雑掌神余氏と東福寺との関係の存在が濃厚となって来たが、それは所有分野に於いて五山派禅院が、室町幕府と密接な関係を有し、幕府に対して多大な影響力を持っているものと上杉氏から認識されていた結果でもあった。

註

(1) 拙稿「上杉氏在京雑掌神余氏を巡る問題」(『戦国史研究』一七、一九八九年、本書第二章付論二)を参照されたい。

(2) 拙稿「戦国大名上杉氏の外交について—対朝幕交渉を中心として—」(『柏崎刈羽』一五、一九八八年。本書第二章)の六〜一〇頁(本書九〇〜九四頁)を参照。

(3)「防州下向之条目」東福寺大機院蔵本(『山口県史料』中世編上、山口県文書館、一九七九年、所収)。
(4)永正十八年(一五二一)二月には、諸山壱岐国海印寺・十刹山城国真如寺の公帖を受けていたが、実際には赴任していない。猶、玉村竹二『日本禅宗史論集』(思文閣出版、一九八一年)下之二「室町時代後期の学僧彭叔守仙伝に就ての新説〔人物篇〕」参照。
(5)玉村 前掲註(4)参照。

付論四　大内義隆の上洛志向と長尾為景

中国地方の大名大内義興は、永正五年（一五〇八）に、かつて管領細川政元により将軍職を追放された足利義尹をともなって上洛を果たし、義尹（義稙）を復職させた上、自らは山城国守護職を兼帯し永正十五年の下国迄十年に及ぶ在京を行い、幕政に影響力を持った。帰国後、義興は安芸国経略半ばにして門山城で倒れ、享禄元年（一五二八）十二月二十日、山口に於いて没するが、この跡を継いだのは、後に陶隆房（晴賢）の謀叛により滅亡させられる義興長男の義隆である。

ところで現在、「上杉家文書」の中には大内氏関係の文書を三点程含むが、これらは当該期に於ける東西大名の交流を示す興味深い史料であろう。ここではその内の一つである、義隆の長尾信濃守（為景）宛書状を左に示す。

①雖未申通候、染筆候、弥可申承心中候、次紅線二斤進之候、書信之次計候、尚杉三河守（興重）可申候、恐々謹言、

十一月五日　義隆（大内）（花押）

長尾信濃守（為景）殿

上杉家では近世に入って何回か伝来文書の整理及び目録作成を行なうが、当該三点の文書も竹俣勘解由義秀が寛文十一年（一六七一）十一月十三日に江戸藩邸で整理を行い、同系のものとして同じ包紙に一括して収めた。他の二通は、この義隆書状に副えられたと思われる、②同日付長尾信濃守宛（杉）三河守興重副状（同一之段ろ印袋入—二四）、③十一月十日付長尾信濃守宛（杉）興相書状（同一之段ろ印袋入—二五）であり、三通共切紙で諸刊本では年次未詳とするが、恐

らく義興死去の翌年に当たる享禄二年の物であろう。

①は義隆が大内家の家督継承を報じるために発したと思われ、「未申通候」とは義隆代初度の通信であることを示す。つまり、本状は代替の挨拶状とも言うべき性格のものであり、そのために祝儀の品と思われる紅線(赤糸)二斤を添えたのである。しかしながら、義隆が所謂表向きの付合いばかりではなく逆に為景の心中、向後の経略を窺おうとする方に主眼を置いていたのは確かであり、それはこの義隆書状に副えられていた重臣杉氏発給による、以下二通の書簡により見てとれる。

②は大内氏奉行人杉興重よりのものであるが、彼は大永六年(一五二六)五月二十一日にはまだ兵庫助を称し、翌七年十二月二十三日には既に三河守を名乗っていることから、本状はそれ以降のものであるということになる。①の副状であり「如前々可申承」ことへの長尾氏の「御同意」を要請した内容を持ち、義興代同様の通好を求めており、常套句の様には見えるがこれより義興時代にも越後との交渉のあったことが知られる。又、「始而令申候之条、被表祝儀計候」とあるのは、義隆による家督継承を推察させる。更に興重は、為景に対して主君義隆よりの要請であるとしながらも珍馬一疋を望んでおり、武家に於ける馬の贈答の意義を考えると、即軍事的な同盟関係であると迄は言えないものの、或意味での協調関係を期待していたことが窺われる。そしてこれらの用件は、僧侶英建が山口より上洛して「演説」を行うとしている。

③は杉氏一門の興相よりの書状であり、先の二通に五日遅れて十日付の発給となっている。興相は大内家奉行人ではないが、山口在住の大内氏直属家臣中の有力者であると思われる。先ず、「先年当家在洛中、親越前守興宣細々申通之由、連々承及候」として、永正年間の義興在京中に彼に従って在京していた父親で奉行人の興宣が、上杉氏方と細々ながらも接触のあることを色々と子の興相にも話していたとしている。父と共に在京した興相は、本来ならば

「以其筋目可申入候処」帰国後、中国地方一帯を巻き込んだ、出雲国の尼子経久方との十年に亘る抗争の中にあって、容易に上杉方と連絡をとることもできなかったが、結局、義興が安芸国経略途上で病没し、それに伴う経略中断により京都やその他遠国の動向にも配慮する余裕も出てきたのであろう。②にも記された僧英健が上洛する序でに「旁御床敷存、令申候」、永正在京時のことを懐かしく思い興相は彼に青磁香炉や堆紅食龍等の御礼の品々と共に口上を託したのである。「其筋目」、つまり、越後上杉氏の京都雑掌として代々在京していた神余氏との間で醸成されてきた、父興宣以来の縁故を以てその子興相も、上杉氏との窓口を神余氏に求めたのであった。

越後守護代長尾為景は、二回の上洛を果たす子の謙信とは違い、生涯に一度も上洛はしない。無論、当該期分国内外の状況を考えると上洛不可能な状態であり、これら三通の文書も僧英建より京都駐在の神余氏を通じて為景へ回送されたのである。神余氏もこの様にして得られた情報を「芸州辺之事、度々如申候、未一途候、大内殿(義興)勝利之由候、尼子方(経久)ハうちハの様ニ申候」(「上杉家文書」同二之段り印袋入―三)の如く重ね重ね分国に注進した。これは大永五年、大内氏が安芸毛利氏等の国人衆の調略に成功を収めている状況を示し、内部事情であるとしていることからも、杉氏方との密接な情報交換の存在が指摘される。更に興相は③の最後に「何様於向後細々可申承候、御同心可為本望候」として、義隆の将来の上洛に向けての有力諸大名との同盟関係への布石とも受けとれる一節を記し、英健が更に説明を行うとする。大内氏は義隆代になると、北九州や安芸経略等でやはり上洛可能な状況ではなかったが、事実、天文六年(一五三七)には将軍足利義晴の要請に基づき上洛も計画する等、依然として上洛志向は生きていたのである。

以上、ここで挙げた三通の文書は何れも為景宛であって越後守護上杉定実宛のものは存在せず、文中では彼への披露すら依頼してはいない。これは彼が、もはや他国からも政治権力を有する国主の実体として認識されていなかったことにもよるが、むしろ室町幕府との関係強化を図りながら、自ら戦国大名化を遂げつつある守護代長尾氏とその実質的管轄下にある神余氏に、同氏と在京中に交流のあった杉興重・興宣・興相や大内義隆が信頼を寄せ、何れ上洛する際には東方の備え、或は協力者としての役割を期待したと見るべきであろう。この事は、管見の限り①～③の如き文書が東国大名中では長尾氏以外へは発給されていないことにもよるが、この様な見方が西国大名一般の認識であったとするには幾多の留保が必要である。尚、後の上杉・毛利氏間の連携については、『越佐史料』巻五(名著出版)三三一～八四頁に詳細である。

付論五　大内氏在京雑掌を巡って

室町・戦国期に於ける諸大名と朝廷・幕府との関係、所謂上部構造を考える上での一つの前提として「在京雑掌」を取り上げ、その状況を明らかにしようとしたのが私の研究課題である。従前の研究に依り当該期の守護大名、更には戦国大名がより自立した独自の領域権力として分国内に存在する封建領主諸階層の家臣化を進め、旧来より久しく土地所有の基本であった荘園公領制的秩序を悉く否定し、領国内に対して最上級領主権を確立する等、自らの存在の「公儀」化を目ざしたとする見解は、永原慶二氏[1]らに依って主張されてきた。それは戦国大名に於ける「公儀」を「私之儀」と対置し得る概念として把握し、その成立条件を戦国大名の有する私的実力とその支配機構の正当性・公共性の確立とに求めていた[2]。

更に朝尾直弘氏[3]は、近世特有の概念としての「公儀」について、その起源を中世後期に迄求め、戦国大名が経営する「国」をあらゆるものに優先したものとして位置付け、その様な戦国大名の公儀型領主制は豊臣秀吉に依る「惣無事令」の布告に依って、「天下の公儀」の下に再編されていったとされ、それが幕藩制社会の基本的特質をも規定するに至ったと述べている。又、大名権力の正当性を主張すること、つまり、その公儀化について藤木久志氏[4]は、内部的要因としての「国法秩序」の確立と「惣百姓体制」に立脚する正当的な権力の成立とを、主たる論理として呈示した。

しかし、これらの戦国大名に於ける「公儀」性研究は、大名権力が特有に内包していた矛盾と対立の克服というところにその主眼が置かれており、論点も大名領国内に於ける国法的秩序の確立、主従制的結合の不安、在地支配の変化といったところに絞られていた様に思われる。確かに戦国大名領国は、それ自体、長い土地所有の歴史の上では、今迄に出現し得なかった程の自己完結性、つまり、土地の授封関係という点では、その上に最早君臨する権力を戴くことのない独自の権力体を形成するに至った訳であり、その点での「公儀」性発現の必然性は理解の及ぶところである。その一方で、戦国大名が自己に対して最早何ら統制力を行使し得ない朝廷や室町幕府に対して、深い関心を示したという事実が存在する。このことは従来の研究に従えば、私的な領国支配の不安をより上位の権威を戴くことに依って除去しようとする権威志向型の行動と理解され、その具体的な活動として旧体制的な位階・官職・名跡の獲得等が指摘されて来た。

確かにそれらのことは、私的実力に依って領国内を支配する戦国大名――特に守護大名が戦国大名へと転化した事例よりも、国衆等が戦国大名へと成長した場合に於いて――にとって自らの支配が実体はともかくも、旧体制の権威に依って承認されたが如き印象を領国内外に与えるのには十分であって、そのことを以て領国の「公儀」化が加速されたことは否定することができない。しかし、戦国大名と朝廷・幕府との関係について考える時、果たしてそれを権威志向的行動と見做してしまうには稍早計な感もある。そこで本稿では室町・戦国期に於ける上部構造を考察するに付き、実際に京都と在国する大名との媒体として活動した、大名の「在京雑掌」を素材として取り上げ、その問題を検討する。

「在京雑掌」と称する職名については、室町期がその初出ではない。『国史大辞典』(5)に依ると、元来「雑掌」とは諸宮衙に於いて雑務を処理する者のことであり、更に荘園体制下に於いては荘園領主に依ってその管理を任され、雑務を処理した者のことを指すものであって、在京して荘園関係の訴訟事務を行う者を特に沙汰雑掌と称した。又、京都に邸宅を有する各地の武士・大名がその関係者を在京させ、雑事を処理させたのが都雑掌であるという。赤松俊秀氏[6]は、雑掌そのものは本来臨時の事柄を処理するために設置された一時的なものであり、古代に於いては地方官人としての雑掌が在京化する契機を、地方より中央への貢納搬入と中央官庁に於ける公文の勘合という雑掌の持っていた職掌に求めている。そして、国司の遥任に従って、任国の国衙と在京する国司との連絡役として、国衙の下級官人が在京する様になったものを「在京雑掌」の起源とし、それは諸国より派遣されていたという。松崎英一氏[7]は「在京雑掌」の初見を、天暦六年(九五二)三月二日付の越前国司解[8]に見えるものに求めている[9]。且その様な「在京雑掌」は当該国の事情に精通していなければならず、遥任国司の耳目的存在として必要なものであったと述べている。

このことは、即ち室町期に於ける大名家の場合と「在京雑掌」という軸を介して、対称形を成していたと言える。つまり、平安期に於ける「在京雑掌」は、在京する国司に彼が欲する任国についての情報を提供し、室町期に於けるそれは、後述する様に社会的な混乱に依って下国した大名に対して、その欲する京都を中心とした地域の情勢を報じていたということである。又、「在京雑掌」はその当初——平安期に於いては官人が任じられる公職であり、このことは無論戦国大名に於ける「雑掌」と同一の次元で論じられるべきことではないが、戦国大名に於ける「雑掌」が本来は私的な職であり、逸速く「公儀」化を果たそうとする大名権力にとって、「在京雑掌」は大名家自身の「雑掌」ではなく、大名がその私的実力に依って支配している国々の「雑掌」でなければならず、その志向するところは、公的に認証された支配権力としての大名領国より派遣される「在京雑掌」であったものと考えられる。

「在京雑掌」の起源については以上の通りであるが、室町・戦国期に於ける「雑掌」について、『武家名目抄』[10]では「雑掌人」の項に於いて、「京都祗候の大名諸家なべて雑掌の職を設置こと、なりて主人在邑の時雑掌は京師に留守し柳営にも出入して公私の雑掌をうけ給りしなり、其進退当今いはゆる留守居役に相類せり(中略)織田豊臣両家の頃にも尚雑掌の称残りたりけるが、慶長以後は公家にのみ存して武家には絶て聞ゆる事なし」と記している。同書を徳川幕府の命令に依って編纂した塙保己一は、室町・戦国期に於ける大名家の「雑掌」を近世の藩制に於ける「留守居役」に相当するものとして比定しているが、「在京雑掌」と「留守居役」との本質的な相違は、前者がその主人である大名の在京を想定していない独自の機関であるのに対して、後者が基本的には主人＝大名の定期的な在住を想定していて、職掌もその不在中にのみ外交や雑務を処理するという限定されたものであったことである。

無論「在京雑掌」が主人＝大名の意向を無視した行動をとることは無い訳であるが、その職掌は後述する様に「留守居役」と比較してもかなり広範多岐に亘るものであり、権限についても相当大きな部分が委任されていたものと考えられる。その様な「在京雑掌」の設置の契機となったのが、一般的には応仁・文明期を通じての社会的混乱に依る諸大名の下国と理解される。周知の如く室町期の守護は在京を原則としており、その在国は任国に於いて特別な要件が発生した場合に限定され、平時は京都や鎌倉に於いてそれぞれの政務を分掌した。こうした点を、後の戦国大名の場合に於ける不在京性と対比するのに於いて注目しておかなければならないとするのが、杉山博氏である。[11]又このことは、突きつめれば「守護大名と戦国大名との相違」という古くて新しい問題に迄至るのである。この問題は、従来より在地支配の変遷という観点から研究が行われ、戦国大名権力が国人領主制の進展した姿であるという見解が示されている。

しかし、応仁・文明期以前にも、守護の在国とそれに伴う「雑掌」の存在は確認することができる。越後国の守護であった上杉氏は、房定の頃(宝徳年間〈一四四九～五二〉頃)以降に於いては既に在国期間が大半を占める様になり、前代の房朝迄の守護上杉氏歴代が殆どの期間在京していたのと対照的である。又、それと共に「雑掌」に関する記事も出現する様になる。[12]更に関東管領の上杉家にも「雑掌」として判門田《はねだ》氏の存在が知られ、[13]こちらの方は既に南北朝期にはその所見があり、足利義詮の弟基氏が初めて関東管領に就任して以来、早い段階で「雑掌」が設置されていたことを推測させる。[14] 越後上杉氏の場合、同国守護に就任してより以降、国内の諸氏に対して「在京役」と称する役を課しており、幕府有事の際にはこれら上杉氏の在京の兵力が官軍として投入され、平時には洛中の警固にも当たったものと思われる。[15] 杉山博氏は、この様な在京守護大名の統率する在京兵力の総数を約六〇〇〇騎余と算出し、その中心が守護代等の重臣であったことを指摘している。[16] このことからすれば、越後上杉氏に限って言うと少なくとも「在京役」の実施中に於いては、たとえ守護が在国していても「在京雑掌」設置の必要性は少なく、「在京役」の消滅と「雑掌」の出現という事実こそがそのことを裏付けているのではなかろうか。[17]

さて、この様な「在京雑掌」には、如何なる職掌が付与されていたのであろうか。このことに関しては以前にも発表したことがあるが、[18] それは以下の諸点に要約されよう。

①京都を中心とした諸地域の動静の本国への注進。越後上杉氏の在京雑掌神余氏の場合、同国と青苧公事を介して関係のあった三条西実隆を中心として、様々な朝幕関係者と接触を図り、畿内・東海地方は言うに及ばず、遠く西国の大内氏に関する情報に至る迄を越後府中へと報告をしている。

②本国を代表した全権大使としての役割、つまり、政治的交渉・工作。これにはそれぞれの大名家の抱えていた事情に依り様々な行動が含まれるが、それらのことは無論のこと、主家の利害関係を最大限に有利な方向へ展開させようとするものであり、具体的には叙位・任官に関する関係者への働き掛け、守護職、或は同待遇の獲得、地域紛争の仲裁・停止等、朝廷や幕府の伝統的権威に依拠しなければ解決を見ない問題等であった。

③使節・使者としての役目。これは分国と朝幕関係者との間に交わされる品物や文書の取り次ぎと、それに付随した状況の注進である。特に書面に「委細某方可被申入候」といった文言が記されている場合、その内容について「雑

掌」が更に詳しく説明を行う必要があるが、これは文書に書かれている事柄が非常に重要である場合や「雑掌」の地位が総体的に高いか、或は「雑掌」と文書の内容とに関連性のある場合等、特別な事例である。

④文芸的な接触。これは「雑掌」自身が、京都に於いて活動していくには、文化的教養が欠くことのできなかった要素の一つであったからであり、逆に彼の主である大名の側からも、それは要請されていたことであった。つまり、そうした文芸的な機会に於いて種々の情報を得ることができたのであり、大名分国内への京都文化の移転をも可能にしたのである。

以上の様な「雑掌」は室町期、特に中期以降になると諸家に於いてその事例が散見される様になる(19)。大内氏の事例は別として、今迄述べて来た中でも触れた越後上杉氏の場合、新参の神余氏を常時在京させて、特にその「職」を世襲させていた(20)。又、神余《かなまり》氏の場合、前記の職掌に加えて三条西家がその本所である青苧座に関して、越後よりの青苧公事をも管掌しており(21)、更に私的に金融業迄も経営していたが(22)、永禄年間(一五五八~七〇)には下国して在地領主化を遂げていった(23)。

又、関東管領家の「雑掌」判門田氏の場合、幕府よりはその存在が重視されていた。『長禄二年以来申次記(24)』には将軍家への年賀の次第が記されているが、正月十日条では毎年当該日が判門田氏の将軍への対面日であるとして、その式次第について詳細に記している。そして、その序列を公家衆に準じたものとして定めている。又、『年中定例記(25)』八月朔日条では、「御憑(26)」の品物を「上杉雑掌判門田」が進上したとある等、常時在京し、名目的には鎌倉府の雑掌として主に幕府との間での交渉に当たっていた。しかし、鎌倉府の主たる関東公方が次第に幕府と反目する様になる中、両者の仲介役としての関東管領上杉氏とその直接の被官である判門田氏の行動は、この地域の安定に寄与するところが大きかったのである(27)。そして、判門田氏は、書状或は幕府の管領奉書、更には将軍の御内書等の文書に使(28)

者としてその名前が明記されていることからも、その置かれていた地位は重要、且つ高いものであったと言うことができる。(29)

以上の他にも当該期に於いては、若狭武田氏・今川氏・有馬氏・大友氏等の諸氏に於いても外交に関わった雑掌の事例を見出すことができる。(30)それらのものが常時在京して活動をしていたのか、或は制度として画定されていたのか否かについては猶判然としない面もあるが、雑掌自体の持っていた職掌等は今述べて来たことと同様なものであったと考えられる。

註

（1）永原慶二『日本中世の社会と国家』（日本放送出版協会、一九八二年）参照。
（2）永原慶二「戦国大名における「公儀」観念の形成」（『日本思想大系』第16巻「中世禅家の思想」付録、月報27、岩波書店、一九七二年）参照。同氏は戦国大名が「公儀」的立場を確立する目的で行なった守護職・国衛職・管領職等の名分を獲得することに対する努力は、先行する国家権力が掌握し得なかった在地の経済的・社会的公共秩序を、ともかくにも再編成し、それらを自らの法として制定したことこそが、その実質的な内容であったと指摘をする。
（3）朝尾直弘「「公儀」と幕藩領主制」（『講座　日本歴史』5近世1、東京大学出版会、一九八五年）参照。
（4）藤木久志『戦国大名の権力構造』（吉川弘文館、一九八七年）参照。
（5）『国史大辞典』第六巻「雑掌」項（安田元久執筆、吉川弘文館、一九八五年）参照。
（6）赤松俊秀「雑掌について」（『古文書研究』創刊号、一九六八年）。
（7）松崎英一「国雑掌の研究」（『九州史学』三七・三八・三九、九州史学十周年記念号、一九六七年）参照。

(8)『朝野群載』巻第廿二諸国雑事上(『国史大系』第二十九巻上、吉川弘文館)。

(9)『朝野群載』所収越前国司解では「左京雑掌」と記されているが、松崎氏はそれは書写の際の間違いであって、本来は「在京雑掌」とあったものと推定している。又、この他にも松崎氏は「在京雑掌」の存在を、伊賀国に於いて指摘している(前掲註(7)参照)。

(10)『武家名目抄』職名部七下(『新訂増補故実叢書』十一巻、明治図書出版、一九五三年)。

(11)杉山博「守護領国制の展開」(『岩波講座『日本歴史』7中世3、岩波書店、一九六三年。本書第二章)参照。

(12)拙稿「戦国大名上杉氏の外交について—対朝幕交渉を中心として—」(『柏崎　刈羽』一五、一九八八年。本書第二章)参照。

(13)周知の如く、元々関東管領は足利基氏を初めとする足利氏代々の職であったが、後にその執事上杉氏が関東管領を称する様になり、基氏の子孫を関東公方と呼ぶ様になった。又、関東管領＝守護ではないが、その雑掌判門田氏の活動は、大名家に於ける雑掌と同様なものであると認められるので、ここに呈示した。

(14)湯山学「山内上杉氏の在京代官判門田氏」(『武蔵野』三〇九、一九八六年)では、判門田氏は応安年間には既に在京していたものと推測している。

(15)管見の限りに於いては、越後上杉氏が「在京役」を課した事例は、越後国内でも北部の揚北衆にしか見出すことができず、「在京役」が国内の諸氏に対して均一に、満遍無く課されていたものなのかどうかについては、猶検討を要するところである。又、拙稿　前掲註(12)参照。

(16)杉山　前掲註(11)参照。『満済准后日記』応永二十一年十月二十日条には、京都五条にあった上杉被官人長尾氏(守護代)の屋敷が炎上したとあり、越後国の守護代が在京していた可能性が指摘できる。

(17) 拙稿 前掲註(12)参照。
(18) 拙稿「越後上杉氏の外交について—在京雑掌に関して—」(『柏崎　刈羽』一四、一九八七年)参照。
(19) 拙稿 前掲註(12)所収「室町時代の諸大名に於ける外交を担当した雑掌」表(本書未収)参照。
(20) 神余昌綱—実綱—親綱の三代に亘り在京し続け、殆ど越後国には在国していない。又、同氏は上杉・長尾氏の譜代の家臣ではなく、室町中期以降に越後方の在京雑掌に就任したものと推測される。神余氏は、『蔭凉軒日録』文明十八年正月二十二日条にある「守林院神余越前守。同小次郎」の記事を以て初見とする。『増補 続史料大成(第二十二巻)蔭凉軒日録二』(臨川書店、一九七八年)による。
(21) 竹田和夫「室町・戦国期武家雑掌の基礎的考察—上杉家雑掌神余氏を事例として—」(『地方史新潟』二二、一九八六年)参照。
(22) 拙稿 前掲註(12)及び拙稿「戦国大名家在京雑掌の経済的活動—上杉氏雑掌神余氏の場合—」(『戦国史研究』一四、一九八七年。本書第二章付論一)参照。
(23) 拙稿「越後上杉氏の外交について—在京雑掌神余氏の永禄年間以降に於ける動向と新外交体制の樹立迄—」(『史学論集』一七、一九八七年)参照。
(24) 『群書類従』第二十二輯所収(続群書類従完成会)。
(25) 『群書類従』第二十二輯所収。
(26) 田の実の祝い。陰暦の八月一日に君臣の間で品物の授受を行い、相互の信頼を祝う行事。
(27) 奥野高廣「武蔵守護代大石憲儀の新史料」(『武蔵野』三〇三、一九八三年)参照。
(28) 『神奈川県史』資料編古代・中世(3上・3下)(神奈川県、一九七五・一九七九年)参照。

（29）この後、判門田氏は北野宮寺領の社家代官として現れるが、『北野社家日記』（『史料纂集』、続群書類従完成会）第三の延徳三年七月二日条の幕府奉行人連署奉書案には「北野宮寺領越後国大積郷事、判門田備後守乍致社家代官令難渋、近年如形社納云〻」という件がある。当該大積郷は永正七年に越後上杉氏の在京雑掌神余越前守昌綱へ付与されるが（拙稿　前掲註（12）参照）、判門田・神余両氏共に上杉氏の雑掌であるために大積郷が「雑掌職」と共に、判門田氏より神余氏へ継承されていったとも考えられる。しかし、この土地が元来は北野宮寺領であり、後に判門田備後守が私的実力で押領したものであって、その可能性は低いものと考えられる。

（30）拙稿　前掲註（19）参照。

第三章　上杉氏京都雑掌神余氏と連歌師

はじめに

室町・戦国期に於ける地域権力としての大名と、京洛を中心として継承されてきた伝統的、或は当代流行の文芸との関係を明白にしようとするのが、本稿の目的である。従来より筆者は、当該期の大名と、旧来よりの権威としての朝廷・室町幕府・寺社勢力等との関係を考察する上で、その両者の接点として、大名家側が京都に設置していた京都雑掌を事例として論及してきた。この様な在京雑掌の活動を類別すると、一般的には政治的交渉・使者・情報収集、経済的行為等にパターン化することができるが、これにもう一つ、京都に於ける文芸的交渉を付け加えなければならない。大名が積極的に保護・奨励した文芸で特に著名なのが、西国の周防山口を中心として開花した大内氏による文芸の存在であり、東の京都と西は遥か大陸よりもたらされた文物や人的交流との融合で、独自の境地を形成するに至った。これにはその規模に於いて少し及ばないまでも、盛んに分国越後と京都との間で文芸交流のあった大名上杉氏の場合について、その京都雑掌として代々在京し、上杉氏の代弁者として活動していた神余《かなまり》氏による文芸交渉について考える。

一　大名と文芸

室町・戦国期に於ける大名と文芸に関しては、米原正義氏の『戦国武士と文芸の研究』(1)が、能登畠山氏・越前朝倉氏・若狭武田氏・出雲尼子氏・周防大内氏・駿河今川氏等、この時代を代表する大名家の個別事例に関して、大名家の当主は言うに及ばず、その被官人等による文芸に対しても論及しており、政治・経済・社会史中心になりがちな戦国大名研究に文化史的観点をも導入して、大名と文芸という新たな研究領域を提供したものとして評価される。本稿では、特に越後上杉氏の京都雑掌神余氏と当代流行の連歌師達との交渉を主眼として考えたいと思うが、米原氏は戦国大名と連歌師との関係も一つの重要な指標として捉えている。

寄合の文芸としての連歌と戦国権力との関連を論じたものとしては、鶴崎裕雄氏の『戦国の権力と寄合の文芸』(2)を挙げなければならない。鶴崎氏は先ず、史資料としての文芸作品という観点より、連歌師の紀行文から各地方の地域的・時代的特徴や、中世都市の描写を抽出しようと試み、更に連歌師の地方旅行を通して各地(主として東海・畿内地域)に展開していた戦国的権力と寄合の文芸との関係を、具体的な文芸作品を呈示しながら論じている。地域的には限定されているものの、細川管領家から一国人領主に至る迄の、実に層の厚い人々による文芸活動を知ることができる。又、金子金治郎氏が『連歌師と紀行』(3)を刊行し、連歌師の基礎的考察、及び宗祇・宗碩・宗長・宗牧・紹巴といった、宗祇一門の人々による個別な事例(紀行)と、その庇護者としての各地域権力等との具体的な文芸交渉について言及している。

この様に、戦国的権力と文芸、特に連歌師を接点とした地方権力と中央の諸権威との結び付きは、近年に於ける先に挙げた諸氏の研究の進展により、かなりの部分について解き明かされつつある。本稿では、越後上杉氏の在京雑掌神余氏と北野連歌会所奉行にも任命されたことのある飯尾宗祇一門の連歌師との、文芸活動を介した京都に於ける交流を中心としてその意義を探ると共に、これらのことに対して政治・経済史的観点よりどの様な位置付けが付与できるのかについて考える。越後上杉氏と宗祇とは、「知己間」(『後法興院記』二、文明十八年九月二十七日条)とある如く、親しい間柄であったことが知られる。史料的に神余氏と宗祇一門の連歌師達との具体的な交渉の様子が描かれているものは、主として関白太政大臣近衛尚通の日記『後法成寺関白記』[4]と、内大臣三条西実隆の日記『実隆公記』[5]の二つの日記である。つまり、この二人の朝廷の高官邸が、当時流行の連歌師達の出入りした文芸サロンとして存在していたのである。右の二人の日記に記事として見える、神余氏と宗祇一門の連歌師との交流の様子を抽出したものを先ず上に示しておく。[6]

図1　本稿関係　連歌師　師承略系図

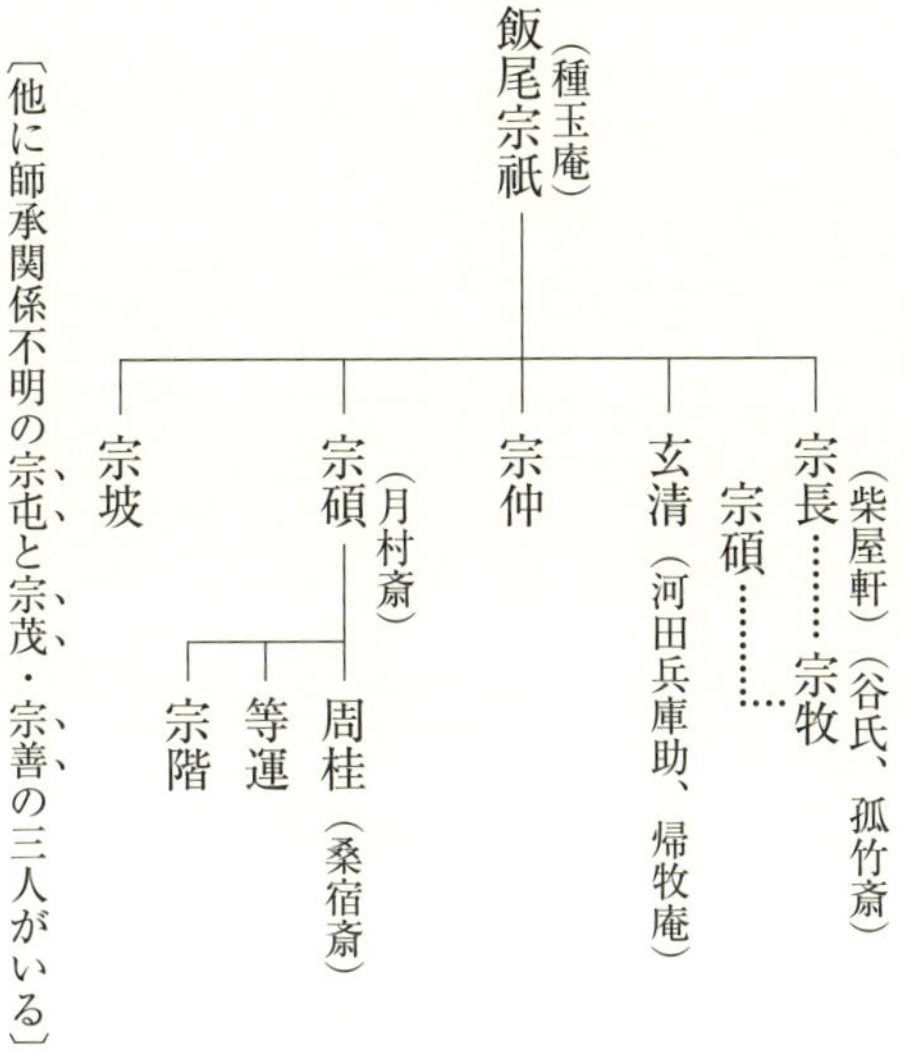

〔他に師承関係不明の宗屯と宗茂・宗善の三人がいる〕

表1　神余氏と連歌師の交渉年表

	年月日	内容	出典
1	永正2(一五〇五)・5・15	松田豊前(幕府奉行人、頼亮)・玄清・宗碩・神余氏ら、三条西邸で兆子事張行。二十首和歌探題し、これを詠む。	実隆
2	永正4(一五〇七)・1・15	玄清・神余氏ら、近衛邸へ	後記
3	永正6(一五〇九)・4・1	玄清・神余氏ら、三条西邸で酒宴・歌舞に及ぶ	実隆
4	永正7(一五一〇)・6・6	宗碩、実隆に越後国牢人切入の由を語る	実隆
5	永正7(一五一〇)・8・21	宗坡、実隆に明後日の越後下向を告ぐ	実隆
6	永正7(一五一〇)・12・30	神余氏・宗碩・玄清ら、近衛邸へ	後記
7	永正8(一五一一)・9・2	実隆、神余氏に越後の宗坡への書状を渡す	実隆
8	永正8(一五一一)・11・11	越後の宗坡より実隆に、苧座中事如形の由を記した書状が届く	実隆
9	永正8(一五一一)・12・30	神余氏・宗碩ら、近衛邸へ	後記
10	永正9(一五一二)・3・9	実隆、長尾氏・宗坡への書状を発給	実隆
11	永正9(一五一二)・閏4・26	宗坡、(越後より)上洛	実隆
12	永正11(一五一四)・1・4	神余小二郎・宗碩・周桂ら、三条西邸へ。三献し、これを祝す	実隆
13	永正17(一五二〇)・1・13	外郎・宗長・吉田(若狭武田氏雑掌)・神余小二郎ら、三条西邸へ	実隆
14	永正17(一五二〇)・2・13	神余氏・肥田(玄清)ら、三条西邸で盃酌あり	実隆
15	大永3(一五二三)・10・7	神余氏・吉田ら、実隆に若州荷物事を申す。実隆、この旨周桂に書状を送る	実隆
16	大永6(一五二六)・1・10	神余越前(昌綱)・周佳ら、近衛邸へ	後記

17	大永6(一五二六)・9・9	宗碩・神余小二郎(実綱)ら、近衛邸へ	後記
18	大永7(一五二七)・1・10	武田(元光)・宗碩・神余隼人(実綱)ら、三条西邸で盃酌あり	実隆
19	大永7(一五二七)・2・11	宗牧・神余越前、三条西邸へ同道す	実隆
20	大永7(一五二七)・2・28	神余越前・宗屯ら、三条西邸で一盞あり	実隆
21	大永7(一五二七)・3・19	道堅(岩山四郎尚宗)・宗長・宗碩・周桂・神余氏ら、三条西邸で盃酌あり	実隆
22	大永7(一五二七)・6・1	神余氏・宗碩ら、三条西邸で一盞あり	実隆
23	大永8(一五二八)・1・10	神余越前・宗牧ら、三条西邸で一盞あり。各人、詠草を実隆に見せる	実隆
24	享禄元(一五二八)・10・5	実隆、苧公事のことを指示した書状を神余氏の書状と共に月村(宗碩)に送る	実隆
25	享禄元(一五二八)・10・15	実隆の許へ、越後事に関する道堅の書状が到来	実隆
26	享禄元(一五二八)・10・21	実隆の許へ、越後事については既に人を差下した旨を記した宗碩の書状が到来	実隆
27	享禄元(一五二八)・11・20	実隆の許へ、苧事成難の由を記した宗璿よりの書状が、越後商人により届けられる	実隆
28	享禄元(一五二八)・12・15	実隆、越後事いまだ一左右にあたわざる旨を記した宗碩の書状(11月23日付)を一見する	実隆
29	享禄元(一五二八)・12・16	実隆の許へ、去る4日に宗璿が越後より帰り、五〇〇〇疋を運送した旨を記した宗碩の書状が到来	実隆
30	享禄2(一五二九)・1・4	周桂・宗牧・神余越前ら、三条西邸で酒宴。探題各々これを取る。連歌面八句、宗牧これを書く	実隆
31	享禄2(一五二九)・1・14	能州より、宗碩の書状と黄金二切(五〇貫代、一六両二朱朱半)到来	実隆
32	享禄2(一五二九)・2・1	神余氏・宗牧ら、三条西邸で盃を賜わる	実隆
33	享禄2(一五二九)・2・30	神余氏・周桂ら、三条西邸で索麵など賞翫	実隆

34	享禄2(一五二九)・3・9	石山寺法楽和歌百首を披講。午後、周桂・宗牧・神余越前ら多数の人々が三条西邸へ。事後、芳飯、盃あり	実隆
35	享禄2(一五二九)・4・2	宗璠、三条西邸へ。宗碩も上洛の旨を報じ、今後の越後事、種々これを談ず	実隆
36	享禄2(一五二九)・4・26	宗中(仲)、実隆に越後公用事で申す旨あり。実隆、委細返事を遣わす	実隆
37	享禄2(一五二九)・6・8	宗牧・神余氏ら、三条西邸で宗牧持参の樽を賞翫	実隆
38	享禄2(一五二九)・9・9	宗碩・周桂・宗璠・宗茂・神余氏ら、三条西邸へ来賀	実隆
39	享禄2(一五二九)・10・6	典礼上、清三位入道(清原宣賢)講尺。師(三条西公條)発起也。万松以下の人々来集し、事後一盞あり	実隆
40	享禄2(一五二九)・10・11	宗碩・神余氏ら、三条西邸で清原宣賢より礼記講尺を受ける	実隆
41	享禄2(一五二九)・11・12	典礼講尺。宗碩・周桂・神余氏ら、三条西邸で一盞あり	実隆
42	享禄2(一五二九)・11・18	典礼講終。各々聴衆一盞を勧める	実隆
43	享禄3(一五三〇)・2・19	神余氏・宗碩・周桂ら、三条西邸で小漬を賞翫	実隆
44	享禄3(一五三〇)・3・1	周桂・神余越州・隼人ら、三条西邸で田舎酒を賞翫。所々への書状、これを調える	実隆
45	享禄3(一五三〇)・3・9	実隆の許へ、宗仲より短冊二〇首、越後者が所望の由を記した書状が届く	実隆
46	享禄3(一五三〇)・3・10	実隆、宗仲に返事を遣わす。貝屋弥九郎が差下した越後使者に巨細を申し含める	実隆
47	享禄3(一五三〇)・9・18	実隆、当麻寺霊宝を神余氏らに頂戴せしむ	実隆
48	享禄3(一五三〇)・11・1	神余氏・宗善・宗璠ら、三条西邸へ	実隆
49	享禄3(一五三〇)・12・2	中御(中御門宣秀)田楽賞翫。宗碩・周桂・神余氏ら、三条西邸へ。盃酌、昏に及ぶ	実隆
50	享禄3(一五三〇)・12・4	宗碩、田楽事・小漬等結構。神余氏・周桂・宗璠ら、三条西邸へ	実隆

51	享禄3(一五三〇)・12・13	神余氏・宗碩・周桂・等運ら、三条西邸で一盞あり	実隆
52	享禄3(一五三〇)・12・15	周桂・等運・宗碩・神余氏ら、三条西邸へ	実隆
53	享禄4(一五三一)・1・28	越後事で宗碩密談の子細あり	実隆
54	享禄4(一五三一)・4・8	苧公事両年請取を、宗仲使者の貝屋与太郎に遣わす。貝屋氏、明日越後へ下向するとのことである	実隆
55	享禄4(一五三一)・閏5・4	宗碩・神余氏ら、晩湌三条西邸へ	実隆
56	享禄5(一五三二)・1・4	宗牧・神余氏ら、三条西邸で盃酌あり	実隆
57	享禄5(一五三二)・4・1	宗牧・神余氏ら、三条西邸へ	実隆
58	享禄5(一五三二)・4・11	大津荘厳寺其阿、連歌張行。朝湌~晩頭湯漬、一盞あり。宗牧・神余越前ら、一座す	実隆
59	享禄5(一五三二)・5・6	宗牧、宗長追善の品経和歌を取り重ぬ。午後、三条西邸に於いて披講。宗牧・昌綱(神余)ら、参会。事後、湯漬・盃酌・尺八等あり	実隆
60	享禄5(一五三二)・6・12	神余借物参結返弁。宗牧秘計なり	実隆
61	天文元(一五三二)・11・1	宗牧・神余隼人ら、三条西邸へ来賀	実隆
62	天文5(一五三六)・7・7	等運・周桂・宗牧・神余氏ら、近衛邸へ	後記

出典欄の「実隆」は『実隆公記』を、「後記」は『後法成寺関白記』を示す。

右の年表によると、記事の量的な存在状況では『実隆公記』の記述が圧倒的に多い。これは後述する様に、三条西実隆が座の本所権を所有していた青苧に関して、特に越後国産青苧[7]への課役(青苧公事)による収入が、同家の重要な収入源であったため、越後国守護上杉氏、及び守護代長尾氏とその被官で京都雑掌の神余氏との間で深交を結んでいたからである。神余氏が初めて『実隆公記』に登場するのが、永正元年(一五〇四)三月二十四日条の越後雑掌神余隼人の来邸記事である。『実隆公記』自体は文明六年(一四七四)正月より執筆されているが、永正年間以前には同氏に関する記事が存在しないし、『実隆公記』紙背文書で神余氏関連のものは、日記本文 永正元年十二月四日～六日条の裏に記されている十二月一日付神余昌綱書状が初見であることから[(8)]、三条西実隆と神余氏との交渉開始もおおよそ、この時期であると推定される[(9)]。その直後には、三条西・近衛両邸を舞台とした神余氏と連歌師等との交流も始まっていたのである。

各日記の内容について詳しく見てみる。先ず『後法成寺関白記』の記事は量的には少ないものの、年末・年始・七夕・重陽等の重要な折節には、神余氏が近衛邸に連歌師ともども祇候していたことが窺われ、『実隆公記』の記事程の詳細さはないものの、閑談、連歌の張行、酒宴に及んでいる。同記には、宗碩・周桂・谷宗牧・宗珤・玄清・等運ら宗祇一門の連歌師を始め、元朝滅亡時に来日し、博多に居住した医師陳順祖の子孫陳外郎等[(10)]のおびただしい来邸記事がある。何かにつけて近衛邸が当代文芸の交流の場として使用されたと共に、頻繁な地方旅行を行った連歌師や国内外の事情にも通じていた陳外郎等との情報交換の場としても活用されていた、と考えられる。これは近衛家側としても、実質的な近衛家領が畿内近国の所領に限定されてしまった[(11)]とは言え、それぞれの地域の情勢が荘園解体期を通じて辛うじて残された、それら荘園群に及ぼす影響を、決して座視することができなかったことにもよるものと考えられる。近衛氏は自邸を文芸交渉の場としてサロン化すると共に、地方の動向の把握にも努めたと見るべきであろう。ただし、これは後述する三条西家の場合に於いても同様である。

二　酒宴と談合

次いで『実隆公記』であるが、これは量的にはかなり多いものの、いくつかのパターンに分けることができる。

①各々三条西邸に参会して、或は酒宴、歌舞に及ぶ場合。「兆子事張行」とか「一献」「盃五、二献」「三献」「盃二」「有盃酌」「勧一盞」といった記事の類は、全てこれである。又は、諸氏より三条西家に献納された(酒)樽や索麵、小漬飯(軽食)、田舎酒といったものの賞翫のために三条西邸を訪問し、晩飡などを共にする場合である。三条西家を訪問する日としては、月朔、重陽の節や正月の賀としての祗候が多く、その主な顔ぶれは神余昌綱・実綱父子を始めとして、宗碩・周桂・玄清・宗牧・宗長・等運・宗茂・宗善らの宗祇の流れをくんだ連歌師達や歌人道堅法師、それに若狭国守護武田氏雑掌の吉田氏などであった。

大永七年(一五二七)正月十日には、前年十月末の将軍足利義晴による上洛命令を受けて、十二月二十九日に入京していた若狭国守護武田元光がその被官粟屋周防・吉田与次[12]らと共に来邸し、その際、宗碩と神余隼人(実綱)が在座していた。『実隆公記』によれば、元光は実隆に師事する形で和歌の指導を受けており、粟屋孫四郎(勝春)や吉田与次[13]・大野右京進といった被官人らを適宜上洛させて自らの詠草の合点を依頼させたり、歌題を示してもらったりしており、和歌にかなりの興味を持っていた。これに便乗する形で、或は元光の命かもしれないが、粟屋右京亮(元隆)・南部大蔵丞といった家臣にも実隆に詠草の添削を受けさせており、これらの分をも合わせた武田家側より三条西家に対する——具体的には太刀・銭・鱈・海鼠腸(なまこの腸)・鴈・貝鮑(あわび)・鮭等——礼物としての金品は、慢性的な収入不足に悩む同家にとって、一時的にせよ家計を潤したに違いない。更に、大永五年九月二十三日には神余氏

図2　大永三年頃の三条西家を巡る青苧の流れ

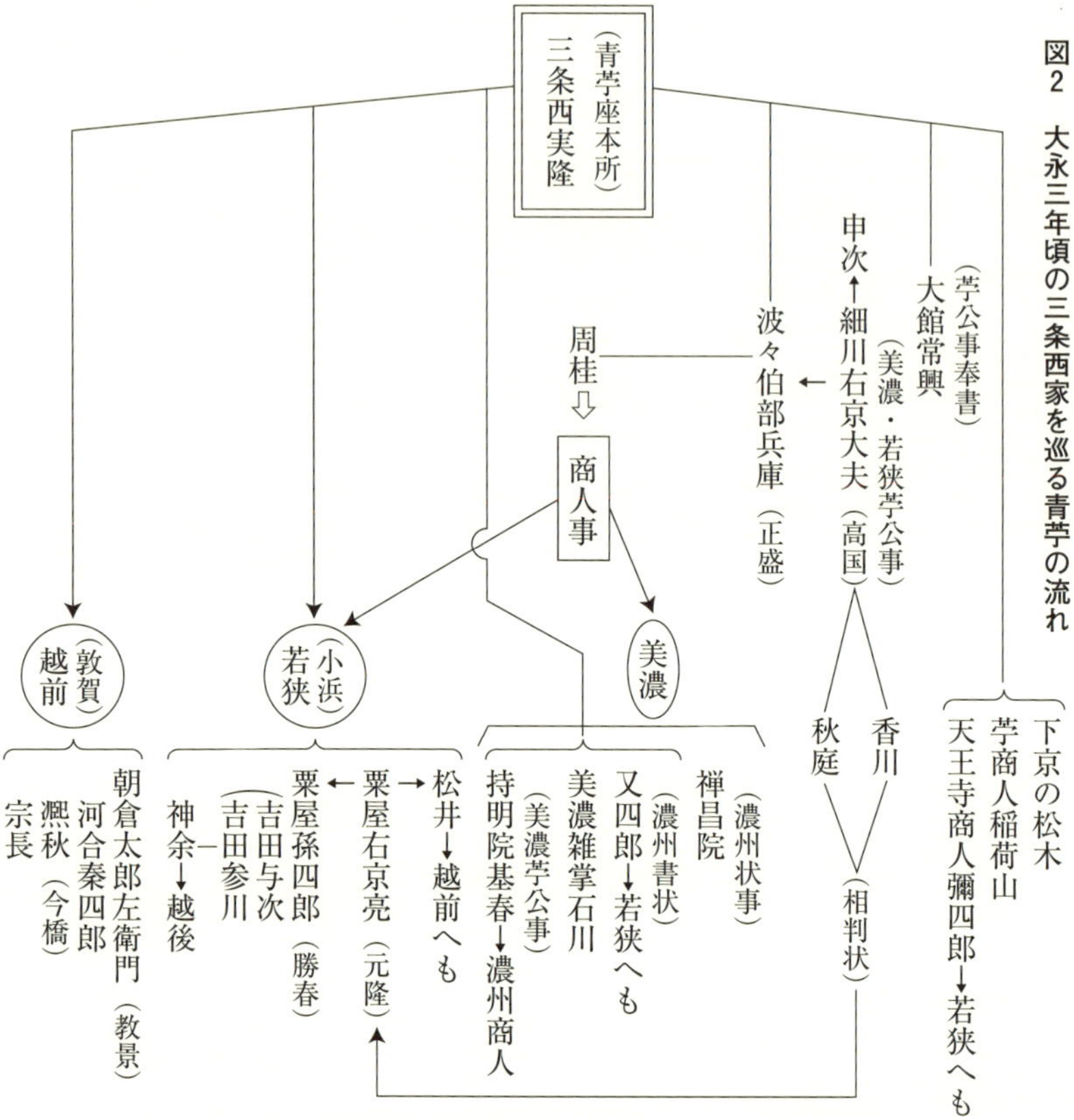

（昌綱）が実隆の許を訪れて元光の百首合点を依頼し、実隆はすぐこれに墨を付け、吉田氏を通じて返却させている。『実隆公記』を見ると、越後上杉氏の在京雑掌である神余氏と若狭武田氏の雑掌吉田氏とは実隆を通じて交流もあったらしく、この面からも両者は結び付きを深め、武田氏詠草の取次ぎなども行ったのであろう。それ以上に両者の関係を深めた理由は、越後国産青苧の揚陸、搬入ルート上の重要地点であった小浜湊を、若狭守護の武田氏が掌握していたからである[13]。一つの例として、大永三年十月七日条では、神余氏（昌綱）と吉田氏が三条西邸に同道し、実隆へ「若州荷物事」、つまり小浜に到着した青苧に関して注進を行っている。恐らく吉田氏は、越後府内にある蔵田

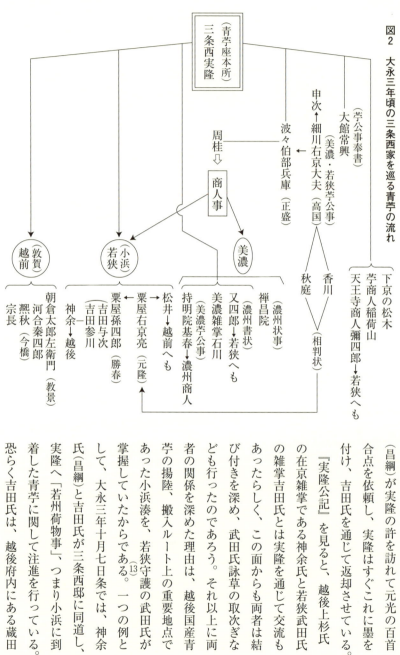

氏の如く、三条西家に委嘱されて小浜湊での役銭徴収とその同家への納入事務に当たっていたものと推察される。同日条では、この件について実隆が周桂へ書状を送っているが、この後九日には同人が早朝に三条西邸を訪れ、苧公事に関して実隆に説明を行っている。この大永三年当時に於ける三条西家を巡る青苧の流れについて、簡略に図示した。

特に前記粟屋元隆は、武田氏重臣としてこの頃小浜代官に任じられており、港湾管理をも行っていたことが窺われ、又、元隆自身、その娘が代々武家伝奏に補任されて朝幕間の交渉に当たっていた藤原氏北家高藤流の勧修寺晴秀の室となって晴豊を生む(14)など、武家の被官でありながら、有力公家への接近を図っていた。この様なことも、在京して縦横に亘る情報ネットワークを構築していた神余氏にとり、重要視せざるを得なかったのである。

②三条西邸で何かの談合に及ぶ場合。言い換えれば、情報交換の場と言うこともできる。例えば、宗祇没後に種玉庵を継ぐことになる宗碩は、永正七年(一五一〇)六月六日にも三条西邸を訪問し、関東管領上杉顕定の越後侵攻に対抗して、追われた越後守護上杉定実に呼応した信濃国の高梨政盛とその牢人らが越後国内へ侵入したことや、但馬国の守護家である山名氏の動静に関する情報を実隆へ提供しているが、これらの情報などは頻繁な地方旅行を行っている連歌師らによりもたらされたものの代表例である。三条西家は前述の如く、青苧座本所として越後国産青苧をも一応は管掌していたため、それを中心とした情報が主なものとなったのは当然であろう。三条西家へ出入りしていた連歌師らも数多くの地方旅行を行っており、実際に現地へ赴くことのできない実隆に代わって、大名らとの個人的な面識を利用してそれらの交渉に当たっていた。

特に前出の宗碩による、能登国下向時に於ける青苧公事の納入催促、及び徴収活動については別稿で記した(15)が、この他にも同じ宗祇門人の宗坡による活動が指摘できる。彼は永正七年八月二十一日条に於いて、実隆より色紙や扇等を餞別として受けとり、明後日(二十三日)には越後国へ下向するとしている。宗坡は『実隆公記』中に於いて、宗祇門弟の玄清(帰牧庵)と三条西邸で同座している記事も散見するなど、宗祇一門の中では若手の連歌作者であった。[16] 翌永正八年十一月十一日条で「苧座中事如形之由」を記した宗坡の書状が、越後よりの使者によって実隆の許へもたらされたとし、更に翌九年三月九日条には、実隆が長尾氏と宗坡方に宛てた苧公事納入に関する要請を記したと思われる書状、及び名目上の守護であった上杉定実への古筆や堆紅盆といった贈り物や書状までを神余氏に遣わしたとある。傀儡の定実にまで誼みを通じて、何とか青苧座本所としての権益を守ろうという、三条西家側の並々ならぬ思いがあった。

宗坡の上洛はこの年の閏四月二十六日であるから、彼の越後滞在は一年九ヶ月余りの長期に及んでいた。宗坡は越後府中では青苧座を始め、上杉家(長尾氏)に対しても様々な働き掛けを行ったものと思われ、その成果か、八年十月一日条では多くの苧荷が若狭に到着したとし、更に翌十一月十六日条では(越後国の青苧座)座中の井田隼人(雑掌か)が二〇〇〇疋を沙汰した(その他の分は未納とある)とあるなど、ある程度の進展は見られた様である。連歌師宗坡と京都雑掌神余氏との連携行動はこの時にも見受けられ、神余氏は宗坡が実隆の許に下向の挨拶に訪れた七年八月二十一日に、実隆より越後国への書状を受け取って分国に下しており、恐らくは神余氏発給の、宗坡下向に伴う同人への便宜供与等を要請した副状も添えられていたものと考えられ、更に翌八年九月二日条では実隆発給の宗坡宛書状が神余氏の手を経て分国に下されることが記されている。何れの場合も、実隆は神余氏の副状発給を期待したのであろう。

ところで、永正三年十月二十一日条では、先の玄清と宗坡とが三条西邸に於いて同座し、去る九月十九日に能登畠山氏と連携して越中国へ出陣中の越後国守護代長尾能景(為景の父)が、越中国般若野で一向一揆と戦い戦死したことなどを報じている。頻繁な地方旅行等に見られる様に、地方の情勢に詳しい連歌師を地域政権との交渉の仲介役として立てることは、実隆らの権門側にとっては正確な情報を得られるなど、願ってもないことであったし、連歌師側としても、その特質を利用するだけで朝廷の高官やその交渉相手である地方権力とのつながりを一層深化させられるなど、双方の利益に叶ったことであった。

又、師承関係ははっきりしないものの、やはり宗祇門の連歌師と思われる宗中(仲)(17)が青苧に関与している。享禄二年(一五二九)四月二十六日条では、越後公用事について彼が実隆に何かを報告し、その委細の返事が実隆より宗中に遣わされていることが記され、翌三年三月九日条には宗仲よりの書状が実隆に届き、短冊二十首を越後者が所望しているとし、実隆はすぐに染筆した上、翌十日には宗仲へ返事を遣わしている。そして三条西邸に来邸した、貝屋弥九郎が差し下した越後への使者に、実隆は巨細を申し含める。恐らくは、苧公事についてのことであろう。この貝屋氏と宗仲とは、苧公事徴収に関して連携していたらしい。

更に翌四年四月八日には、実隆が使者の貝屋与太郎に対して苧公事両年請取状を発給し、二人は一盞を勧めながら委細の問答に及ぶが、貝屋氏はこれを持って明日直ちに越後へ下向するとしている。去年分の請取状については既に宗仲に渡してあるが、何かの事情で他所に預け置いたので、去年分をも含める形で再発行したとしている。ここで貝屋氏のことを「使者也」としてあるのは、宗仲の使者として来邸したという意味であろう。この様に宗仲・貝屋氏らによる関与が確認されるのは以上の三ケ年間のみであるが、公事銭徴収と納入を一種の請負の形で行っていた可能性も高い。そして、歌人道堅(岩山四郎尚宗)の関与も見逃すことができない。彼が関与した証拠が残るのは、唯一宗碩による第三回目の能登国下向時に於けるもののみである。享禄元年十月十五日条によると、この日実隆の許へ道堅の書状が到来し、それには「越後事堅可申之由談合」とあり、実隆は「珍重」としてこの道堅書状の内容を喜んでいる。

恐らくこの時、道堅は宗碩らと共に能登へ下向していたものと見られ、越後側に対する苧公事納入催促の方法について能登国に滞在していた宗碩・宗珸・道堅の間で相談を行ったのであろう。この道堅は元々近江国佐々木氏の出身で、将軍足利義尚の近臣として和歌に通じていたが、義尚没後出家して相国寺との関係もあったとされる人物であり、明応四年(一四九五)以降、三条西実隆の許で歌道を習い、周防・能登・近江国等への地方旅行をも行なった[18]。更に大永七年三月十九日条では、三条西邸で道堅と宗長・宗碩・周桂らの連歌師、そして神余氏も同座しての盃酌があり、この日、能登(畠山氏)より山伏が書状や品物等を実隆の許へ持参したが、それ(文芸、及び青苧公事のこと)についての談合もあったかもしれない。彼らの間での交流が確かめられる。

以上の様に実隆側よりすれば、三条西家の収入源(旧体制的な得分、及び古典類染筆の礼物)確保のための交渉手段として、各地域権力との面識もある彼ら連歌師・歌人らを用いることのできる利点があり、又、逆に彼ら当代文芸を担った人々は実隆よりの古典の伝授等による、より一層の文芸の磨きをかけることと、滞在先の大名らより贈られる多大な金品収入とが期待できたのである。彼ら連歌師が、公家と大名の間の「富と文化の運搬役[19]」と呼ばれる所以である。そして、実隆と連歌師達の接点として、三条西邸が実隆を中心としたグループの談合の場に提供されており、同家へ出入りしていた京都雑掌神余氏との深交もここにこそ存在し得たのである。

三　芸能の張行と古典の講釈

③和歌・連歌・田楽等の張行。神余氏が自他の人々の詠草指導を実隆に依頼していたことは従前より述べてきた通りであるが、例えば大永八年(一五二八)正月十日条では、昌綱が宗牧と共にその詠草を実隆に見せている。この様な個々に対する指導の他にも、数人で三条西邸に集まり、和歌・連歌の会を張行することもあった。永正二年(一五〇五)五月十五日条では、室町幕府右筆方奉行人の松田豊前守(頼亮)や玄清・宗碩、それに神余氏らがいくつかの題を

出し、各人がくじで探り取った題によって詠む探題形式で二十首の和歌を詠んでいるし、享禄二年正月四日には周桂・宗牧・神余越前らがやはり探題形式で連歌を詠んでいる。この様な会では、概して酒宴に及ぶのが常である。寧ろ、和歌・連歌は酒宴の余興的性格を持っていたものであった。

この様な内々の会より、更に大きな会が興行されることもあった。同年三月九日には、滋賀県大津市にある真言宗東寺派の石山寺に奉納する法楽和歌百首の披講があった。神明に和歌・連歌を奉納する法楽は室町期に歌壇の習俗と化していたが、この日も午後より実隆・四辻大納言(公音)・三条亜相(公頼)・甘露寺中納言(伊長)・左衛門督(飛鳥井雅綱)・庭田新中納言(重親)・中院中納言(通胤)・真光院僧正・理覚院、それに周桂・宗牧と大神景範・今橋凞秋らの人々が参会し、神余越前(昌綱)も召し寄せられ、自らの歌を披講している。事後に芳飯、そして、食籠等盃二があり散会に至る。次いで、享禄五年四月十一日には、大津金塚の荘厳寺其阿が連歌会を張行する。この時参会したのは実隆を始め、その子公条・甘露寺伊長・西室(公順)・智恩寺伝誉上人・寿慶・宗牧・覚阿(其阿同宿)、それに神余越前(昌綱)らの人々であり、執筆は北野城(常)林房であった。この日も朝飡に始まり、午後の切麺(切麦)、夕方の湯漬、そして一盞に至る迄、終日活計の内に散会する。

又、神余氏とも同座することの多かった宗長が、八十五歳でこの年の三月六日に駿河で没するが(『実隆公記』三月二十四日条)、五月六日には実隆邸に於いてその追善の品経和歌の披講があり、宗牧が取り重ね、近衛尚通が題者となっている。そして、午後より、故宗長との縁も浅くない人々が来会する。前左相府(転法輪三条実香)・四辻亜相(公音)・鷲尾前黄門(隆康)・左衛門督(飛鳥井雅綱)・万里黄門(万里小路秀房)・源黄門(庭田重親)・範久朝臣(高倉)・長淳朝臣(東坊城)・理覚院・皆明寺・寿慶・景範(大神)・宗牧、そして、神余昌綱らの人々であった。諸役としては、雅綱が発声、長淳が講師、また実隆の子太宰権師公条が読師を務めた。披講後湯漬、十二献の盃酌があり、余興で小歌・尺八の披露もあった。実隆は故宗長法師を、宗祇門下生中で多年昵近にして来た唯一の人間であるとして、その死去を深く悲しむと記述している。

ところで、島津忠夫氏の『連歌師宗祇』によると、[20] 明応八年(一四九九)正月四日、京都の入江御所に隣接してあった宗祇の草庵(種玉庵)で「何人百韻」(中村俊定本等)が張行され、その内容は宗祇(発句を含め十五句)・宗長(脇、十四句)・玄清(十三句)・宗純(七句)・頼茂(四句)・宗仲(六句)・匡久(四句)・宗碩(五句)・宗哲(八句)・宗恵(五句)・公春(二句)・宗坡(四句)・恵俊(七句)・昌綱(四句)・盛安(二句)・幸千代(一句)等であり、挙句は玄清が詠んだ。島津氏はこの時点での宗祇一門の構成について、宗長・玄清が重鎮であり、宗仲・宗哲・宗碩・宗坡が門弟としての地位を築いたとして指摘している。そして、この「何人百韻」の中に「昌綱」の名があり、四句の連歌作品を残している。恐らくこの昌綱とは、今まで色々と触れてきた神余越前守昌綱のことであると思われ、宗祇が前後七回にも及ぶ越後国への旅行を行っていることからみても、越後上杉氏に於ける京都雑掌である神余氏が宗祇に一座していても何ら不思議ではない。しかし、この「昌綱」なる人物に関しては、この時期の前後共に具体的に連衆としてその名や作品を残してはおらず、管見の限り唯一の連歌作品[21]ということになる。

続いて田楽の張行に関しても、若干の記事が認められる。享禄三年(一五三〇)十二月二日条では、中御門宣秀が実隆邸で田楽を張行し、連歌師宗碩・周桂、神余氏(昌綱)、清水心月坊(宗胤)らが来会した。宣秀が小漬飯の振舞の用意を行い、その後、晩に至る迄盃酌に及んでいる。この前日の一日にも実隆邸で清水が田楽を張行しているが、この席にも神余昌綱は同座していた。この日は先の中御門宣秀を始めとして、本覚寺(澄健)・三亜(実香の子転法輪三条公頼)・甘露寺伊長・師象朝臣(押小路)・業賢朝臣(清原)らが来会しており、終夜盃酌に及んでいた。日は前後するが、四日には宗碩が田楽やその後の小漬飯などの準備を行い、やはり、実隆邸で田楽が張行されることになる。参会の人々は、中御門宣秀・権大（正親町実胤）・甘露寺伊長・神余氏（昌綱）・景範（大神）・清水（心月坊宗胤）・周桂、実隆邸より三人、そして、後刻宗瑎と寿珍が召し寄せられており、やはり、事後小飲が夜に迄及んでいた。

④講釈の受講。三条西邸ではこの頃、多様な人々による講義がなされていた。実隆自身の『源氏物語』を始め、その子公条（唐の李瀚編の『蒙求』、元の曾先之著の『十八史略』、『源氏物語』）、万里小路秀房（孔子に関わる儒教の経典四書の一つである『論語』）、月舟《寿桂》（蒙求・宋の周弼編の『三体詩』）、常庵《龍崇》和尚（元の黄堅編の『古文真宝』、『三体詩』）、清原《船橋》宣賢（五経の一つである『礼記』、『毛詩』（詩経）、『日本書紀』）、宣賢の子業賢（『論語』）といった具合であり、和学もあったが漢籍の多く講ぜられていたことに特色がある。[22]この内、『実隆公記』により、神余氏と連歌師が同座していたことの認められるのは、清原宣賢による礼記講釈の場に於いてである。享禄二年十月六日、三条西公条の発起により典礼上、つまり、『礼記』の中の古礼を例示した部分の講釈が開始され、この時は万松軒（等勝）らの人々が来集しており、事後一盞があった。同十一日にも講釈が開かれている。この日来集の人々は、万松・中院（通胤）・宗碩・葉雪、それに神余昌綱らであり、やはり事後一盞を勧めている。この座では、葉雪・三条西条らによって、漢和聯句が余興として行われた。

この後、当該講釈は十月十七日・二十二日・二十七日、十一月七日・十二日（宗碩・周桂・神余氏）と続き、出席の人々も先に示した参加者であった。具体的に神余氏や連歌師達が出席した記事を残しているのは、上記の内十月十一日、十一月十二日の両日であるが、恐らくは日記に記載がないだけで、その殆どを聴講していたものと考えられる。そして、当該講義の最終日となるのが、十一月十八日である。この日聴衆は三条西邸に来集し一盞を勧めており、夕方、実隆の息公条が宣賢邸を訪れ、太刀一腰を謝礼として渡した。宣賢は儒学者として名声があり、能登畠山氏・若狭武田氏・越前朝倉氏の許に実際下向して講義を行い、更に周防の大内氏ともつながりを持っており、文芸の地方伝播に大きな役割を果たしていた。この三条西邸に於ける『礼記』講釈の直前にも、彼は二月～八月の間、先ず越前国主の朝倉孝景の許に赴いて『日本書記』を講じ、次いで能登国七尾に滞在して守護畠山義総に『蒙求』の講義を行っていた。(23)

以上、『後法成寺関白紀』の記事及び、『実隆公記』に見える神余氏と連歌師達との交渉を四類型に類分化してみたが、神余氏についてはその多くが越前守昌綱についてのものであると考えられ、子息の隼人祐実綱に関する記事は総体的に見れば少ない。そうした中にあって、天文元年(一五三二)七月の昌綱死去後は、実綱がその交流を継承して行ったと見られる。

おわりに

本稿では宗祇一門の連歌師達と越後上杉氏に於ける在京雑掌神余氏との交渉の様相を、二人の公家日記により検証した。先ず、近衛尚通邸での交渉に関しては、時期的には年末・年始・七夕・重陽等の重要な折節に集中しており、どちらかと言えば神余氏による時候の挨拶的要素の強いものであったと言えるであろう。また、祇候の回数も三条西邸に対するものから見ればはるかに少ないものであったことからも(日記に於ける関係記事が少ないという事実だけによるが)、そのことは示されていると考えられる。そうした中にあっても、近衛氏は内外の情報を自邸へ集中させようとしたのであった。

これに対して、三条西実隆邸に於ける神余氏と連歌師らとの交渉は、かなり活発なものであったことが判明した。こちらについては、①祗候・酒宴・歌舞、②談合、③和歌・連歌・田楽の張行、④講釈受講、の四点にまとめられたが、特に注目すべきなのが②の場面である。ここで言う談合とは、主として三条西家に拘る収入源（特に青苧公事）に直接影響を与えた地域の動静についての話し合い、情報分析という意味であった。当代の連歌師らは中央の文化人であるという立場より、文芸に強い興味を示しだした各地域権力と個人的な師弟関係を結ぶ様になるが、そうした結び付きこそ三条西実隆にとり、またとない収入確保の手段となったのである。つまり、実隆は大名らよりの要請により自身が行っていた、古典類書写の染筆に対して地域権力側より贈与された金品の受け取りに、それらの諸大名との面識も深い連歌師らを利用したのである。

図3　文芸交渉から見た神余氏関係交流模式図

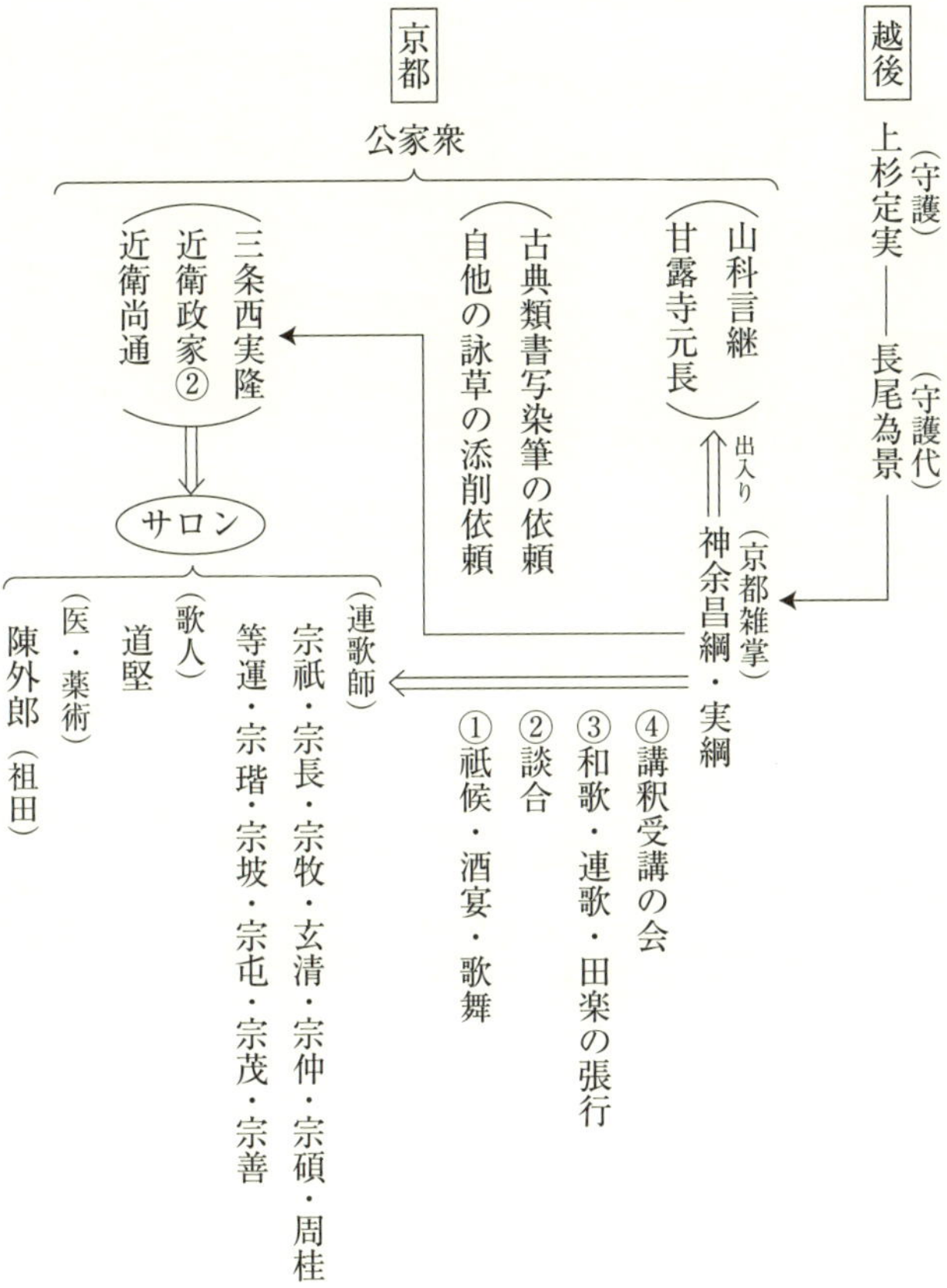

　また、三条西家が座の本所であった青苧に関しては、特に越後国に対して宗碩・宗瑎・宗坡・宗仲の連歌師、及び歌人道堅らが実隆

の要請に基づき青苧公事納入催促を直接・間接に行っており、直接上杉（長尾）氏に対しても納入の実施を働き掛けていたことを推測した。この様に彼ら連歌師は、当代文芸の担い手として文芸の地方伝播に努める一方、中央と地方の連絡役として両者間の水面下での交渉に当たり、ここでは狭義的には崩壊しかけた三条西家経済を裏方として支援していたと言える。しかし、それは、連歌師・三条西家・各地域権力各々の利益に叶ったところで成立していたことに、その特色があった。

註

（1）米原正義『戦国武士と文芸の研究』（桜楓社、一九七六年）。
（2）鶴崎裕雄『戦国の権力と寄合の文芸』（和泉書院、一九八八年）。
（3）金子金治郎『連歌師と紀行』（桜楓社、一九九〇年）。
（4）陽明叢書（思文閣出版）記録文書篇第三輯による。
（5）続群書類従完成会本による。
（6）日置昌一編『日本系譜綜覧』（一九九二年、講談社発行の復刻・縮刷版による）の「連歌系統」では次の様に記す（本稿関係分のみ抜萃）。

宗祇┬宗長
　　└周桂――宗牧――永閑――等運

（7）小和田哲男氏は、「「信濃出兵」「関東遠征」を支えた経略の才」（『プレジデント』一九九〇年七月号）の中で、越後守護代長尾為景やその子上杉謙信時代に於ける同家の最重要な収入源を、米殻や金山よりの産出金といった従前的な考え方より脱して、それを青苧・越後上布の売買、中間マージン、冥加金(青苧役)、及び直江津湊や柏崎湊に於ける船道前《ふなどうまえ》(関税)といった、青苧関連産業からのものに求め、「越後国は穀倉地帯である」といった先入観で謙信期の有様を見ることは間違いであるとし、謙信が流通経済立国の構想を描いていたのではないかと指摘する。

(8)『実隆公記』紙背文書としての神余氏関連の文書については、拙稿「越後上杉氏京都雑掌神余氏と三条西実隆」(『古文書研究』三六、一九九二年。本書第四章)を参照されたい。

(9)神余氏自身の在京の所見は、既にこれより十八年程前の文明十八年(一四八六)には確認することができる。拙稿「上杉氏在京雑掌神余氏を巡る問題」(『戦国史研究』一七、一九八九年。本書第二章付論二)を参照されたい。

(10)元朝に仕官していた時の官名「礼部員外郎」により、代々陳外郎と称していた。

(11)当該期に於ける近衛家領の状況については、『国史大辞典』(吉川弘文館、一九八五年)第五巻「近衛家領」項(橋本義彦執筆)を参照。

(12)米原 前掲註(1)四四九~四五一頁によれば、この吉田与二が嵯峨土倉角倉の一門了以(与七)の祖父宗忠であるとする。又、河内将芳「戦国期京都の酒屋・土倉の一存在形態—中世角倉研究の捨遺—」(『日本歴史』五二〇、一九九一年)では、土倉角倉の当主の若名として「与次《(二)》」、又は「忠兵衛」を指摘するが、若狭武田氏雑掌「吉田与次《(二)》」との関係については論及していない。

(13)拙稿「戦国大名上杉氏の外交について—対朝幕交渉を中心として—」(『柏崎　刈羽』一五、一九八八年。本書第二章)四三~四五頁(本書一二二~一二四頁)参照。

(14)新訂増補国史大系第五十九巻『尊卑分脉』(吉川弘文館)第二篇八一頁参照。当該書では晴豊の母を「粟屋右京亮元證、女」とする。

(15) 拙稿 前掲註(8)参照。

(16) 島津忠夫『連歌師宗祇』(岩波書店、一九九一年)一六八~一七〇頁参照。猶、宗坡はこれ以前にも宗祇・宗碩・宗長らの越後下向の後を追って下向している。島津氏によれば、宗坡は文亀二年(一五〇二)、越後に於いて『古今和歌集聞書』(文亀二年宗祇註)の伝授を受けたとする。

(17) 島津 前掲註(16)一六八頁参照。

(18) 『日本古典文学大辞典』(岩波書店)第四巻参照。

(19) 峰岸純夫編『古文書の語る日本史』(筑摩書房、一九八九年)5戦国・織豊「第十章 戦国・織豊期の文化」(鶴崎裕雄執筆)四七二~四九一頁参照。

(20) 島津 前掲註(16)一七一頁参照。

(21) 木藤才蔵『連歌史論考』下(明治書院、一九七三年)所収の「連歌史年表」に基づいた。

(22) 中世公家日記研究会編『戦国期公家社会の諸様相』(日本史研究叢刊2、和泉書院、一九九二年)第四部第二章(鶴崎裕雄執筆)では、近衛関白邸で行われていた古典研究や講義について、政家・尚通父子二代の日記『後法興院記』『後法成寺関白記』を基に解説している。ここで、『後法興院記』には漢詩文の講義が多く、『後法成寺関白記』では少ないことを指摘し、その相違は個人的嗜好、或は時代的流行ではないかとする。そして、受講者の顔ぶれについては、中世文芸・芸能全般に亘って「寄合」の要素が大きいとし、武士や連歌師達の参加があるのは近衛家の開放的な家風によるものであるとし、それは次代の町衆文化の成立に多大な影響を与えたと結論付けている。

(23) 米原 前掲註(1)一六五~一六六、二六八~二七四頁参照。

第四章　越後上杉氏京都雑掌神余氏と三条西実隆

はじめに

越後上杉氏の京都雑掌である神余氏に関して、従前よりその職掌を中心としてまとめることにより、上杉氏の対朝幕交渉を同氏における「公儀」制成立のための一つの指標と位置付けて調べてきたが、それらの職掌の一つとして、京都の三条西家が座の本所であった青苧について、特に越後国の青苧座よりの青苧公事納入を指摘してきた。神余氏による当該事項への関与は、同氏と内大臣三条西実隆との多岐に亘る交流を深化させるという結果に至り(1)、その記録もかなり多くのものが残されている。特に実隆の日記である『実隆公記』(2)には、彼と神余氏との公私に亘る交流の様相が詳細に記され、その紙背文書にも神余氏発給の書状が八点余収められている。とかく、分国支配の実態解明に目を奪われがちな大名研究に対して、これらの記録は、大名と京都側権門勢家との水面下での直接交渉を窺い知ることができるものとして、興味深いものである。

本稿では、当該紙背文書を中心とした文書を紹介しながら、その中に見える戦国期大名家雑掌の典型としての神余氏の行動の特質を指摘し、越後上杉氏の京都観、及び対京都交渉を考察する上での一助としたい。

一　『実隆公記』紙背文書に関して

『実隆公記』は、文明六年（一四七四）以来、天文五年（一五三六）に至る約六十二年にも亘る日記である。中世の日記では、用の済んだ文書の裏面を利用して文字を記入したものも多いが、この『実隆公記』の場合も当初の文書が紙背文書として伝来しており、その中に神余氏発給の文書が含まれている。当時は貴重な紙の有効利用を図るために、文字が記されている紙の余白を切り取って礼紙・包紙とする折紙が中世以降に登場したことも、廃棄される紙が溢れかえる現代と違って如何に資源としての紙が大切にされていたかを物語るものであり、又、反古紙として捨て去られるところを、その紙面（紙背文書）の裏面に再び文字を記すことが広く行われていたとしても、それは全く当然なことであろう。ただ、紙背文書として伝わっている文書の場合、不必要な内容やその発給者・受給者・日付等が切り取られて秘密の露顕を防ぐ措置が講じられている場合が多い中にあって、当該神余氏発給の書状は幸いにしてほぼ完全な形で伝来しており（単に他見に晒されても影響のないものと記主から認識されていた文書に過ぎなかったからかもしれないが）、三条西・神余両氏の交渉の様相を比較的容易に知ることができる。

約六十年間にも亘り『実隆公記』を筆記するに当たっても大量の紙が必要とされ、そのために不要となった神余氏よりの書状等の裏面が利用されたのである。(3)『実隆公記』の場合（紙背）文書の裏に記された日記の本文の日付は、大凡当該文書の日付に若干遅れて記されていることが多いことから、相手方より届けられた文書の内、一見した後に不要となった分の裏に順次日記を記していったものと考えられる。当該日記本文中では、神余氏が初めて登場するのは永正元年（一五〇四）三月二十四日条であり、紙背文書の方でも同年十二月四日～六日条の裏に記されているものが初見であって、やはり、従前から指摘して来た通り、神余氏と三条西家との接触がこの年頃より始められたことを裏付ける。

さて、この様な神余氏よりの文書（書状）は、直接、実隆自身に宛てたものではなくて、その側近等の実隆と非常に関係の深い人々に宛てられていることが特質として挙げられる。しかし、これらの文書が日記の料紙として使用されていることからも、実質的には実隆に送呈、もしくは実隆の目に止まるであろうことが予想されていたことは確実であろう。そして、当該書状八点の全ては、折紙の体裁をとっている。

そもそも、折紙について佐藤進一氏は、折紙とは元来は私用のメモランダムであり、それが後に略式の文書に迄発展したものであって、書面の充所となっている人物の地位の高低とその内容の軽重とに依って竪紙との使い分けがなされたものであると解釈し、(4) また、相田二郎氏は、命令伝達の文書に折紙を使用するという慣例が生じ、それが次第に多用される様になって戦国時代末期頃より大名やその年寄・奉行等から折紙と称される文書を多く発給するに至ったとしている。(5) さらに、鈴木茂男氏は、折紙の起源を平安末期にまで求め、多くの内容を記すのに適した方法であるとして次第に普通の書状や公文書にも用いられる様になるものの、軽い書式であって略式であることに変化はないとしている。(6)

これらに対して、中村直勝氏は折紙発生の理由として紙面の有効利用を図るためと、発給者が全紙の使用を憚り受給者に対して自分自身のことを少々卑下したためであるとし、やがて、竪紙の文書よりも折紙のそれの方が威厳を帯び、一種の神聖さをもそれに付加するに至ったとしているが、武家文書、とりわけ、室町幕府の奉行人が連署で発給した奉書においては、①文書の内容の軽重、②文書の発給者身分の高低、③文書の発給者と受給者との身分関係、によって上級の方に竪紙、下級の方に折紙を用いたと推定している。(7) この点では新田英治氏も、折紙奉書の方が竪紙奉書に比べて略式・薄礼であるとするところに変わりはないとし[8]、荻野三七彦氏は、折紙に対する諸氏の説を取り上げた上で、とにもかくにも折紙は略式文書ではあるが、その発生理由として諸氏が掲げる紙面の節約説は、一概には成立し得ないと主張している[9]。

この様に、折紙という一般には略式・薄礼であるとされる文書の体裁は中世、とりわけ、室町・戦国期には盛んに行われていた様式であったものであるが、武家雑掌である神余氏が三条西家へ宛てて発給した書状の全てがそれであったということの意味等をも含めながら、これから、それらの紹介と検討を試みる。

二　三条西家宛神余氏書状等

神余氏発給の各書状、及び同氏に関連した紙背文書二点を、以下紹介する[10]。

(1)　神余昌綱書状(折紙)〔永正元年十二月四日～六日条の裏にあり〕

今日之御慶以参賀可申入候、仍雖左道之至憚存候、鯉一令進覧候、不苦候者可預御披露候、恐々謹言、

神余越前守

十二月一日　　昌綱(花押)

森弥次郎殿

(2)　神余昌綱書状(折紙)〔永正二年八月七日～八日条の裏にあり〕

御折紙謹而拝見仕候、抑色紙幷両巻早々被遊下候、畏悦無極候、必々以参上可令申由可有御披露候、恐々謹言、

神余

即剋
　　　　　　　　　　昌綱（花押）
　森弥次郎殿

(3)　神余昌綱書状（折紙）〔永正四年三月十六日〜十七日条の裏にあり〕

左道之至雖憚存候、鯉一進上仕候、不苦候者可預御披露候、恐々謹言、
　　　　　　　　神余越前守
（永正四年）三月七日　　　　昌綱（花押）
　弥三郎殿

(4)　神余昌綱書状（折紙）〔永正十七年六月一日〜十日条の裏にあり〕

御書拝見仕候、先以忝存候、誠昨日外郎（陳祖田）祗候御心静ニて満足之由申候つる、拙者沈酔于今無正躰候、仍此御扇児之方へ被遣之由候、則可届申候、時宜一段忝可被存候、寔以過分之御事候、尚以参上可申上之旨可預御意得候、恐々謹言、
　六月一日　　　　神余越前守 昌綱（花押）
　松井殿

(5)　神余昌綱書状（折紙）〔大永八年九月八日〜十二日条の裏にあり〕

　尚々津田かたよりも、是非を不申上候、如何〳〵、
風雨之折節御書拝見、一入畏存候、随而自津田方使候間、相尋候処、伏見衆淀へ田を苅ニ罷候を、淀衆出相、数刻執相、田苅候者共十人計被討候由申候、時宜未落居之旨申候、沙汰之限候、我等ハ一向不存知候て、』仰ニ驚候て、使ニ相尋之式候、私迄仰之通、則以書状申遣候、定而重而可申上候哉、此旨可有御披露候、恐々謹言、

（大永五年）
九月四日　　　　　　　　　　神余越前守
　　　　　　　　　　　　　　　昌綱（花押）
　松井殿

(6)　神余昌綱書状（折紙）〔大永七年十月十七日〜十九日条の裏にあり〕

昨日御使被下候間、則以面上様躰令申候、土用なから弥減気之様候、涯分無由断養生仕候、度々御懇之仰、余身忝存候、仍此古酒被思召寄被下候、御志を一入賞翫可仕候、爰元ニハ一向払底之時分候間、一段畏入存候、此菊之露』ニて猶々高験を得候御左右申上候へく候由、御披露所仰候、恐々謹言、

　即刻　　　　　　　　　　神余越前守
　　　　　　　　　　　　　　昌綱（花押）
　藤次郎殿

(7)　神余昌綱書状（折紙）〔大永八年正月十一日〜十四日条の裏にあり〕

先日祗候仕候て、思出于今難忘存候、仍老か世のと被加御筆候て、住心院殿へ被参候由仰事候、過分無申計候、次来晦日伏見へ御下向可為御大儀候、自然相応之御用候者、可被仰付候、就其』重宝共事心え申候、其内自是可給置候、御懇之仰畏入存之旨、能々可有御披露候、恐々謹言、

　則刻　　　　　　　　　　神余越前守
　　　　　　　　　　　　　　昌綱（花押）
　木村藤次郎殿

(8)　神余昌綱書状（折紙）〔享禄二年六月二十八日〜二十九日条の裏にあり〕

猶々被思召寄被下候、忝之由能々可有御申候也、

此二拝領、特一段之珍物、過分之至存候、則可賞翫仕候、次明日之躰おか敷志たて無是非候、旁重而以祇候可申上之由、可頂御披露候、かしこ、

神余越前守
昌綱上

藤次郎殿

○関連紙背文書

(A)　三条西実隆書状案(折紙)〔大永八年八月十六日～十八日条の裏にあり〕

津田出京、晩景それニ同道候て、可参申候つるか、万松ニ祇候候、若遅候ハヽ、今夕ハ不可参歟如何と申候て、鯉を先送候事ニて候、何様此辺来臨候て、猶津田をもさそハれ候へかし、如何、

神余とのへ

(B)　宗碩書状〔享禄四年後五月五日～八日条の裏にあり〕

猶々旁今日可参上仕心中候間本望候、東山ニ急用候つる、直可罷越分(上)候つるをも略仕候、

尊翰致拝見候、忝存候、久不能参上候間、内々今日可致祇候覚悟候之処、先剋自神越(神余越前守昌綱)御意之段同前申来候間、必々可参上之由申遣候、軈而可企参入候、桂(周桂)・瑎(宗瑎)両人共尊意之通可申聞候、何も参上可仕候、我等ハ先日所労于今散々候而、昨日他行之所ニて、わりなき子細候而一盃たへ候、又相煩候、御酒をハ御免あるへく候、此由御披露所仰候、猶期面上候、かしこ、

(捻封ウハ書)
「　　　月　　　　宗碩」

少輔殿進覧

三　三条西家と神余氏

ここでは、それぞれの書状の内容について検討する。まず⑴であるが、これは越後上杉氏の在京雑掌として京都にあった神余越前守昌綱が、森弥次郎に宛てた書状である。「今日之御慶」とは、当該書状の日付からも月朔を指しているものと思われるが、そのお祝いの品として些少で恐縮であるとしながらも鯉魚を一匹送ったので、差し支えが無ければ実隆へ披露して欲しいとしている。当時、何かにつけて鯉魚が贈答用に使用されることは多かったが、実隆や神余氏等も盛んに用いていたことが、『実隆公記』の記事からも窺うことができる。文面からも察せられる通り、おそらくこの後、昌綱は実隆邸へ出向き、恒例となっていた月朔の賀の酒宴に及んだのであろう。[11] なお、受取人の森氏は三条西家の家臣、青侍であったと推測される。

⑵はやはり森弥次郎へ宛てた、神余昌綱の書状である。おそらくは神余氏が、実隆に対して兼ねてより依頼していたと思われる色紙や古典の書写等の染筆を謝した内容のものであるが、当時を代表する最高の文化人としての実隆の許には、和歌や連歌の添削・合点、古典の書写、色紙・短冊の染筆等を依頼し、さらには、直接に三条西邸を訪れて『源氏物語』等の古典講釈を希望する人々が多数やって来ていたが、それらの人々が同家へ進上した金品は激減しつつあった荘園年貢等、旧体制的な所職にとって代わり同家にとっては次第に重要な財源となりつつあった。[12] 神余氏の場合もその例に漏れず、しきりに色紙・短冊の染筆や和歌・連歌の添削を依頼し、また『源氏物語』帚木巻や古代中国の経書である『礼記』の講釈を聞くために、しばしば三条西邸に祗候していた。

これには神余氏が私的な立場より希望していたものも含まれるが、この他にも分国越後国の守護上杉氏の一族である定実（永正五年〈一五〇八〉十一月に守護に補任される）を始めとして、陸奥国岩城平城主の岩城親隆の息女や若狭国の守護武田元光等の和歌や連歌の添削をも、実隆に仲介するに及んでいた[13]。当該書状は、その様な実隆筆になる色紙等と共に送られて来た、おそらくは実隆よりの「御折紙」に対しての礼状、返書であると共に、必ず何れ祗候して御礼を行う旨を実隆に披露する様、森氏に依頼した書状でもある。『実隆公記』永正二年七月二十二日条には、この日、神余氏が三条西邸を訪れて実隆に「色帋事所望」したとあるので、おそらくはこれが当該書状にある色紙等に該当するものであると考えられる。したがって、当該書状は、永正二年七月二十二日～八月七日の間に発給されたものということになる。

(3)は神余昌綱が、三条西家青侍の礒（磯）山弥三郎光康に宛てた書状である。これも史料(1)と同様、些少で恐縮であるとしながらも鯉魚を一匹送ったので、弥三郎に対し、もし、不都合が無ければ実隆へ披露して欲しいとしている。『実隆公記』永正四年三月七日条には、このことと関連して、この神余昌綱よりの鯉魚を即刻に岩槻伊豆（次郎国定か）の許へ送ったという記事が見受けられるので、これより当該書状は、永正四年三月七日付のものと見てほぼ間違い無いであろう。

(4)は昌綱が松井氏（弥六か）に宛てた書状である。冒頭部分に「御書拝見仕候」とあることからも、三条西実隆の側近であったと思われる松井氏の書簡に対する昌綱の返書であることがわかる。本書の内容としては、昨日（五月晦日）外郎《ういろう》が三条西邸を訪れ実隆と閑談した模様を記しているが、その時のことについては外郎が自分自身としては満足していることを昌綱に伝えていたとしている。実はこの時、昌綱も同席して実隆と三人で酒宴に及んでいたのであるが、彼の方は沈酔してしまった様であり、今になっても正気ではないと記述している。この外郎とは、元朝より渡来した医師陳順祖の子孫である陳祖田外郎のことであるが、『実隆公記』の記事を見ても外郎と神余氏とは三条西邸において実隆を交え同座することが多く、また、多少の交渉も存在していたことが窺われ、この様な関係からか丸薬である外郎（正式名＝透頂香）を販売していた外郎売りが、上杉氏の分国越後国と京都との間の連絡役として見出されたのも、単なる偶然とは言い難い。[14]

また、外郎は近衛関白家（尚通）とも交流があった。武家故実書である『長禄二年以来申次記』では、毎年正月七日と十二月二十七日の二回、『殿中申次記』[15]でもその同じ日に、室町将軍の御前に透頂香五種を進上して将軍の親閲を受けると同時に、太刀を授与されることが記され、さらに、この他『殿中申次記』においては例年六月二日にも外郎が衣服に焚き染めるための「薫衣香」一〇袋を献じ、それに対して将軍より太刀が下賜されるとしている。この様な陳外郎と朝廷・将軍家との結び付きも、神余氏にとっては魅力のある人脈として目に写ったことは十分考えられる。そして後半部分では、実隆より昌綱の子息に対して扇が贈られていることが記されており、そのことを以て昌綱は非常な喜びとし、いずれ三条西邸へ祗候して御礼を行う旨、実隆の意向を伺って欲しいと松井氏に依頼している。松井氏よりの「御書」の内容にもよるであろうが、おそらくこの「時宜」とは、子息の成長の何かの節目に際して実隆が贈物をしたことを指して言っているものであろう。

(5)は昌綱が、やはり松井氏に宛てた書状である。当該書状も史料(4)同様、松井氏に対する返書である。内容としては、この松井氏からの書状を受ける形で三条西家がその本所職の一部を持っていた山城国淀の津（京都市伏見区）所在の魚市[16]について、同家が補任していた代官津田伊賀入道方（城南の豪族伏見衆）の使者が、神余氏の許へやって来て話をしたことが中心となっている。それは津田方の伏見衆が淀へ田を刈りに赴いたところ、淀衆との争いに発展し同氏方の一〇人余が討たれた上、「時宜」、即ち情勢がいまだに解決に至っていないということであった。また、『実隆公記』大永五年（一五二五）九月三日条においてもこの事件に関しての記事が見られる。そもそも津田氏と神余氏とは三条西邸に同道して邸において同席することも多く、多少の交流のあったことが推察されるが、この事件に関しては神余氏方もまったく察知はしていなかった様であって、津田氏方の使者に尋ねて初めてその詳細を知る、という有様であったと記している。

ここで興味深いのは、この事件に対して三条西家が神余氏に事態の収拾を依頼したと考えられることである。それは神余氏に対する松井氏からの冒頭の「御書」に実隆の指示が記されていたものと思われ、その通りに神余氏は津田氏方へ書状を送っていたが、これらの結果については必ず再度報告を行うのでその旨実隆へも伝達して欲しいとする件に示されている。また逆に、尚々書においては津田氏方がこの事件に関しての自らの立場の正否について、三条西家側へ何の報告も実施していないことを神余氏は不審に思ったらしく、暗に松井氏に対してその善後策を請うている。この書状からは、神余氏による上杉氏の代弁者としてより以上の、もはや三条西家機構の一端をも担っていたとさえ言うことができる程の同家との信頼関係を醸成していた、大名家京都雑掌の姿が見出せる。ところで、この淀の事件は三条西・神余両氏らの努力の甲斐もあって、この大永五年の十月四日頃には解決に至った（『実隆公記』同日条）。

(6)は昌綱が、三条西家の家臣である木村藤次郎[17]に宛てた書状である。内容としては、夏に入り体調の思わしくない昌綱に対して、実隆が古酒を贈ったことに対する礼状である。『実隆公記』大永六年九月八日条には、実隆が臨済宗天竜寺派の尼寺である嵯峨の曇花（華）院より贈られた食籠（食物を盛った円形の器）と錫物（酒）の内、後者については古酒であったから神余氏に与えたという記事があるので、おそらくはこれに該当するものであろう。したがって、当該文書の日付は、この記事と本書状冒頭部分の「昨日御使被下候」という件より考えて、大永六年九月九日であるものと推定される。

実隆は様々な理由から、よほど昌綱の身を案じていたものと思われ、そのことを以て昌綱をして「一段畏入」らせている。それは、むろん実隆と昌綱との私的な交流の深さにもよるが、それ以上に越後国よりの青苧公事納入の円滑化[18]と神余氏による経済的な支援（いわゆる「秘計」）とが、家計が火の車の三条西家にとっては、もはや、極めて重要なものとなりつつあったことを示している。また、「菊之露」とは菊の上においた露の意で、飲めば長生きするとされたものであり、当該書状の発給された九月九日、つまり、重陽の節と掛けているのであろう。その様な古酒で高い利目を得た有様を、いずれ報告するであろうことを実隆に取り次ぐ様、木村氏に依頼したものである。そして、この時の昌綱の病気はかなり長引いたらしく、この年の十一月二十九日になり病後初めて実隆邸に出向いている（『実隆公記』同日条）。

(7)も昌綱が、木村藤次郎へ宛てた書状である。当該書状は、実隆の来たる晦日に伏見へ下向するという件を、『実隆公記』大永七年三月晦日条と対比して、この日に実隆が、後土御門天皇によって建立されたと伝えられる伏見指月里の指月山般舟三昧院へ参詣する、という記事と同一のものと認められること、及び、本書状冒頭部分の昌綱による「先日祇候」が同三月十九日の三条西邸祇候を指していると考えられることとにより、三月下旬の日付のものと思われる。内容としては、前半部分では今述べた三月十九日の三条西邸における、歌人道堅法師（岩山四郎尚宗）や宗長・宗碩・周桂といった当代一流の連歌師等、そして、神余氏をも交えた盃酌のことについて述べており、また同時に「老か世の〜」という歌の染筆をも謝している。ついで、後半部分では、来たる晦日に予定されている実隆の伏見下向に関しての事柄が記述されている。

特に実隆の下向に対しては「可為御大儀候、自然相応之御用候者、可被仰付候」として、何か手伝うことがあれば申し付けて欲しいと記しているが、同時に多額の費用を要することでもあろうから（＝「大儀」）、万一必要であれば秘計するという意味もここには込められていよう。ここからは、三条西家の財政が最早外部からの支援無しには運営することが困難な局面に至っていたことを窺い知ることができると共に、神余氏等よりの秘計が同家の経営にかなり深く関与していたことを示していると言うことができる。さらにこの頃、京洛周辺は同年二月十三日に行われた山城国桂川合戦において、将軍足利義晴を擁する管領細川高国や細川尹賢・武田元光等の率いる軍勢が、柳本賢治・三好勝長・三好政長等に敗北して、義晴や高国が近江国坂本へ落ちて以来大混乱に陥っていた模様であり、そうした中にあって神余氏も避難の準備をしていたらしく、また、実隆の厚意もあって神余氏の所持していた重宝等を三条西邸へ預けることになったものと考えられ、その実隆の配慮に対しての礼状をも本状は兼ねている。

『実隆公記』大永七年条を見ると、二月八日には神余氏が「香炉」を三条西邸へ預け、同十四日になると、ついに神余氏の「女房衆」までが同邸へ避難することを懇望してその奏者の部屋に落ち着き、この費用としてか、神余隼人佑実綱（昌綱の子息）が「物五百疋・刀等」をやはり実隆に預けている。この後、十七日に「女房衆」は帰宅し、翌三月二十八日には「刀二腰・香炉一」が神余実綱に返還されているが、同日条でも「物事先可預置之由同命之」とあるなど、当時一応は安全な場所であると目されて避難の人々でごった返していた三条西邸に、何はともあれ預け置く様にと、実隆は神余氏に対して命令している。これだけのことからも実隆と神余氏との関係が経済・文化的交渉を端緒として、当時かなり深まっていたということが推察されるであろう。『実隆公記』中の記述やその他のものにおいても、実隆が神余氏に対して何かを要請することはあっても「命じた」と記しているのはこの三月二十八日条に見えるものだけであり、実隆側も神余氏等の存在の必要性をかなり認識していたことは確かである。

三条西実隆が神余氏の身辺の安全について気にかけた事例としては、この他にも大永五年十一月十六日条で神余邸前の土蔵（土倉）火災、そして、享禄四年（一五三一）三月二十一日条で、昨日、神余氏の宿所で何か「物忩」が発生したこと等を記し、いずれの場合にも同氏の安否を尋ねる使者が派遣されている。いくら両者の間に交流があったにせよ、朝廷の高官でもある実隆が一介の武家雑掌にしか過ぎない神余氏の安全をかくも気遣ったのは、正に同氏が三条西家にとって重要な青苧公銭のネックとして存在していたからであった。

ついで、神余氏発給分では最後になる(8)であるが、これも昌綱が木村藤次郎へ宛てた書状である。内容としては、三条西家より贈られた品物に対する礼状であるが、『実隆公記』享禄二年五月二日条に、上洛して来た泉州堺の豪商で茶人として知られる武野新五郎(紹鷗)が実隆に進上した真名鰹五つの内、二つを神余氏に遣わしたとあるので、おそらくはこれに該当するものであろう。また、当該書状の後半部分において「明日之躰おか敷志たて無是非候」とあるのは、『実隆公記』同日条に見える「明日連哥興行、発句談合」という件に対応し、神余氏が明日催される連歌の会の用意に際して大変な趣向を凝らしていたことを示すものである。本書状に発給日付が無いのは、おそらくこの日に再度三条西邸へ祇候して相談をする予定があったからであろう。

これを見ても神余氏による文芸的な交渉は、実隆等の指導もあって種々の席においても遜色の無い程度にまでは進捗していたものと思われるが、反面それは上杉氏をはじめとする分国側よりの要請でもあったのであり、神余氏を通じてそれらのものが越後国へも伝えられていたことは疑うべくもないであろう。また、実隆側としても、その見返りとして受け取っていた金品等が収支悪化の中にあって、決して見過ごしてはならないものになりつつあったことは前述の通りである。さらに、神余氏にとってもあたかも自ら下級貴族化し、文芸を一つの手段、あるいは媒介として京都にあった諸階層の人々との回線(=人脈)といったものを広く維持することは、いわゆる「京都之時宜」を得るためにも非常に効果的な方法であり、上杉氏のために何らかの便宜供与を依頼する際にも、彼らとの回線は非常な力となったことは間違いない。ここに、当該期武家雑掌の性格における、一つの方向性を見出すことができる。[19]

関連紙背文書として挙げた二点の書状は、いずれも直接神余氏が発給したものではないが、同氏に関連のあるものとして掲載しておく。

まず(A)であるが、これは実隆自身が発給した神余氏（昌綱）宛書状の案文で、それを日記の料紙としたものである。冒頭部分にある「津田」氏とは、先掲の史料(5)の中にも現れた淀の魚市の代官として三条西家が補任していた人物であった。当該文書の内容は、実隆が神余氏に対して津田氏と共に来邸することを強く要請したものである。『実隆公記』の大永五年八月十三日条には「津田入道送鯉魚、魚市催促遣人於伏見之処、津田上洛也」とあるが、これは本書状案中の件に対応しているものと考えられ、途中での万松軒（等勝）祗候によって、神余氏と同道することを約束していた今晩中の三条西邸への祗候が定かではないと判断した津田氏が、先に鯉魚だけを実隆の許へ送っていたのであるが、実隆は津田氏に対して使者を伏見へ派遣したところ、すでに同氏が上洛した後であったことを受けて神余氏に対して本書状を送ったというものであり、『実隆公記』の翌十四日条では津田入道と神余氏とが同道して実隆の許へ祗候したことが記されている。

実隆がこの様に津田氏の来邸を強く求めていたのは、『実隆公記』十三日条にある様に「魚市催促」、つまり、三条西家得分である淀の魚市からの月別納入分の年貢の内、六月分までは未進を続けながらも何とか代官津田氏は請負額の一五〇疋（一貫五〇〇文）を皆済していたのであるが、七月分については八月に入っても依然として未進の状態が続き、八月三日には実隆が使者を城南に下していたが、津田氏他行により何の収穫も無いまま使者は戻り、さらに五日には伏見より未進弁明の書状が実隆の許に届けられるに及び、いよいよ実隆の怒りが頂点に達していたからであった。この後、津田氏は、八月二十四日には七月分として一〇〇疋を、そして翌二十五日には再び一〇〇疋を実隆の許へ送って来たが、いずれも実隆は受け取らず、「堅申付之」（二十四日条）という険悪な状況となり、九月二十七日になると実隆をして「魚市七月加増分百疋進之計也、不可説、、、、」という有様になっていた[20]。

神余氏と津田氏との間に多少の交流が存在していたことは、史料(5)の部分でも述べたが、当時「神余との」宛実隆書状を見ても、もはや神余氏が三条西家の旧体制的な収奪機構の一部を構成するまでに展開していたということが言えるであろう。換言すれば、越後国からの青苧公事、淀の魚市、添削・染筆や講釈といった、三条西家収入のほとんど全ての場面において神余氏は関与し、中にはその影響力が極大化したものも出て来るなど、同家財政にとって神余氏の発言力は強まりつつすらあったのである。また、当該書状は案文であって、正文の方は当然のことながら神余氏へ送られたのであるが、なぜこの様な内容の書状に、案文を作成する必要があったのであろうか。実隆より神余氏に対して発給された文書の中で、その案文として現在にまで至っているものは、当該書状のみである。あるいは他にも作成されていたのかもしれないが、日記の料紙としては使用されなかったために反古紙として捨て去られてしまったのかもしれない。

そもそも、『実隆公記』紙背文書は、実隆が受給した文書(正文)がそのほとんどを占めており、案文や写しといったものはごく少数しか使用されていない。そして、実隆自身が発給した文書の案文もそのごく一部には残っているが、当該紙背文書、及び実隆が生涯に発給した文書の総数からすれば、それはごく僅かなものにしか過ぎないであろう。以上のことから見れば、ここで掲げた神余氏宛ての実隆書状案は特別な意味を持ったものと言って差支えないのではあるまいか。それは、一つには魚市年貢の未納という、三条西家にとっては経済的に重大な事態に直面しての、実隆に依る危機感の現れであったと共に、家計に関係している文書をことごとく保存しようとした実隆自身の几帳面な性格の所以でもあった、と言うことができる。

最終の(B)であるが、これは捻封の上書きにもある如く三条西実隆とも親交のあった連歌師宗碩より、前述の木村藤次郎等と共に実隆の側近であった少輔へ宛てた書状である。本書状は冒頭にある少輔よりの「尊翰」を受けての、宗碩からの返礼である。その「尊翰」の内容は、おそらく実隆の強い意向を受けての三条西邸祇候を促したものであったことが推測されるが、この宗碩書状の内容は、久しく三条西邸へ参入していなかった宗碩が、この書状を作成した当日には同邸へ祇候する心積もりでいたところ、「神越」、つまり、神余越前守昌綱からも実隆の意向がそれとまったく同じであるということを使者か書簡かの方法を以て言って来たので、必ずや参上する旨、同氏に告げ知らせたというものである。そのことは、同じ連歌師仲間で実隆とも交流のあった門弟の周桂や宗碩にも知らせて同道するであろうとしているが、宗碩等は先日以来の所労の故を以て御酒の儀は固辞する旨、実隆への取次ぎを少輔へ依頼したというものである。

そもそも、宗碩（月村斎）は飯尾宗祇の門人として、師宗祇とも交流のあった三条西実隆と深交を結ぶに至った連歌師であるが、その交流の方法は宗祇が連歌を中心とした文芸のみを媒介としていたのとは若干違っていた。つまり、宗碩については勿論、連歌を通じての交渉もその一方には存在していたが、他方では三条西家が座の本所（正親町三条家より引き継ぐ）として一応は全国の支配権を掌握していた形の半製品である青苧に関して、特に越後国からの苧公事の同家への納入に彼が深く関与していたことが確認されることである。それは、むしろ同家の臨時の代官的な地位と言ってもよく、連歌師としての宗碩が生涯の内に実施した地方旅行に見られる様に、実際に現地へ赴いて双方の連絡・調整役を兼ねることが可能であったし、さらに、それらについての情報（特にこの場合、越後国を中心とした東国地域についての政治・経済的状況）を実隆に提供することができたということにもその要因があった。

その中でも特に彼の能登国下向時における活動が、顕著なものとして挙げられる。宗碩は現在確認されるところでは、①大永三年四月（九日）〜同十一月二十四日、②大永四年六月二十六日〜大永五年（四月一日以前）、③享禄元年八月二十三日〜享禄二年四月一日の計三回、能登国の七尾へ下向して、(22)『源氏物語』や『伊勢物語』等の古典や当代流行の文芸に大変な興味を示していた、同国の守護畠山義総の許で連歌を中心とした文芸の伝播に当たっていたが、その内第三回目の下向時における活動が特徴的である。(23) 以下、『実隆公記』の記事に従うと、この時は宗瑎も一ケ月遅れの享禄元年九月二十三日には、実隆邸へ立ち寄って書状を受け取った後に出京して能登へと向かっている。宗碩と宗瑎との関係については定かではないが、或は周桂・宗牧同様、宗碩の門弟であったかもしれない。

八月二十三日の出発に先立って、宗碩は三条西邸を訪れて能登国逗留が明年に至ること等を告げ、逆に実隆は宗碩に対して苧公事収納に関する詳細を説明し、その近江国山上通過の序と称して同国に将軍足利義晴等と逃れていた右京兆細川高国に対する書状を託した。翌十月五日に実隆は能登の宗碩に対して書状を送っているが、これには神余氏よりの書状も副えられており、苧公事収納に関して重ねがさねの依頼をしている。永正年間以来、越後国より納入されるべき青苧公事は未進がちに陥るが、京都において越後国から三条西家に対する苧公事の管理・納入を掌っていた神余氏の書状には、収納に関する具体的な指示が記されていたものと考えられ、その発給は無論、実隆の要請に基づくものであった。これを受けて同二十一日には、越後国へは既に使者を派遣した旨を記した宗碩よりの書状が実隆の許へ到来するが、この一ケ月後の十一月二十日に越後商人によって伝えられた宗瑎の書状では、「苧事」が「難成」という状況が示される。

ついで十二月十五日には、周桂が十一月二十三日の日付のある宗碩よりの書状を実隆に見せるが、これにも越後の事は「一左右」、つまり一報だけではとても説明できない程であると記されてあった。翌十六日になると宗碩から直接書状が実隆の許へ届けられるが、それには去る四日に宗瑎が越後より能登へ戻り、同時に五〇〇〇疋を運送して来たことが記されていたのに対して、実隆はその甚だしさに旨趣を記すことができない程であると日記に書いている。

翌享禄二年に入り、正月十四日に宗碩よりの使者が彼の書状とこの苧公事黄金二切(五〇貫代、一六両二朱々半)を持参するが、実隆にはおそらくは苧公事に関して「種々有申旨」、宗碩に対する返事も明後日に手渡す旨、使者に告げている。そして四月一日には宗碩・宗瑎共に上洛をし、翌二日には宗瑎だけが三条西邸を訪れて今回の能登より越後への旅行について、依頼を受けた青苧公事収納に関する項目等を中心とした報告を行ったものと考えられる。

この間、二月十七日には越後船が能登で、能登船が越後でそれぞれ抑留されてしまい、新年になっても船便を使って下向することができないと、京都の商人中より愁訴があったことを神余昌綱は実隆に告げ、この一ケ月後の翌三月十六日には昌綱の子息の一人である隼人佑実綱が越後へ下向する。(24) おそらくこの抑留事件や宗碩・宗瑎等による今回の青苧公事収納に関して、分国側と談合する趣があったものであろう。この宗碩による第三回目の能登国下向に関しては、大よそ以上の通りであるが(これ以前にも宗祇門人の「宗坡」なる人物が永正七年～九年にかけて越後へ下向し、越後側と苧公事のことに関して折衝を行った記事が『実隆公記』中に散見する)、これ以降においても両者は苧公事に関与していた。享禄四年正月二十八日には、宗碩が周桂と共に実隆の許を訪れ、「越後事」に関して密談に及んでいる。むろん、「越後事」とだけあって苧公事の文字は記されていないが、この二日後の二月一日には先の二人と神余昌綱とがやはり三条西邸に来会しているし、同二十七日になると今度は宗瑎が実隆と苧公事のことで談合を行っている上、この頃特に越後国を巡って他に彼らが関心を示さなければならない様な事件も無いことから、この「越後事」が同国よりの青苧公事徴収に関わる問題を指していることは、まず間違いないであろう。

この様に連歌師である宗碩等の人々は、特に三条西家にとって主要な財源の一つであった越後国よりの青苧公事の納入にも関与する様になり、この面からも、同様に青苧に関与していた上杉氏の京都雑掌である神余氏との関係を深める結果となり、それに加えて、三条西邸においても両者は実隆を介して同席することが多く、しかも神余氏側にしても進んで京都において古典や和歌・連歌等の文芸を会得しようとしていたという事情もあり、当代一流の連歌師であった宗碩一門との交流は望むところであった。両者はそれぞれの理由から、深交を結ぶに至っていたのである。当該書状発給の明確な日付は分からないが、本状裏、つまり日記本文の享禄四年後五月五日の条が記される以前であるから、以上記した様な状況こそがこの頃の神余氏・宗碩等を巡る動きと言って差支ないであろう。(25)

四　三条西実隆書状

以上示してきた『実隆公記』紙背文書以外に、実隆と越後上杉氏やその在京雑掌神余氏間の交渉を示す文書はほとんど現存していない。(26) そうした中にあって唯一、実隆と越後上杉氏(長尾氏)との間でやりとりされた文書が、最後に示す実隆の書状である。

久不通案内背本意候、国中太平珎重候、抑青苧公銭知行之処、此三ケ年一向無沙汰退屈之間、態差下於使者候、於国彼公銭両年未進分、幷当納、悉京着候様堅被仰付候者、可為生前之高恩候、旨趣長授院(妙寿)へも申候、及巨細候間、先閣筆候、兼又　勅筆一帋名文候間、献之候、段子一端雖左道憚入候、出所珎重物候間、推進、比興候、
返々一ケ条事、万々憑入候也、謹言、

六月十日　聴雪(三条西実隆)

長尾信濃守(為景)殿

…………

(以下小切紙)
追申候、
神余越前守(昌綱)委細可申候由申遣候、小次郎(神余実綱)下向由候間、心中通猶々申含候、万端憑入候、将又、色帋不思儀書様

憚入候処、小次郎無理ニ執候之間、無力候、比興〳〵、

この文書は、長らく上杉家第十六代当主である上杉隆憲氏が所蔵されてきた「上杉家文書」（昭和五十四年六月に重要文化財の指定を受ける）に含まれていたものであるが、平成元年七月に同氏より米沢市へ寄贈され、現在は米沢市教育委員会文化課の所蔵管理となっているものである。(27) この聴雪書状は、これらの内「赤箪笥入古文書」と称される古文書群の中の、「一之段は印袋入」に収納されているものである。聴雪とは、三条西実隆が飛鳥井栄雅の許で和歌の道に入って以来の雅号であり、受取人の長尾信濃守（為景）は言うまでもなく上杉謙信の実父である。本書状の年次に関して、『大日本古文書』『越佐史料』『新潟県史』等の刊本では大永七年（一五二七）とするが、私はかつて大永三年と推定した。その根拠等に関しては、拙稿において述べてあるので参照されたい。(28) この書状は三年間未納状態にある越後国よりの青苧公事を、納入させる様取り計らって欲しいとするものである。

冒頭の「久不通案内背本意候」とは、長らく連絡をとらず、無沙汰をしていたことに対する自戒の念を表明する慣用句でもあるが、ここでは苧公事未進に対しての批判の意も込められている。この大永三年頃、越後を巡る情勢としては、永正の乱やそれに続く為景の越中侵攻の終了等、比較的安定しており、それを以て実隆も「国中太平珎重候」と記しているのであるが、それでは何故未進なのかという疑問が生じてくるのも当然である。(29) そこで実隆は為景に対し、越後青苧座とそれを管掌していた長授院妙寿（山吉氏）や蔵田氏（五郎左衛門）へ「堅被仰付候」ことを依頼し、これとは別に長授院に対しては直接その趣旨を伝えていたのである。この年、康正元年（一四五五）生まれの実隆は既に六十八歳を数えており、未進の青苧公事を納入することこそが「可為生前之高恩候」とするところに、経済に対する深い関心、換言すればそれ程までに家計が危機的な状況を迎えていたことが十分に認識されていたということであろう。

「使者」とはこの時下向した神余実綱を指していると思われるが、その越後下向もおそらくは実隆側の要請に基づくものであって、実隆としては三条西家にとっての事態の重要性にも鑑みて、分国に対し説得力もある父親の昌綱の下向が望ましいと考えたのであろうが、高齢、病弱であった昌綱に代わり子息実綱の下向となったのであろう。[30]それはともかくも、為景への配慮からか、実隆は余りにも文面では細かくなり過ぎたので「閣筆」、あとは神余氏の父子に詳細を聞いて欲しいとする。以上の様に、本書状は本文最初の四行程にその主題が記されており、そこには実隆の苧公事未進に対する苛立ちがひたすら文章の上にも表され、彼の主眼がただ経済にのみ置かれていたことを如実に示している。

あたかも、成り上がりの守護代に対する、冷ややかな印象すら与える文面である。また、そのためには秘蔵の「勅筆一帋」や「段子一端」までも書状に付して送るなど、並々ならぬ決意があったことを窺わせるが、この時、実隆はこの件に関して本書状の宛所となっている長尾為景や長授院妙寿、そして、神余昌綱・実綱父子のそれぞれに対して話を通しており、文書の流れとしては当該実隆書状と共に昌綱発給の為景宛書状[31]が実綱の手を経て為景に渡されたのである。

また、当該実隆書状には付属して(小)切紙文書があり、これには追而書として、神余氏父子が詳細を為景に説明するであろうことが記されている。これらの実隆の書状では「返々一ケ条事」、つまり、苧公事納入を「憑入候」ことを繰り返し述べており、やはり、この時の実綱下向に伴って発給された、註(3)で触れた長尾為景宛近衛尚通書状と比較してもその文面の違いが判然とする。尚通書状は「国中無事」を祝すだけの穏やかな内容ではあるが、特定の地域に旧体制的な所職を有するか、有しないかの違いにもよって、なお、実隆の場合においてはそれが失われつつあるとすれば、険しい内容となるのも当然な成り行きであろう。この書状は先にあげた日記裏面の書状とは対照的に、きわめて実務的な、そして切迫した内容を持ったものとして、実隆の一面をかいま見せてくれる。

おわりに

以上、各書状について概観した。これらの日記裏面の書状は、その内容からして本来ならば一見した後に捨て去られるところを、偶然にも紙背文書として伝わったものである。内容的には特別に重要といった様なものは含まれていないが、その一方では数ある反古紙の中から態々日記の条文との関連文書を使用し、日記本文の文章に対してより一層の価値、あるいは権威といったものを付与しようとしていたことが考えられる。史実に拠って正に日記本文の条文を、裏打ちしたとも言える。また、残存している当該日記紙背文書で神余氏発給のものは全て越前守昌綱が署名作成しており、子息の実綱等は一切、三条西家宛の文書には関与していない。この点で、三条西・神余(上杉)両氏の交渉においては、神余昌綱と三条西実隆との個人的な交流の蓄積こそが、むしろ大きな地位を占めていたということが想像されよう。

冒頭でも述べた様に、昌綱発給の書状は全て略式・薄礼と言われる折紙の体裁をとっていたが、自署には史料(2)を除き全部官途名をも記すという内容に比して丁寧さがあり、その充所は実隆自身ではなく、その側近等同家の関係者であって、彼らに文書の内容の「御披露」を依頼したものである。言うまでもなく「披露」とは文書等を「披《ひら》き露《あらわ》す」という上申の意であって、言わば取次依頼である。この様な披露書は文書の書止の文言としては最も厚礼、上等なものであって、受給者に対する敬意を表す方法として広く用いられていた。しかし、逆に、史料(A)の如く実隆が神余氏に対して発給する場合には、三条西家の家臣等を通さず、つまり、彼らによる奉書形式、あるいは「委細某方可被申入候」といった書止の文言を持ったものではなく、直状形式で自ら親しく直接発給をしている。私信である書状に関して他人を介するのは、その本来の性格からすると疑問がある筈であるが、披露書に対応する書止の文言はあくまでも奉書形式によるものや、「委細某方可被申入候」といった型式の文言であろう。

冒頭において折紙に対する諸氏の説を挙げたが、共通して略式文書であるというところに帰結していた。今回見た史料(1)〜(8)の文書においても、発給者と受給者との間にはさしたる身分上の上下関係は無く、文書の内容についても軽重様々であって、それにも拘らず一貫して神余氏は料紙には折紙を使い続けていた。それは史料(2)の様に相手方から送られて来るものにも折紙が使用されていたからにも因るであろうが、史料(1)・(2)・(4)・(5)・(6)・(8)の中で見られた様に、神余氏側が三条西家へ対して深い賀意や謝意を表明するのに、とりあえずは書状を以て礼を尽くしておき、これを後刻参入して再び本礼を述べるまでの仮のもの、換言すれば、一刻も早く三条西家へ何かを伝える目的で使用するという意図を持っていたからではなかろうか。このことは、文書の発給日付に「即刻」を用いているものが見受けられることからも分かる。

ここで竪紙等、他の折紙よりは格式の高い料紙や書式を使用してしまうと、かえって三条西家に対する御礼がその段階において完結してしまい、神余氏よりすれば同邸への重要な祗候の機会を失ってしまうというふうに懸念されていたからではなかろうか。神余氏にとって三条西家を中心とした一つの文芸サロンが主要な活動の場であったとするならば、これとの回線をどうにかして維持しようとしていたことは至極自然なことである。

さらに、これらの書状からは実隆と昌綱との交流の様相を窺うことができたが、そこからは永正年間以降、経済そして文芸的な面より結び付きを深めた両者が、権門と武家雑掌という凋落しつつあった旧体制権威としての前者と職掌を遂行する後者という立場より一歩踏み込んで、私的交流の領域へと転化していたということが言える。また、上杉(長尾)氏の被官でありながら一切在国せず、ほとんど世襲的に在京し続けて当代一流の文化人としての実隆やそこに集う当代文芸を担った人々とも広く交流を行ない、その習得した文芸のレベルも到底分国等では及びもつかない程度にまで達していたであろうことも、その一方では当該期の地域政権としての大名が、京都等を中心として受け継がれて来た文芸を、進んで自分自身や家臣等に対しても政策的に取り入れようとしていた結果であったとも言うことが可能であろう。それは単なる上辺を修飾するだけのことでも、非日常的な文化に対する憧れだけに基づいたものでもなかった。

つまり、当該期の大名がそれら権門を旧体制的な名分獲得のための手段として見ていた段階より、それらが代々固有のものとして身に付け継承して来た文芸に対して、それを積極的に所有統治秩序の私的・公的場面において取り入れ、分国内の支配に関しても私的実力において支配する「武」より、官僚機構を整備して実務的に統治するという「文」への転化、文治主義的政治の導入を図ろうとしていたと見るべきであろう。当該上杉(長尾)氏の場合には、例えば揚北衆の存在等、その分国内においてさえ容易に従属させ得ない強力な勢力が残存していたことなどにも見られる様に、武力に依る支配の限界性を十分認識するに至っていたのではなかろうか。この意味で、この様な伝統的に継承されて来た文芸は、領域支配に対する大名の基本的な姿勢を「武」の否定へと方向付けるための手段となり、私的実力に大きく依存していた当該期の分国経営に対して、武力が徐々に排除される傾向、その精神的な支柱として文芸がそれに置き換えられていったものと考える。

以上のことからも、京都雑掌として京都に設置されていた神余氏の一族が、非政策的に上杉分国の「公儀」化・支配の正当化に寄与していた役割は、文化交流一つを取り上げてみても決して小さくはなかったし、当然のことながらそれは上杉氏の期待にも沿ったものであった。

註

（1）結果として神余氏と三条西家との関係が深化したというよりも、当初から意図的に神余氏が三条西家に接近していったとする方がより適切であろう。それは戦国大名としての越後上杉氏が、自らの分国支配をより完全なものとするために、分国より旧体制的な勢力を排除し越後青苧座を掌握しようとした「政策」の一環であったと考えられるからである。さらに、当時、三条西実隆が和学の最高権威として京都にあり、彼の許には諸階層の人々が出入して一つのサロンを形成していたが、この様な場は神余氏にとっていわゆる「京都之時宜」を収集する上での重要な舞台となっていた。なお、拙稿「戦国大名上杉氏の外交について—対朝幕交渉を中心として—」（『柏崎　刈羽』一五号、一九八八年。本書第二章）を参照されたい。

（2）原本は三条西家に永年伝来していたが、現在は東京大学史料編纂所の所蔵となっている。その刊行作業はすでに戦前（昭和六年）より是澤恭三氏等を中心として始まり、後に高橋隆三氏や斎木一馬氏等の校訂もあり、昭和四十二年五月に巻九の印刷・発行を以て全て完了した。刊本は続群書類従完成会発行（巻一上～巻十三）。なお、「実隆公記」とは後の呼称であって、実隆自身は日記を「愚記」（文明六年正・二月記表紙）と称した。

（3）なお、中村直勝『日本古文書学』下（角川書店、一九七七年）七五～九七頁、田中稔「紙背文書」（『書の日本史第四巻室町・戦国』（平凡社、一九七五年）参照。

（4）佐藤進一『古文書学入門』（法政大学出版局、一九七一年）一六七頁。

（5）相田二郎『日本の古文書』上（岩波書店、一九四九年）四九三～四九四頁。

（6）鈴木茂男「文書のかたちと折り方」（今井庄次等編『書の日本史』第九巻「古文書入門、花押・印章総覧、総索引」、平凡社、一九七六年）。

(7) 中村 前掲註(3)一一四～一一三頁。

(8) 新田英治「古文書の様式　中世」(前掲『書の日本史』第九巻、平凡社、一九七六年)。

(9) 荻野三七彦「折紙への疑問」(『歴史手帖』五—一〇、名著出版、一九七七年。のち、同『古文書研究—方法と課題—』、名著出版、一九八二年、に再録)。

(10) ここで掲げた紙背文書は、続群書類従完成会本『実隆公記』においても翻刻されている。
(1)巻十二—二五一頁　(2)巻十二—三〇七頁　(3)巻十三—一九頁　(4)巻十三—四〇三頁　(5)巻七—三一八～三一九頁
(6)巻七—一五八頁　(7)七—一九二頁　(8)巻七—四五七頁
(A)巻七—三一六～三一七頁　(B)巻八—二七二頁

(11) 拙稿 前掲註(1)五九～六二頁所収「『実隆公記』等に見える神余氏の文化的交渉」一覧表(本書一四〇～一四五頁)を参照。

(12) 芳賀幸四郎『三条西実隆』(吉川弘文館、一九八七年)参照。また、同「中世末期における三条西家の経済的基盤とその崩壊」(『日本学士院紀要』一三—一、一九五五年)は三条西家の経済的基盤とその崩壊の様相を、『実隆公記』を素材として検証している。

(13) 拙稿 前掲註(1)参照。

(14) 拙稿「越後上杉氏在京雑掌神余氏にみる「京都之時宜」注進—二通の書状を中心にして—」(佐脇栄智先生還暦記念論文集『戦国期東国社会論』、吉川弘文館、一九九〇年。本書第五章)をも併せて参照されたい。また、『実隆公記』享禄五年(一五三二)正月二十日条には「能州書状□(書)遣神余許、外郎自山科下之云々、」とあり、実隆の作成した書状が、実隆→神余氏→外郎→能登国の守護畠山義総、というルートで伝達されていることが見出される。

(15) 両書いずれも『群書類従』第二十二輯所収。
(16) 小野晃嗣「卸売市場としての淀魚市の発達」(上)(下)(『歴史地理』六五―五・六、一九三五年)参照。
(17) 『実隆公記』大永七年(一五二七)十二月十三日条と二十三日条、及び翌八年二月七日条には、越後国の青苧座よりの青苧公事等が神余氏の手を経て三条西家に納入され、それらは即刻に同家の関係者に「給分」として配当されたことが記録されているが、それらを見ると木村藤次郎はそれぞれ銭一〇〇疋(一貫文)ずつを配当されており、被支配者の中では最高額をいずれの場合も支給されている。
(18) 『実隆公記』の享禄二年十二月十七日条には「青苧一把公銭十三〆」と記された補書があり、この頃、越後国青苧座より三条西家に納入された公事銭が一把当たり一三文程度であったことが知られる。
(19) 脇田晴子「戦国期における天皇権威の浮上」(下)(『日本史研究』三四一、一九九一年)は、貴賤都鄙融合の文化と公家の主導性に関して、問題の所在をたとえば連歌については国人連歌と公家貴族連歌の間に断絶や対立が無く、圧倒的に公家貴族主導の文化体系になったところに求め、その様な貴族文化が二条良基・一条兼良や三条西実隆といった人々に代表される天皇中心主義であったことは、文化の融合・一体化に対する貴族主導の傾向を作り出し、文化の融合性がその民衆レベルへの普及を加速させたことを指摘する。また、脇田氏は三条西実隆が直接に交渉を行ったのは国人領主クラス以上の階層に属する人々であったとするが、上杉氏の意を体しているとは言え、国人領主クラスでさえなかった神余氏が天皇の側近でもある実隆の様な当代一流の文化人と直接頻繁に接触することが可能であったのは、正にこの様な文化の融合性に因るものであったし、連歌という一般民衆に迄広く普及しつつあった共通の媒体を持ってこそ、京都雑掌としての職掌が成立し得たところにその特質が見出せる。そして、天皇から国人領主に至るまで、主として文芸を通じての非常に幅広い交渉を持っていた実隆という人物個人に対して、神余氏が利用する上での非常な有益性や魅力を感じていたことも肯定できよう。

(20)　この後、津田氏は三条西家との魚市年貢納入を巡る交渉に嫌気が差したのか、その代官を辞任することを同家へ申し入れ(『実隆公記』大永五年十月五日条)、同二十八日条では津田入道が来月よりは他の人物に代官を申し付けて欲しい旨の折紙を実隆に送って来たことが記されており、翌十一月十日には「殖柳」氏が月俸一〇〇疋で新代官に選定されたものと思われる(『実隆公記』十一月十日条・同十四日条・閏十一月一日条)。

(21)　前掲註(17)で指摘した「給分」記録に拠ると、少輔は木村藤次郎等と共にそれぞれ一〇〇疋(一貫文)を支給されている(大永七年十二月十三日条分では記載なし)。また、それらの「給分」一覧では少輔が一番最初に記されて、しかも最高額を給付されているが、この時点では彼が三条西家の家臣中では首席にいたことを窺わせるものである。

(22)　宗碩は、享禄三年(一五三〇)の五月五日に関白太政大臣近衛尚通の邸宅へ周桂や宗瑎等と共に祗候しているが(『後法成寺関白記』陽明叢書〔思文閣出版〕記録文書篇・第三輯、同日条)、この後しばらくの間宗碩の動向に関しての所見が無く(『実隆公記』は当該年の四月〜八月の条を欠いている)、同年十一月八日条の『後法成寺関白記』『実隆公記』共に、彼が昨日の夕方にどこからか上洛したことを記している。これが宗碩の能登国下向を示唆しているとすれば、第四回目ということになる(続群書類従完成会本『実隆公記』の同日条頭註では「宗碩能登より上洛す」とする)。

(23)　宗碩等の連歌師と能登国の畠山氏との交流については、米原正義氏『戦国武士と文芸の研究』(桜楓社、一九七六年)第一章「能登畠山氏の文芸」において詳細に記述されている。

(24)　『実隆公記』同年八月十日条には在京の所見がある。拙稿 前掲註(1)五五頁所収「神余氏の越後・京都往来関係年表」(本書一三六頁)を参照。

(25)　宗碩・神余氏等が三条西邸において同座している記事は、『実隆公記』永正二年(一五〇五)五月十五日条の中にすでに見える。神余氏の『実隆公記』における初見が永正元年三月二十四日条の「越後雑掌神余隼人」の来邸記事であるから、彼らの交流もすでにこの時期には始まっていたことが推察される。

(26)「三条西聴雪(実隆)書状」(『大日本古文書　家わけ第十二　上杉家文書之一』三四六号)。また、『新潟県史』資料編3中世一、九〇号等。

(27)詳しくは、『日本歴史』五二三(一九九一年)の「文書館・史料館めぐり㊱　市立米沢図書館」(高橋豊氏)を参照。

(28)本書第二章。『新潟県史』では、長尾為景宛の同前九一号(近衛尚通書状)、九六号(進藤長美副状)、一八二号(神余昌綱書状)より、これらを比定した大永七年に神余小次郎(実綱)が越後へ下向したとするが、拙稿 前掲註(1)五五頁所載の年表(本書一三六頁)によれば、大永七年に下向したのは父親の昌綱の方であって、これらの文書は六月十三日という発給日付や実綱の下向という点と同年表とを照合すると、大永三年のものと考えられる。准三宮近衛尚通は、この大永三年の実綱の越後下向に伴い守護代長尾為景に「国中無事」を祝う書状と太刀・双紙等を贈ったのであるが、守護上杉定実を差し置き守護代為景に誼を通じていたところに、当該期の越後においては既に定実に実権がなく、定実抜きの政権であると京都側からも認識されていたと見ることができる。尚通の日記である『後法成寺関白記』大永三年九月一日条(『陽明叢書』記録文書篇第三輯、思文閣出版、一九八五年)では、上洛した小二郎(実綱)が(『実隆公記』同八月十二日条では十日に上洛したとする)尚通の許を訪れ為景よりの返事を渡しているが、これは先の神余昌綱書状(一八二号)に「彼者《実綱》罷上ニ御返事能々御申肝要存候」とある昌綱より為景への返事の要請によるものであったが、それはまた「異于他御由緒候」(九六号)とする近衛家側よりの好誼に応えようとしたものでもあった。近衛尚通や三条西実隆等、神余氏の交渉相手が幕府のみならず朝廷の高官にまで及んでいた事実は、正に幕府権威の低下に対する漠然たる不安から、再び見出された朝廷の権威によってその低下分が補填されていたことを示すものであった。

(29)『実隆公記』永正七年四月二十九日条では「越後国無静謐者、公用難進之由」を天王寺苧座（本座）の光康が実隆に報じている。天王寺苧座はかつて越後国産青苧を独占的に売買して「退二新儀商人一」（『越佐史料』〔名著出版〕巻三―二九七〜二九八頁）苧課役を三条西家に納入していたが、この大永三年頃には既に越後青苧座より徴収された苧公事が、問丸や京都雑掌等の手を経て直接同家へ納入される様になっていたものと考えられる。しかし、それすらも未進がちに陥る。

(30)（享禄三年）十一月二十五日付吉田孫左衛門尉宛神余昌綱書状（『新潟県史』同前五七八号）では、昌綱が越後へ下向した実綱に対する「諸篇御指南」を守護段銭所を管掌していた吉田氏に依頼しているなど、常時在京する実綱は分国の状況についてはあまり詳しくはなかった様である。

(31)　これは現存しない。註(28)で触れた『新潟県史』同前一八二号の様なものであろう。

第五章　上杉氏在京雑掌神余氏に見る「京都之時宜」

はじめに

室町・戦国期に於ける地域権力を考える場合、室町幕府体制下に於ける守護が平時は原則として在京することを旨とし、それも応仁・文明年間（一四六七～八七）の混乱期に至り殆どその任国に下向することを余儀無くされ、後の地方に於ける公儀政権としての戦国大名に至っては、特別なことでも無い限り終始在国をするようになる。このような状況の中にあって、かつて在京していた時には努めて収集することも無かった、中央の情勢に関する情報を得る必要に迫られた戦国大名は、しばしば京都に使者（使僧）を派遣するか、或は在京性の雑掌を設置するかして、主として朝廷・幕府、更には遠国に至る大名に依る争乱等の動向に関する情報を得ようと図った。それらの情報は、主に京都を中心とした地域に於いて得られたものであって、それが分国へ注進される際には、「京都之時宜」として報告された。

佐藤進一氏は「「時宜」論のための予備的検証[1]」の中に於いて、「時宜」の用例を十五世紀の段階に於いて一旦確認した後、十二世紀にまで逐次遡及して検証を試みているが、その中で「時宜」の語（十四世紀以前になると「時議」の方が多くなる）が何れの時期に於いてもその時々の政治状況下に於ける権力者の意志・判断を意味していることを確認し、とりわけ十五世紀中葉に於いて頻用されている修飾・限定の無い「時宜」の語が、殆ど足利将軍家の当主の意志・見解を示していることを推測している。又、この外にも当該期に於けるそれぞれの領域の政治状況を意味する語としても用いられていた事実を指摘する。

本稿に於いて検証を試みようとする「京都之時宜」は、佐藤氏の指摘した二類型についてその双方を含むものである。即ち、中央政権としての足利将軍家の意志や動向と、日本の縮小した中央政庁が依然として存在していた京都という一つの地域を中心とした地方の情勢、及び、そこで得られた遠国関係の情報についてである。この時期に於ける「京都之時宜」が地方公儀政権としての各大名家にとってどのような意味を持っていたのか、その重要性について越後上杉氏の場合を事例として論及してみる。

越後上杉氏在京雑掌神余《かなまり》氏は、以上のようにして得た情報を、以下に掲げる二通の書状に見られる如く逸早く分国へ送達していた。当該書状に関しては、以前にも紹介しているが[2]、本稿では「京都之時宜」の分国への注進という観点より、再検討を加えてみたい[3]。以下、年代順に各資料を挙げる。

一　神余昌綱書状を巡って

(イ)「(包紙ウハ書)長尾様へ　越前守昌綱」

先度外郎之弥五郎罷」下ニ、京都之時宜具令啓上候キ、

一、今月十四日、細川六郎殿(稙国)為御」家督始御出仕候、御太刀・御」馬・鳥目万疋、其外種々御進上之」由候、

一、京兆様(細川高国)未黒衣御精進にて」御座候、御法名者道永と申候、」面向者六郎殿毎事御存知之」分にて、被得彼御意候、

一、去四月廿六日以来、御所造御」用意共候、御地ハ京兆之北、」香川・安富・秋庭・上野殿」以下之地を被相定、日々御」普請候、来月中ニ三条之」御所を彼地へ可被引之由候、」如此之砌、(ロ)御造作御要脚且も」御進上可然之由、各被仰候、就之」私へ御催促之折紙奉書」下申候、

---------（紙継目）---------

一、(ハ)芸州辺之事、度々如申候、未一」途候、大内殿(義興)勝利之由候、尼子(経久)」方ハうちハの様ニ申候、

一、江州北郡浅井(亮政)・上坂治部(泰貞)已下之」牢人、令出張候、京極中書も」自尾張国被打越之由候、然間」去月廿四日、六角殿(定頼)出陣、北郡」近辺磯山と申地ニ被居陣候、」未しか〳〵と合戦者無之候、定而」近日可有一途候哉、去年御」鷹・御馬之御返事、内海ニ」被相副人、可被下進候由候へ共、」如此之取乱故、三雲方無其」左右候、(ニ)去夏私へ之書状、為御」被見下申候、

一、濃州も令錯乱、土岐殿(頼芸)・斎藤(利隆)」名字中同心ニ、山入へ被取」除候、跡ニハ長井一類相踏候、」是も近日可有一途候哉、(ホ)其外」条々彼者ニ雖申含候、定而思」程ハ不可申分候哉、猶後便ニ可」令申候、恐々謹言、

----六月廿六日(大永五年)----越前守昌綱(神余)（花押）----（紙継目）----

謹上　長尾殿(為景)　御宿所

この書状(4)は、神余越前守昌綱より越後国の守護代である長尾信濃守為景に宛てたものであり、山形県米沢市上杉隆憲氏旧蔵の「上杉家文書」の内、「赤簞笥入古文書」と称される文書群の「二之段り印袋入」に収められている。

内容について検討する。前書きの部分であるが、先ず本状は、傍線部分(イ)のように丸薬透頂香の売人である外郎売りの弥五郎なる者が、先頃越後国へ下向した際に「京都之時宜」について悉く言上させたとあり、きっと思うほど詳しくは説明申し上げることができないであろうから、その補足説明としての性格を有する書状であるとしている（傍

線部分㈭）。一介の外郎売りである弥五郎にそのような重要な用件を託していることから見て、彼が京都と分国との間の飛脚役を委ねられていたのか、或は外郎売りの組織がそれに関与するようになっていたのかであろう。『実隆公記』(5)を見ても、三条西邸に於いて元朝より渡来した医師である陳順祖の子孫陳祖田外郎と神余氏とは同席することも多く、又、多少の交渉もあったことが窺われ、その関係から外郎売りの組織と結び付くようになった可能性についても指摘することができる。

第一条目は、細川管領家の家督として高国の子六郎稙国が初めて出仕し将軍家への種々の進物をした。第二条目は細川高国が出家し未だに修行中であって、法号を道永としたこと等である。第三条目では、将軍足利義晴の三条御所に代わる新邸の場所が定まり、既に建設に着手して大永五年（一五二五）の七月中に移転する予定であることを記し(6)、それに関して傍線部分㈺のように、造営の費用を進上するよう以前に上杉氏に対して指示があったものと考えられ、その進納が遅れていたため、今回在京の神余昌綱に納入催促の「折紙奉書」(7)が下されたとしている。恐らく本書状と共にその奉書は、越後国へ伝達されて行ったのであろう。以上、ここ迄が所謂「京都之時宜」に関する条目である。

次に第四条目であるが、これは永正五年（一五〇八）六月以来、永正十五年八月に至る大内義興の約十年に及ぶ在京期間内に於ける、中国地方を巡る政治情勢の変化、つまり、大内氏と出雲国の尼子氏との対立・抗争に関して安芸国を舞台とした両者の攻防についての記述である。同国を巡っては伝統的守護家（分郡守護）である武田氏や有力国人である毛利氏等、在地の勢力をも巻き込んで国内の支配権獲得を目指して両者に依る戦闘と調略とが行われた。この大永五年当時、大内氏は安芸国掌握にとって鍵を握る一族として認識していた毛利氏を服属させることに成功し、次いで野間・天野・多賀谷氏等の諸氏の帰属にも成功を収め、これから愈々武田氏の攻略に着手するというところであった。当該条文はそのような安芸国が未だに「一途」になっていないことを告げており、大内義興に依る国衆の調略が漸く成功を収めつつあることを述べている。「尼子方」以下の件は、尼子経久が大内義興の上洛に随行する等、当初は大内氏に従っていたことを指しているのであろう。

ここで注目しなければならないのが傍線部分(ハ)で、安芸国を巡る情勢については度々注進を行っているとしている点である。現在、文書の形では残存してはいないが、書状、或は傍線部分(イ)のように使者に口頭で注進させるという形で、分国へ逐一報告を行っていたのである。第五条目では近江国を巡る情勢について記している。四職家の一つで、北近江の守護大名であった京極中務少輔高清は所謂国人一揆、とりわけ浅井亮政に依って尾張国に追われていたが、曾て京極氏の被官であった浅井亮政と、同じく京極氏家臣中の有力者で高清と共に尾張国に落ちていた上坂信光とが和睦するに至り、高清を尾張国より近江国に迎えた。そのため、浅井氏の強大化を警戒していた南近江の半国守護六角定頼は、この年の五月二十四日に亮政等を攻撃する目的で江北近辺の磯山に出陣していた。しかし、当該書状の日付当日迄には、はっきりとした戦闘が行われていなかったことを告げた上、確信をもって近日中の「一途」を予測している。

このことと関連し、以下の文章では前年の「御鷹・御馬之御返事」が、争乱のために音沙汰無しとなっていることを記している。「三雲方」は六角氏家臣の三雲氏であろうから、この両進物が恐らく越後の長尾氏より六角氏に宛てたものであって、その際在京している神余昌綱に対して発給された六角氏方よりの書状が、参考書類として長尾氏に送達されている(傍線部分(ニ))。つまり、神余氏は、長尾・六角氏間の交渉の窓口として京都にあって折衝に当たっていたことになる。最後の第六条目であるが、これは美濃国を巡る状況についての記述である。詳細なことは分からないが、美濃国の守護家であった土岐氏とその守護代斎藤氏とが山入という地名の場所に移り、その後衛に土岐家の老臣である長井氏一族が入っていることを記し、ここでも近日中の「一途」を予測している。

以上、各条文毎に内容を概観してみたが、第一～三条の所謂「京都之時宜」と共に、そこで得られた第四～六条に見える詳細な遠国関係の情報の収集が、特質として注目される。特に第四条目では、安芸国を巡る動向について「度々」注進を行っているとしているが、分国越後国とは事実上何の関連も無い西国の動向に配慮しているということは、当該期に於ける大名領国が形の上では自己完結しながらも、その一方では他地域を巡る情勢が自国の経営に対しても少なからざる影響を与えていた、という事実を示唆するものではなかろうか。

又、本書状中では度々記されている「一途」という点に、神余氏の注進の中心が据えられていることに注目したい。これは「京都之時宜」以外の条文、つまり、遠国関係の条文中には必ず出て来る文言であり、この概念は第六条目の傍線部分「錯乱」に対応しているものと考えられる。神余氏に依って収集される遠国情報の中心眼目が、各大名領国の政治的秩序の混乱・安定というところに求められていたということは、一方では分国主上杉(長尾)氏よりの要請であったとも言うことができよう。この約二ケ月後の八月二十日には、神余昌綱の子息である隼人佑実綱が越後国へ下向しているが(『実隆公記』同日条)、約四ケ月にわたって在国し続け更に詳しく「京都之時宜」を注進したのである。(8)

二　神余実綱書状を巡って

(包紙ウハ書)「大熊備州江　神余隼人佐実綱

「(朱書)外伊予部(マヽ)伴四郎ノ状一通入」」

(イ)(端裏書)「飛脚上御返事」

(ロ)一昨日廿四飛脚京着ニ、御一札委細令拝見候、仍」

(ハ)御服事、当春両度朽木(近江)へ致祇候、種々申入候て、如此」相調候事候、殊　公方様(足利義晴)被任大納言候時、被召候」御服にて候、是別而　(ニ)上意被対信州(長尾為景)無御等閑存之由候、」御紋桐ニて、(ホ)如此之様体、能々御分別簡要候、

一、(ヘ)唐織物事、当年も色々申入候処、此儀者、一段有子細」御事候条、只今ハ不被進候、(ト)今度之御服之御礼御申之上、涯分」可申達之由、上﨟御局様・与州(大館伊予入道常興)被仰事候、此旨御心得尤候、次」(チ)今度之御礼被相急候者、可然存候、於其上、唐織之儀も可相」調候哉、尚以、只今飛却(脚)之通、(リ)軈而又朽木へ祇候仕候て、可」得御意候、其御返事飛脚ニ可令申候、

一、備後砂事、涯分可尋申候、京都ニも稀物ニて候、

一、(ヌ)京都隣国之儀共、具越前守(神余昌綱)申入候、其外近日弥敷御事」無之候、弥柳本(賢治)威勢迄候、此間切々鷹野へ被罷出候、事外」鷹数寄ニて候、

一、今度御誂候御烏帽子三頭、只今下申候、

一、(ル)京都爰元之時宜共、蔵田清左衛門尉ニ申理候、(ヲ)同見聞之」通可被申入候間、令省略候、恐々謹言、

(享禄三年)二月廿六日　　神余隼人佑　実綱（花押）

大熊備州(政秀)　御宿所

この書状(9)は、神余隼人佑実綱（昌綱の子）より守護上杉氏の料所年貢の収納に当たる守護所公銭方で、且つ、守護段銭所をも管掌していた大熊備前守政秀へ宛てたもの(10)であり、同じく「赤箪笥入古文書」の「四之段あ印袋入」に収められている。

内容について検討する。先ず、本書状の性格付けであるが、傍線部分(イ)（本文と同筆）・(ロ)にあるように、飛脚に依って分国よりもたらされた政秀よりの「御一札」に対する返事である。前書きの部分であるが、ここでは公方様御服

下賜に関する事項が記述される。室町将軍足利義晴は享禄三年(一五三〇)正月二十日に権大納言に任じられたが(『公卿補任』)、その際に着用した格別なる「御服」を長尾氏に下賜するよう同氏からの要請に基づいて神余氏が奔走していた。特に傍線部分(ハ)では、当時、朽木氏を頼って近江国高島郡朽木谷(秀隣寺、現在の興聖寺)に逃れていた義晴の許を、神余氏が春に二回にわたって訪れて御服下賜を求め、その甲斐あってか桐の紋所の御服下賜に成功するに至っていた。それに際して神余氏は傍線部分(ニ)の如く、今回の御服下賜が、義晴の長尾為景に対する等閑な気持ちの全く存在しなかったために実現し得たことであると推察し、且つこのような状況を十分に弁えることが重要であると申し送っている(傍線部分(ホ))。ただ、これ自体は平安期に行なわれた「被け物」の行為であって、被授与者の身分が格別なものであることを示しているものでもない。

つまり、このことは、当時傀儡ではあってもまだ越後国の守護家当主として上杉定実が存在しており、それを差し置く形での御服下賜、或は義晴の立場にも配慮する必要があるということであろう。義晴自身、大永七年(一五二七)以来、天文十九年(一五五〇)のその病没に至る迄、絶えず麾下の部将間の争いに巻き込まれて京都・近江国間を逃避行しなければならず、所謂「下剋上」に悩まされ続けていたが、越後国に於ける「下剋上」、つまり、主家上杉氏を凌駕しつつあった長尾氏に対して先のような特典を与えることが、結果的には、伝統的な主従制的秩序を自ら崩壊へと導いてしまうことになり、自らも直面している「下剋上」を事実上容認してしまうのではないか、という将軍義晴の危惧に対して、神余氏は大熊政秀を通じて長尾氏にもその旨を理解しておいてもらいたいという含みがあったものと、推測される。

本文の第一条目は、守護代長尾為景の嫡子で景虎(上杉謙信)の兄弥六郎晴景の母親に対する、唐織物授与に関する条文である[11]。唐織物下賜については、神余氏もしばしば申請を行っていたが、このことは一入謂のあることなので、現時点では不可能であるとしている（傍線部分㈠）。それよりは寧ろ今回の御服下賜に対する答礼を行い、御服下賜が現在のところの、守護代としての長尾氏の身分に相応した幕府側よりの対応であることを通達するようにとの、佐子上臈局（足利義晴室）と大館尚氏（幕府内談衆）の意見であるとし、神余実綱もその意見に同意している（傍線部分㈦）。これは最早、事実上は長尾氏が越後国の支配者となっていたにも拘らず、形式的には上杉定実が守護であり、長尾為景は守護代に過ぎないという状態を打開するため、長尾氏は京都、とりわけ室町幕府との間で早急に親密な関係を構築して、自らの事実上の「越後国主」としての立場を、内外に対しより明確に印象付けようとした意図の現れであると解釈することが可能である。

しかし、在京雑掌であった神余氏は、そうした長尾氏に対する幕府側の懸念を逸早く察知し、長尾氏に対して時期尚早を唱えていた。そうした長尾氏と神余氏との間には認識の違いこそあったものの、傍線部分㈧にあるように長尾氏が御服下賜に対する答礼を早々に行ってくれさえすれば、神余氏としても次の唐織物下賜についても本腰を入れる用意があるとしているのであり、やがて、再び朽木を訪問して足利義晴に許可を請うことも吝ではないとし（傍線部分㈨）、その結果は、飛脚にて伝達するとしている。ここからは当時、飛脚が文書・伝言双方の伝達に携わっていたことが推測される。神余氏は常時在京していた訳であり、諸般の情勢を熟慮しながら交渉を進行させていたことが窺われる条文である。

第二条目は、神余氏が長尾氏の求めに応じて「備後砂」を入手しようと苦労したのであるが、結局はそれが京都に於いてさえ珍品であったので手に入らなかったことを述べている。「備後砂」とは、備後国の北部、現在の広島県比婆郡東城町帝釈の夏森より産出する白い盆石用の敷砂のことで、別に「八方砂」とも称される石灰石であり、枯山水式石庭の発生と共にその需要が増加して稀少価値も出て来たのであろう。この採掘に関しては、備後国の国人であった山内首藤氏がその支配権を握り、同氏より足利将軍家への献上物としても利用されている等、当時としては貴重品であったことが知られる。(12)神余氏も色々と手を尽くして調達しようとしていたものと思われるが、将軍家に於いてさえ貴重品であると認識されていたのに、ましてや一介の守護代家の雑掌では到底山内氏より融通してもらうことはできなかったのであろう。

第三条目では「京都隣国之儀」、つまり「京都之時宜」については父神余昌綱が詳細に注進しているとし(傍線部分(ヌ))、その他最近は珍しく京畿が平穏無事であり、柳本賢治が享禄二年十一月二十一日、三好元長派である摂津国の国人伊丹元扶を伊丹城に於いて滅亡させて以来、賢治一派の意気が盛んであるとし、賢治自身鷹好でよく鷹狩に赴くこと等を記している。この条文は昌綱の報告に遺落していた情報を記したものであって、柳本賢治の「鷹数寄」に至る迄かなり細かく情報収集に当たっていたと言うことができる。分国への情勢注進に際しては、昌綱・実綱父子の一方ではなく、その両人に依る協力体制が存在していたことが窺えよう。

第四条目は、恐らくこれも「備後砂」と同様長尾氏からの要請に依って神余氏が京都に於いて調製させた烏帽子三頭を、当該書状と共に分国へ送るとするものである。

最後の第五条目であるが、ここでは洛中の様子に関する事項が記されている。傍線部分(ル)の「京都爰元之時宜」は傍線部分(ヌ)の「京都隣国之儀」に対応しているものと考えられ、前者が主として洛中の情勢を対象にしているのに対して、後者は更に拡大してそれをも含む畿内近国の情勢に力点が置かれている。このような洛中の動向については分国の蔵田清左衛門尉にも説明してあり、見聞きした通りに申し入れてあるので、ここでは省略するとしている。神余氏は、正に京都に於いて「見聞き」した通りの情勢(傍線部分(ヲ))を分国へ注進していたのであるが、ここで登場する蔵田氏は元来、伊勢御師として越後国へやって来て布教活動を行い、やがて上杉氏の被官となり越後国よりの青苧公事納入と越後青苧座の管理等に携わるようになった一族であり[13]、そのような蔵田清左衛門尉に対しても神余氏は「京都之時宜」を報じていたのである。それは京都（三条西家）に対する青苧公事納入に際して京都側の情勢を窺う必要があったことと、逆に言えば神余氏より分国への情報伝達に関して複数のルート（守護段銭所・越後青苧座管掌者等）が設定されていた、ということが理由として挙げられるのではなかろうか[14]。

以上、各条文毎に内容を概観してみたが、当該書状は最初に掲げた「長尾殿」宛昌綱書状とは対照的に「京都之時宜」の占める比重が低下し、その分「御服」「唐織物」「備後砂」「御烏帽子」といった品々の京都に於ける調達に関する項目が目に付く。これらの品物は全て長尾氏の求めに応じて神余氏が入手しようとしたのであって、本状の充所が公銭方の大熊政秀であることからも、先の「長尾殿」宛書状がより「公」的な性格を帯びていたのに対して、当該書状はより「私」的な性格、換言すれば分国の吏僚に宛てて出された、長尾氏に報告すべき事項を記した事務文書と言うことができる。又、この中では暗に、幕府側の長尾氏に対する所謂「下剋上」への懸念、越後国に於ける上杉氏に依る守護領国体制の維持という期待感が示されており、唐織物下賜に関する「一段有子細御事」（傍線部分(ヘ)）は取りも直さずそのことを表している。これは主として幕府側の事情に依るものではなく、寧ろ上杉（長尾）氏側より派生する問題に起因することであった。

ここでは上杉氏在京雑掌であった神余昌綱・実綱父子が分国に宛てて発給した二通の書状を中心として、「京都之時宜」の分国への注進について検証を試みた。先ず書状の前書き部分等に於いて、外郎売りである弥五郎や飛脚等が口頭で「京都之時宜」に関する報告を分国に行っていたと記し、書面・口頭双方の手段を用いて適宜分国に対する情勢報告が、実施されていたことが判明した。又、これらの書状の日付が何れも偶然とは言え二十六日となっていることは、京都より分国への飛脚便が、その頃定期的に出発していたことを示しているとも言える。当該書状に見る限り、その伝達ルートとしては京都の神余氏より直接上杉氏にもたらされるものは言うに及ばず、その他分国側の守護段銭所を管掌していた大熊氏と、越後青苧座を管轄していた蔵田氏に対するものとが見出された。

神余氏をも含めこれらの諸氏は、上杉氏家臣団の中に於いては決して上位に位置していた人々ではないが、中堅の実務官僚であって、特筆すべきこととしては彼らが上杉家経済の中枢を占めていたということである。[15]つまり、京都・分国間を伝達される情報の中心が、上杉分国をも含めた諸国の「錯乱」「一途」といった政治的秩序と、それに依って左右される、不安定な経済的動向に移行していたということである。そして、当該書状は、何れも箇条書の体裁をとって必要事項を簡潔に記しており、最初に掲げた長尾為景宛の書状が政治情勢の報告に徹しているのに対して、大熊氏宛のものはそれをも含めて、更に京都(神余氏)よりの指示・要請や品物の調達に関する条項が新たに加わり、越後上杉氏の中堅実務官僚同士に依る事務連絡文書といった性格付けもできるであろう。

おわりに

以上、越後上杉氏在京雑掌神余氏発給の二通の書状を中心として、当該期に於ける時宜について考察してきた。これら「京都之時宜」を報じた二通の書状を見る限り、その主眼は京都をも含めた諸地域の「一途」「錯乱」という点に置かれており、京都から遠く離れた地方の大名の場合、分国をも含めた周辺諸地域に対する版図拡大のための調略に於いて、長期的視野に立った戦略を立案する場合には中央の「時宜」をも考慮する必要があった。

越後上杉氏は「京都之時宜」の中でも、とりわけ室町幕府の動向に注目していた。それは本稿の冒頭に於いて述べた如く、佐藤氏が指摘する十五世紀中頃の修飾・限定無しの「時宜」、即ち、足利将軍家当主の意志や見解といったものが当該期越後長尾氏（後の上杉氏）にとって非常に重大な意味を持っていたからである。同国守護代長尾氏にしてみれば、室町幕府体制下での守護領国体制という枠組みの中では最早同氏の傀儡と化してしまったとは言え、現実の問題として伝統的に幕府より代々補任されて来た越後国の守護である上杉氏が存在しているのであり、それに公式に取って代わることは不可能なことであった。又、実力を以て上杉氏を排斥するような動きをとることも、上杉氏と同様、その麾下の部将に依る「下剋上」に悩まされ続けていた将軍足利義晴の心証を害するものであった。

そこで、長尾氏は、守護領国体制そのものは堅持するという姿勢を示しながらも、実質的には「越後国主」としての地位を幕府側に認証させようと、その具体的な方策としては「守護同等待遇」を要求しようとする。そのためには「京都之時宜」、とりわけ修飾・限定無しの「時宜」を諸氏に先駆けて逸早く得ることが必要不可欠であり、ここで京都雑掌神余氏の存在が重要な意味を持って来る。特に大熊備州宛実綱書状の中に見られたように、長尾氏に対する「御服」「唐織物」下賜を神余氏が諸般の情勢を慎重に検討しながら幕府に要請していたが、これ等は正に守護代が現存する守護を差し置く形で実質的な守護待遇を受けようとしていた徴証であろう。このことは体制の根幹に関わる微妙な問題であっただけに、神余氏は近江朽木の義晴の許を数度にわたって訪れてその「時宜」を伺い、それを分国へ注進すると共に精密な分析を加えた上で対幕府交渉に臨んだのであった。

このように、当該期に於いての「京都之時宜」が京都より遠隔の各地域政権にとって、領域内支配に対して直接的に影響を及ぼすというものではなかったが、長期的な視野に立った対内・対外政策を検討する場合には、「京都之時宜」が領域、或はその周辺地域に対して与える影響も決して無視することができない、という状況が戦国期には存在していたのであり、このことは当該期地方大名の多くが神余氏のような京都雑掌を設置していたことからも、窺い知ることができる。(16) これらのことは、越後をも含めた東国地方に於いても例外ではあり得なかった。この意味からも戦国期東国にとっての「京都之時宜」とは、正しく室町将軍足利氏当主の意向とそれに伴う政治的状況とを意味していたと言えるであろう。

註

（1）佐藤進一「「時宜」論のための予備的検証」（『年報中世史研究』一一、一九八六年）。

（2）拙稿「戦国大名上杉氏の外交について―対朝幕交渉を中心として―」（『柏崎　刈羽』一五、一九八八年。本書第二章）参照。

（3）逆に分国関係等「時宜」の京都側に対する注進を取り扱った拙稿「戦国大名と情報―越後上杉氏在京雑掌神余氏と「時宜」注進―」（『柏崎　刈羽』一七、一九八九年、本書付論二として再録）をも併せて参照されたい。

（4）「神余昌綱書状」（『新潟県史』資料編3中世一、一八四号）。

（5）例えば永正八年四月三日・同二十三日・同六月六日・同八日・同十一日条・同十七年春夏七月紙背文書（自六月一日至十日条裏）参照。

（6）実際の「御移徙」は『実隆公記』に依ると、同年十二月十三日の「戌剋」であった。

（7）これに該当すると思われる室町幕府奉行人連署折紙を掲載する（『新潟県史』資料編3中世一、四四二号）。

（包紙ウハ書）
「神余越前守へ貞運・秀俊・貞広・頼藤（康の誤）連状　二」

（い）御造作要脚事、已前被成奉書之処、于今遅怠、不可然候、早々可被進納之由候、此旨急度可被申下候、恐々謹言、

（永正十四年カ）
三月廿日

（ろ）頼藤（松田頼康）（花押）

貞広（飯尾）（花押）

（松田）秀俊（花押）・
（飯尾）貞運（花押）
（昌綱）神余越前守殿

『新潟県史』では傍線部分(ろ)を「頼藤」とするが、これは「頼康」の読み誤りである。花押も奉行人松田頼康のものと一致する。更に本文書の年次を永正十四年（一五一七）と比定しているが、むしろ、神余昌綱書状（『新潟県史』資料編3中世一、一八四四号）の傍線部分(ロ)と本文書の傍線部分(い)との関係からも、大永五年のものとする方が妥当であろう。各奉行人の在任期間も一致する。又、本折紙の充所が上杉氏ではなく、神余氏となっていることに注目したい。室町幕府が神余氏のことを、上杉氏から全権を委任された代弁者として認識していたことが推測される。

(8)　神余氏はしばしば越後国へ下向しているが、その際にも「京都之時宜」が上杉氏に報告されていたことは疑うべくもない。拙稿　前掲註(2)五五頁所収「神余氏の越後・京都往来関係年表」（本書一三六頁）参照。

(9)　「神余実綱書状」（『新潟県史』資料編3中世一、四七〇号）。

(10)　大熊氏は越後国中頸城郡箕冠城主。政秀の子備前守朝秀は上杉謙信の初期に於ける側近で分国経営にも参加していたが、後に武田信玄の家臣となる。赤沢計真「越後守護領国と公田段銭」（『新潟史学』一八、一九八五年）では、奉行人である政秀は守護段銭収納の実務を統轄していたが、その職権が子の朝秀にも継承されていることを指摘している。

(11)　この件に関して在京雑掌神余氏が関与していたことを示す史料に、『新潟県史』資料編3中世一所収の五九・四四〇・四四四・四四七号文書がある。

(12)　『萩藩閥閲録』（山口県文書館）第一巻三七〇頁（一七三号緑阿弥書状）には、山内新左衛門尉隆通が「備後沙（砂）」を足利義輝に進上したことに対して、「備後沙十俵御進上之旨具令披露候、則被敷御庭候、於京都無比類儀共被驚御目、別而御秘蔵之趣候」とあり、「備後砂」が非常な「稀物」であったことが分かる。猶、岸田裕之「中世後期の地方経済と都市」(『講座 日本歴史』4中世2、東京大学出版会、一九八五年)参照。

(13) 天正十年(一五八二)三月朔日付で上杉景勝が蔵田五郎左衛門に与えた文書(「歴代古案」九『越佐史料』(名著出版)巻六、一三五頁)に「青苧座之事、祖父五郎左衛門以二由緒一拘来候」とあり、この五郎左衛門の祖父の代より蔵田氏が越後青苧座に関与するようになったとしている。藤木久志氏に依れば、越後国に於ける蔵田氏一族には左京亮系統と五郎左衛門系統とがあり、後者では清左衛門尉と五郎左衛門とを交互に名乗り、国外への使節・青苧座の管理・府内及び春日山の代官等に任じられている(『国史大辞典』第四巻(吉川弘文館、一九八四年)「蔵田氏」の項参照)。又、新城常三『社寺参詣の社会経済史的研究』(塙書房、一九六四年)に依れば、伊勢御師蔵田大夫は上杉氏と師檀関係を締結し、上杉氏を通じてその領内深く食い入り、その勢力圏を拡大している。

(14) 『実隆公記』に依れば蔵田氏自身、大永五年(一五二五)閏十一月には上洛して神余氏と同道し、実隆に対して越後国に於ける苧公事の減少等についての分国の状況を報告しているし、三条西家より発給された苧公事の請取状やそれに関する書状(神余氏に依って草案としての案文が作成される場合もあった)の充所が蔵田氏(五郎左衛門)となっていることは、それらの文書が後に神余氏に依って分国(蔵田氏)へ送達されることを予定されていたことを意味するものと考えられる。

(15) 例えば周防国の大名大内氏の場合、京都雑掌・分国間の情報伝達ルートとして、分国側ではその奉行人や評定衆等、大内氏家臣団中では比較的高位の人々が当たっていたこととは対照的である。猶、拙稿「室町禅林に於ける大名家在京雑掌の活動—相国寺大智院競秀軒の場合—」(『中央史学』一三、一九九〇年)参照。

(16) 拙稿 前掲註(2)二一七~二三四頁所収「室町時代の諸大名に於ける外交を担当した雑掌」表(本書未収)参照。

付論一　越後上杉氏在京雑掌神余氏と「時宜」注進

大名越後上杉氏に依る対京都（朝廷や幕府等）交渉を考察する場合、その京都雑掌である神余《かなまり》氏（1）の活動を抜きにしては語ることができない。上杉氏より神余氏に課せられていた重要な職掌の一つに、京都やその周辺地域、及びそこで得られた遠国関係の情勢に関する情報の、分国に対する注進が指摘される。当該情報は、応仁・文明期の混乱を経て、終始在国するに至った戦国大名にとって、所謂「京都之時宜」として、対内・対外的領国経営に与える影響も無視することのできないものとなっていた。内外情報の一元的掌握・統制も、それを利用し分国内外諸氏に先駆けて政策・戦略を立案することができたという点で、大名権力の分国内外諸氏に対する超然的権威確立の為には、欠くことのできないことであったのである。

この様な点に鑑み、本稿では神余越前守昌綱が分国越後の経済吏僚吉田孫左衛門尉に宛てて発給した書状を具体的な素材として取り上げ、当該期戦国大名にとっての「京都之時宜」の意義について考察する為の一助としたいと考える。（2）

さて、現在、山形県米沢市の上杉隆憲氏所蔵の「上杉家文書」の内、小型の文書箪笥に収められていて「赤箪笥入古文書」と称される古文書群に所収されている、神余昌綱書状を掲載する。（3）

（包紙ウハ書）
「吉田孫左衛門殿へ　神余越前守ゟ御状　（張紙）「四ノ段ゑ印」」

(イ)今月二日至徳寺飛脚下ニ、京都之時宜具令」啓候、定而可被及御披見候、
一、御新造様(長尾晴景母)へ唐織物被遣之旨、(ロ)対大館与州(常興)へ」被成御内書候、誠以御面目之至、不可過之候、」(ハ)早々御礼御申尤
存候、
一、就御服御拝領御礼御申、(ニ)御父子へ御内書」幷御剣被進之候、目出存候、其外(ホ)上臈御局已下御」返事下申候、
(ヘ)委曲以注文令申候、
一、京都之時宜、近日可有一途之様体候、(ト)何様於其上」重而可令申候、
一、(チ)当国不慮之儀、雖然、悉属御本意之旨、其聞候、」自何以満足此事候、(リ)弥可然御左右日々奉待候、就如此」儀、
俄隼人佑(神余実綱)罷下候、風雪之時分と申、歓楽之儀候条、」定而不可有正体候、諸篇御指南所仰候、
一、朽木(近江)公方様(足利義晴)御入洛、同常桓(細川高国)御上洛可為必定候、」然者、(ヌ)早々御礼御申肝要候、(ル)都鄙之儀、毎事隼人佑」可有
口上候間、令省略候、恐々謹言、

(享禄三年)十一月廿五日　　神余越前守
　　　　　　　　　　　　　昌綱（花押）
吉田孫左衛門尉殿

この書状は、神余昌綱より、大熊氏等と同様に上杉氏の守護段銭所を管掌していた吉田氏の孫左衛門尉(景重か)[4]へ宛てたものであり、「上杉家文書」の内「赤箪笥入古文書」の「四之段ゑ印袋入」に収められている。それでは、各内容について検討する。先ず、前書きの部分であるが、ここでは今月(十一月)の二日に「至徳寺飛脚」が越後国へ下向するのに際して「京都之時宜」も悉く言上させた(傍線部分(イ))として、これより本状がその後便としての性格を有する書状であることが分かる。「至徳寺飛脚」が「至徳寺へ下向する飛脚」を指しているのか、或は「至徳寺が抱え

ている飛脚」を指すのかは歴然としないが、そもそも至徳寺とは当時、越後府中（現在の新潟県上越市東雲町）にあった臨済宗円覚寺派の寺院のことであり、十刹位に列せられる等、京都とも深いつながりを有し、その塔頭と考えられている花蔵院も、越後上杉氏の雑掌僧として大凡神余氏と同じ時期の対外（対京都）交渉に当たってい(5)た。

第一条目は、長尾晴景の母親に対する唐織物下賜に関する一文である。これに関しては、同じく「上杉家文書」所収の「大熊備洲」宛神余隼人佑実綱（昌綱子息）書状の第一条目に於いても見られる様に(6)、そこでは神余氏が下賜を色々と幕府側に働き掛けていたのであるが、時期尚早という幕府側の一致した見解に依って下賜の儀は見送られていた。しかし、今回は、神余氏の努力の甲斐もあって、授与の決定が為されたというものである。具体的な決定、即ち将軍足利義晴の御内書は当該書状発給の約二ケ月前の九月二十八日付で大館常興（尚氏）に対して発給されており(7)（傍線部分(ロ)）、それに付随して同日付で常興より長尾信濃守為景に宛ててもその旨を記した書状(8)が発給されている。その中で「委曲神余隼人佑（実綱）可被申候」として、詳しい事情については神余実綱が説明するであろうとしているが、そのことは傍線部分(イ)にもある如く十一月二日の「至徳寺飛脚」に依って「京都之時宜」として報じられていたものと考えられる。又、神余氏は、事後処理をも忘れること無く、分国に対しては早々に唐織物授与に対する御礼を行う様要請をしているのである（傍線部分(ハ)）。これらの文書は幕府側より取次役として認識されていた、神余氏の手を経て越後国へ伝達されたのであろう。

第二条目も、前掲の実綱書状の前書きの部分及び第一条目と関連した公方様御服下賜に関したものであって、前述の如く、神余氏よりの要請に基づきその御礼として長尾為景・晴景父子各々が足利義晴に太刀一振・馬一疋・青銅万疋を進上したのであるが、それに対して幕府側よりは為景・晴景父子それぞれに九月二十八日付の御内書(9)と太刀一腰とが下され（傍線部分(ニ)）、それと共に佐子上臈局等に依る同日付「御返事」(10)（傍線部分(ホ)）も下されて、それらの文書は神余氏に依る詳しい事情を記した注進状と共に分国へ送達された（傍線部分(ヘ)）。

第三条目は、「京都之時宜」に関する条文である。ここでは大永七年（一五二七）二月の山城国桂川に於ける合戦で、細川高国方が三好方に敗退して足利義晴と共に近江国坂本に逃れて以来、京都では幕府政治が空白期に入っていたのであるが、それが近いうちに「一途」に至るかもしれない状況にあるということを述べた上で、とにかく、それに加えて何かあれば再度注進を行うとしている（傍線部分(ト)）。ここでも当該期に於ける、京洛を巡る情勢の「一途」（二重傍線部分）という点に、神余（上杉）氏の関心が注がれていた。これは所謂「錯乱」に対応する概念であり、両者を合わせた情勢が地方政権が必要としていた情報なのである。

第四条目は「当国不慮之儀」（傍線部分(チ)）、つまり、越後国を巡る思いも掛け無いという出来事に関しての記述である。これは当該書状の発給されたのと同じ月、享禄三年（一五三〇）十一月の六日に守護代長尾為景が、守護上杉定実の一族である上条《じょうじょう》定憲を討伐するために、同国上条（現在の新潟県柏崎市内）へ出陣したということを指しているのである。同日付の会津黒川城主蘆名盛氏の家臣山内三郎（舜通）宛長尾為景書状写[11]では「召仕候大熊備前守（政秀）・上条張（ママ）摩守（定憲）、為景間種々申妨候間、終令鉾楯、向上条出馬、具柏崎地令張陣候」として、守護上杉氏の料所年貢の収納に当たる守護所公銭方で、且つ守護段銭所を管掌していた大熊備前守政秀が上条定憲と為景との間を申し妨げようとしたために、遂に両者が戦闘状態に入ったとしている。しかし、一旦は解決したという噂が京都へも伝わっていたらしく、そのことを以て神余氏は「満足此事候」とし、更に適当な分国よりの指示を要請していた様であるが、それに加えて突然の如く神余実綱が下向するとしている（傍線部分(リ)）。

越後国が風雪に閉ざされる時期でもあるので、昌綱は子息実綱に対する諸辺の指導を吉田氏に依頼していた。ここで実綱が下向したのは、定期的に行っていた事務連絡・打合せもあったろうか[12]、俄かに下向したということからも、その分国に於ける緊急協議の内容が、①上条定憲の蜂起に見られる様な越後国内に於ける名目上の守護上杉定実の実質的守護権回復への動き、及び反長尾氏への動き、②京畿に於いて守護代長尾為景が後見として頼りにしていた細川高国と高国が奉ずる足利義晴、そして「堺幕府」とも称される義晴の弟義維やそれを奉ずる三好元長・細川晴元との対立抗争の行方、に対応したものであったことが推測される。神余氏は京畿に於いて収集した②に関する情報を分国にもたらし、長尾為景等と今後の対応について急いで協議をしたのであり、これらのことからもこの段階では神余氏は名目上は守護上杉氏の被官であったけれども、実質的には最早長尾氏のそれであったということが言えよう。(13)

最後の第五条目では、大永七年二月以来、元管領の細川高国と共に近江国へ逃れていた将軍足利義晴等の入洛が確かな状況となって来たことを記している。享禄三年九月以降、高国は細川晴元方勢の攻略に取り掛かり、同十月十九日には摂津国富松城に高畠甚九郎を破り、次いで翌十一月六日には同じく摂津国大物城に於いて薬師寺国盛・山中遠江守等を連破し、当該書状の発給された当時には戦局を有利に展開していた。この様な情勢を念頭に置いた上で、神余氏は急いで先程の唐織物下賜に対する答礼（つまり義晴等に忠誠を誓うということ）を行う様分国に要請し（傍線部分(ヌ)）、京都関係のことに関しては全て越後国へ下向する隼人佑実綱が口頭で説明するとしている（傍線部分(ル)）。恐らく当該書状は、下向する実綱が自ら吉田氏に持参し、その補足説明を行っていたのであろう。この後、実綱が上洛するのが翌享禄四年閏五月十四日頃（『実隆公記』同日条）であるから、約半年間に亘って、実綱は在国していたことになり、その間激動する分国・京洛を巡る様々な情勢の分析と検討とが長尾氏や、或は守護上杉氏をも交えて行われ、内政面で重要な岐路に立っていた大名、越後上杉氏としての対外・対内政策が決定された。

以上、各条文毎に概観して来たが、当該書状も神余氏が在京して御服下賜・唐織物下賜という極めて政治的な折衝を行っていたことを示すものであり、それに加えて「京都之時宜」、とりわけ京洛を巡る動向の「一途」、或は「錯乱」という点に報告の中心が設定されていたことは、当該期に於いて神余氏の父子が分国へ宛てて発給した他の二通の書状[14]と同様である。更にここで特徴的なことは、第四条目にもある「可然御左右日々奉待候」という件に示されている如く、在京している神余氏の行動が、分国の意志、とりわけこの場合は越後国の守護代である長尾為景の意志（名目上は守護上杉氏の意志）に依って規定されていたということである。

このことは何も目新しいことではないが、上杉氏より全権を委任され、一見自由な意志に基づいた行動であると認識できる神余氏の京都に於ける活動が、実は分国との緊密な連携に依ってのみ支えられていたということなのである。そのことは、当該期に於ける地域政権の多くが、外見上は京都、つまり、旧支配権力であった朝廷・幕府・公家・寺社等の、所謂権門勢家に依る実質的な支配からは最早全く独立した独自の存在であったにも拘らず、「京都之時宜」の把握へ向けての地方政権の努力に見られた様に、情報の支配という点では依然として彼らが、それより上位の権威であった権門勢家に隷属していたということである。この様な状態は、引き続いて近世へも継承されていくことになる。

註

（1）神余氏に関しては、拙稿「戦国大名上杉氏の外交について―対朝幕交渉を中心として―」（『柏崎　刈羽』一五、一九八八年。本書第二章）を参照されたい。

（2）同様に、神余氏に依る「京都之時宜」の分国への注進を取り扱った、拙稿「越後上杉氏在京雑掌神余氏にみる「京都之時宜」注進―二通の書状を中心にして―」（佐脇栄智先生還暦記念論文集『戦国期東国社会論』、吉川弘文館、一九九〇年。本書第五章）参照。

(3)『新潟県史』資料編3中世一、五七八号神余昌綱書状。
(4)『新潟県史』資料編3中世一、五三三号少林斎顕厳・吉田景親連署段銭預り状、五三四号吉田景重書状に依る。
(5)拙稿　前掲註(1)六二～六九頁(本書一四七～一五四頁)参照。
(6)拙稿　前掲註(2)参照。
(7)『新潟県史』資料編3中世一、二九五号室町将軍家足利義晴御内書。
(8)『新潟県史』資料編3中世一、五九号大館常興尚氏書状。
(9)『新潟県史』資料編3中世一、二四号室町将軍家足利義晴御内書(長尾信濃守宛)、一一三号室町将軍家足利義晴御内書(長尾弥六郎宛)。
(10)『新潟県史』資料編3中世一、六七号大館常興尚氏御内書副状、七〇号富森信春副状、七二号大館晴光書状、九八号佐子上臈局消息(以上長尾信濃守宛)、一〇八号大館常興尚氏御内書副状、一一五号佐子上臈局消息(以上長尾弥六郎宛)。長尾氏よりは先程の足利義晴への献上物を始めとして、大館常興・富森信春・佐子上臈局等の幕府側関係者にも太刀・馬・鳥目等が贈呈されているが、それらの品物は無論、実際には京都雑掌である神余氏に依って手渡されたものであり、六七・七〇・一〇八号にはその文末に「委曲神余方可被申候」「猶神余殿可有御申候」等の文言が付されており、神余氏の存在が幕府側からも上杉氏の代弁者としての京都雑掌として認証を受けていたということが言えよう。又、(享禄三年)十月八日付の神余隼人佑(実綱)宛大館常興尚氏書状(同四四五号)に於いて、将軍足利義晴がこの年の正月二十日に従三位権大納言に補任されたことに伴い、その花押が以前の武家様のものから公家様に改められる旨実綱にも通達があったが、このこと等は正に神余氏が幕府より上杉に対して発給される文書の伝達者として、幕府側から把握されていた事実を示すものと言える。

（11）『新潟県史』資料編5中世三、三七五六号。
（12）神余氏は、屢越後国へ下向しているが、その際にも「京都之時宜」が上杉氏に報告されていたことは疑うべくもない。拙稿 前掲註（1）五五頁所収「神余氏の越後・京都往来関係年表」（本書一三六頁）参照。
（13）神余昌綱は、享禄二年四月十一日に細川高国の元部将であった柳本賢治の許を訪れて会見をしている（『実隆公記』同日条）。
（14）拙稿 前掲註（2）参照。

付論二　越後上杉氏在京雑掌神余氏と「京都之時宜」

中世後期に出現した、所謂戦国大名と称される地方公儀型政権は、常時在国を旨としていたために、自国以外、とりわけ京洛（朝廷・幕府等）を中心とした畿内近国を巡る情勢には特に注意を払い、それに関する情報の収集に努力をしていた。当時、「時宜」と呼ばれたそれらの情勢に関する情報は、様々なルートに依って各分国にもたらされたものと考えられるが、特に越後国の大名上杉（長尾）氏の場合、京都に常駐の雑掌を設置して京都を中心とした地域、更には遠く西国に迄至る、かなり広範囲に亘った情報の収集と、その分国への伝達に当たらせていた。本稿では、越後上杉氏の在京雑掌神余氏に依る、京都に於ける情報収集と、逆に分国関係時宜の京都側旧体制権力に対する注進について検証し、当該期地方政権にとっての「時宜」の意義を考察する上での一助としたい。

越後上杉氏に依る対京都—朝廷・幕府交渉を考察する場合、その在京雑掌である神余氏の存在を抜きにしては考えることができない。神余氏は文明～永禄年間にかけての在京が確認され、数代に亘って越後上杉氏の代弁者としての京都雑掌に任じられていた。その職掌としては、①三条西家がその座の本所であった青苧に関して、越後国青苧座よりの青苧公事の納入、②金融業（土倉業）への関与、③政治的な折衝・工作、④使者・使節、⑤文芸の交流、そして⑥京都を中心とした諸地域の情勢に関する情報収集と、その分国への報告が主なものとして挙げられる。ここではその内、⑥の「京都之時宜」の分国への注進や、逆に分国関係「時宜」の京都側に対する報告を取り扱うのであるが、先ず、報告すべきその情報元は何処に求めていたのであろうか。

考えられることとしては、以下のポイントが指摘できる。それは神余氏自身が所有機会を捉えて積極的に収集していたということであるが、無論、居ながらにして得る噂話の類もあったであろう。内大臣三条西実隆の日記『実隆公記』に依ると、神余氏は永正年間（一五〇四〜二一）以降頻りに禁裏六丁目にあった三条西邸へ祇候しているが、多くの場合、吉田・大隅・兼清・丸七郎兵衛といった常連の人々と同席して大抵は酒宴に及んでいる。酒盛りとは言え、重要な情報交換の場であったのである。そこでは実隆を交えて朝廷・幕府関係の情報や、或は他の雑掌より畿内近国、更には遠国に迄至る広範な情勢が話し合われたものと考えられる。現在の様にマスメディアや情報伝達の未発達な当時としては、この様な場こそが神余氏らにとって情報収集の重要な舞台であった。それは逆に実隆の様な公家や、ほかの雑掌にとっても同様であった。

『実隆公記』享禄四年（一五三一）四月十三日条には「神余越前来、下向摂州、昨日上洛、常桓対面云々、陣替被向中嶋云々、堺之儀定而近日可有一途哉云々」とあるが、これは室町幕府管領の細川政元亡き後、その家督相続を巡って展開された争いに端を発した一連の紛争に関して、政元の養子であり、越後国の守護代長尾為景が後見として頼りにもしていた高国（常桓）が、足利義晴を将軍に据えた後に香西元盛を京都に於いて自害に追い込んだため、元盛の兄弟とされる柳本賢治・波多野稙通らが挙兵し、やがて阿波国より三好元長が和泉国の堺に上陸して細川晴元を支援するといった事態に至ったため、高国政権は崩壊するに及んでいた。この様な状況の中、上杉氏の在京雑掌である神余越前守昌綱は、高国の在陣していた摂津国迄下向して彼と会見し、その模様について三条西実隆にも報じている。

このことは当時、畿内近国を巡る政治情勢に大きな影響を与えるものとして注目されていた細川管領家、更には足利将軍家を巻き込んでいた対立に、地方からも大きな関心が寄せられていたことを示すものであり、特に上杉氏の場合、その雑掌である神余氏が実際に紛争の当事者と接触を図って情報収集に当たり、その情報が越後上杉氏と経済的なつながりの深い三条西家へも通報され、当然のことながら分国越後へも注進されていた。神余氏は京畿を巡る情勢には特に配慮をしていたが、それは又、分国よりの要請でもあったのであり、越後国を含む東国地域に於いても近畿を巡る情勢が、分国経営に当たり微妙な影響を与えずにはいなかったことを示している。

換言すれば、当該期の群雄割拠の模様を領邦君主国(principality)の分立状態と評価する向きもあるが、その国々が有する自己完結性は飽く迄も分国の「支配」に限定されていたものであって、その私的実力より発生して来た「権力」は、依然として京都に存在していた中央の「公儀」固有の権威の下に隷属していたということになるのである。それは正に分国内支配に於ける超越的権力の出現、中央の「公儀」に対する急速な遠心力の作用とは裏腹に、政治的上位構造に於いては急速に求心力を増大させつつあった分国主の姿そのものであったのである。又、領域権力に依る情報の一元的な掌握という点では、ここで取り上げた様な所謂「京都之時宜」の上杉氏に依る独占が、有力な分国内諸氏と上杉氏との峻別に加速度を付加したことも否めない。

さて、ここでは分国等の「時宜」の、京都側旧体制権力に対する注進について見てみる。神余氏は『蔭凉軒日録』(1)の文明十八年(一四八六)正月二十二日条(同氏初見)に於いて神余越前守・同小次郎の在京が確認されて以降(2)、永禄九年(一五六六)十月四日の在京最終所見に至る迄(3)、現存する史料上では約八十年余に亘って在京し続け、上杉氏の京都雑掌として、職務の遂行に当たっていた。その活動は「上杉家文書」『上杉家御年譜』(4)といった上杉氏側に依って保持、作成されたものの他、京都側で作成された諸記録類、例えば『蔭凉軒日録』や『実隆公記』、『晴富宿禰記』(5)(治部卿壬生晴富)、『後法成寺関白記』(6)(関白太政大臣近衛尚通)、『後法興院記』(7)(准三后近衛政家)、『言継卿記』(8)(権大納言山科言継）、『親俊日記』[9]（室町幕府政所代蜷川親俊）等に依って知ることができる。しかし、京都に於ける神余氏の活動に関する記事や内容の豊富さに於いては、以上の中でも『実隆公記』が断然抽んでている。次に掲げた表は、主として『実隆公記』等に見える、神余氏に依って伝達された分国等の「時宜」の京都側（主に三条西実隆）に対する注進を示したものである。

神余氏に依る分国関係等「時宜」注進一覧表

No.	年月日	内容	出典
1	明応5（一四九六）・8・11	官務壬生晴富が、神余隼人よりの越後・関東の情勢を報じたと思われる書状を一見した後に、室町幕府奉行人の松田頼亮へ送る。分国を巡る情勢にはさしたる変化が無く、牢人出来という情報は雑説であった。	晴富
2	永正7（一五一〇）・4・12	神余氏が来談する。越後の事に関し、上杉顕定〔可淳（諄）〕がとにもかくにも在国しているが、牢人は未だに入国してはいない。	実隆
3	永正7（一五一〇）・7・10	神余氏が来談する。越後の事は既に解決し、上杉顕定〔可淳（諄）〕は切腹したということである。生年五十七歳。十四（十三）歳で関東管領上杉家を継いでいた。不憫ではあるが、分国静謐の基礎であり、めでたいことである。一盞を傾け雑談をする。	実隆
4	永正7（一五一〇）・12・27	神余氏が来談する。越後の儀等について語る。	実隆
5	永正8（一五一一）・10・1	神余氏が来賀する。越後の事に関しては何の変化も無く、無事に経過している。多くの苧荷が若狭に到着した。	実隆
6	永正8（一五一一）・11・11	神余氏より言伝あり。越後より使者が上洛し、梅津屋香取は一昨日坂本に到着した。	実隆
7	永正9（一五一二）・3・7	神余氏が来談する。近いうちに越後からの便風があることを申す。	実隆
8	永正17（一五二〇）・3・19	神余氏が来談する。天王寺又四郎（四郎右衛門）が上洛することを語る。	実隆

9	大永3（一五二三）・10・7	神余・吉田氏が来談する。若州荷物の事を申す。	実隆
10	大永4（一五二四）・6・13	神余氏が来談する。苧公事の事に関して、詳しい事情の説明があった。	実隆
11	大永6（一五二六）・9・12	神余隼人が来談する。苧荷が若狭に到着し、船の一、二艘が損傷したという旨、注進があったということである。	実隆
12	大永7（一五二七）・10・4	神余隼人が来談する。越後国へ下向している越前守昌綱よりの去月（九月）七日の書状に依れば、苧本役の事に関して、分国に於いては用意ができていないということである。	実隆
13	大永7（一五二七）・10・13	道永入道（細川高国）が入洛し、神護寺（元応寺内）に到着したことを神余隼人が告げに来る。	実隆
14	大永7（一五二七）・11・9	早朝、神余越前が来談する。白鳥徳利を一つ献じ、長尾信濃守為景よりの太刀を贈る。越後のことに関して雑談をする。苧公事の事はとんでもない次第である。	実隆
15	大永8（一五二八）・7・18	神余越後（越前か）が来談する。大覚寺が壊されたということである。	実隆
16	享禄元（一五二八）・9・18	神余氏が来談する。苧公事は去る五日に加判した。きっと船は近いうちに着岸する予定であることを語る。	実隆
17	享禄2（一五二九）・2・17	神余越前が来談する。越後の船が能登国に於いて抑留され、能登の船が越後国に於いて抑留されており、今年は未だに商人が下向していないということである。このことは、京都の商人の中より愁訴があったということである。	実隆
18	享禄2（一五二九）・4・11	神余越後（越前か）が来談する。ほんの少し前に柳本賢治の許を訪れ、一盞を傾けたということである。門前市を成し、言語道断であることを語る。	実隆
19	享禄2（一五二九）・12・7	神余氏が来談する。青苧の事を申す。既に事が行われたということを報じた。	実隆
20	享禄4（一五三一）・4・13	神余越前が来談する。摂津へ下向し、昨日上洛してその間、常桓（細川高国）と対面したということである。陣替えし、中嶋に向かわれたということである。堺の儀は、きっと近いうちに一途に至るかもしれないということである。	実隆

21	享禄5(一五三二)・1・24	神余氏が来談する。三好(元長)衆は皆、退散したということである。	実隆
22	享禄5(一五三二)・2・20	神余越前が来談する。一盞を傾け談話する。越後に於ける乱逆の事について語る。	実隆

出典欄の「晴富」は『晴富宿禰記』を、「実隆」は『実隆公記』を示す。

これを見ると、『実隆公記』所出の神余氏に依る三条西家への注進の中心に据えられていたのが、在京している神余氏が行っていた同家に対する越後国よりの青苧公事納入と、それに付随した形での分国の「時宜」注進であったことが分かる。それは被報告者である三条西実隆よりの要請でもあり、永正七年(一五一〇)以降、越後国から納入されるべき青苧公事の未進が多くなり、No.3に見られる様に、実隆側からすれば分国の安定＝青苧公事の完納という意識が存在していたとすれば、寧ろそれは当然なことであろう。又、越後国より海路遥々輸送されて来る苧荷は、一旦若狭国の小浜で陸揚げされ、陸路を今津九里半街道(若狭街道)を通って琵琶湖北岸の高島郡今津へ至り、そこから再び南岸の坂本迄船便で運ばれ、坂本から最終的には消費地である京都や天王寺へ運送されたものと考えられるが、そうした苧荷の輸送状態についても神余氏は報告を行い、特に若狭国の小浜を支配していた若狭武田氏の雑掌であった吉田氏とはかなり密接な関係を維持している。

表中でもNo.5・9・11・16等は青苧船の若狭着岸についての記載であるが、当該情報は吉田氏を通じて神余氏にもたらされたものと考えられ、特にNo.9等に至っては神余・吉田氏が共に実隆邸へ出向いて着岸の荷物についての報告を行っている。そして、この表では挙げていないが、『実隆公記』永正八年五月二十七日条では「吉田有使者、越後国去十九日堀内図書等生害、一国平均太平云々」として、越後国の最後の守護となった上杉定実が堀内図書を攻めて、同十九日に彼が自害し、分国に於いて永正六年以来続いていた争乱が一応終結したことを、若狭武田氏の雑掌吉田氏が使者を実隆の許に派遣して報告をしているが、これ等も神余氏が吉田氏に依頼したものか、或は小浜に到着した船に依ってもたらされたものかであろう。更に№13・15・18・20・21等に見られる様に、神余氏が分国へ注進する目的で収集したと思われる京洛周辺情報が、実隆へ報じられているのが特徴的である。

これらのことは神余氏より三条西家に対する、越後上杉氏に依る政策的な青苧公事未進と引き換えとしての便宜供与の一環を成すものであった。この他にも、日記の記事として具体的には記されてはいないものの、雑談等の場に於いて分国等の「時宜」が話し合われた可能性も十分ある。『実隆公記』以外の日記に於いても、神余氏が屢諸家を訪問している記事が見受けられるが、そうした「雑談」「談話」「閑談」等の場に於いても、分国関係の「時宜」が報じられていたことは考え得る。三条西家に対するもの以外では唯一の№1は、神余隼人が事実上朝廷の弁官局の事務を掌握していた官務壬生氏(晴富)や、それを通じて室町幕府奉行人である松田頼亮へも分国関係の情勢を報じていたものであり、神余氏が握っていた分国関係の「時宜」が、正に朝幕関係者へ伝達されていたことを物語るものであった。又、そうした分国関係の情報を中央政界に意図的に流すことに依って分国への注意を引き、近隣諸大名の動きを牽制してその調略を有利に進めようという考えも存在していたものと考えられる。

以上の様に、神余氏在京所見の多くを占める『実隆公記』に見る限り、同氏より三条西家に対する分国関係等「時宜」注進の主眼が青苧公事納入に置かれており、その他同氏が京洛周辺に於いて収集した情報が同家に対して供与されていたことも、三条西家が上杉氏対京都政策の重要拠点として設定されていたことの現れであったと言うことができる。逆に上杉氏側からすれば、青苧公事納入や情報提供等の手段を利用して三条西家と接近を図り、それらを通して朝廷工作を進めたということも推測できよう。

以上、越後上杉氏京都雑掌神余氏に依る、京都に於ける情報収集、及び分国関係等「時宜」の京都側旧体制権力に対する注進について概観した。この中で忘れてはならないのが、それら情報収集と対京都注進とが神余氏単独の判断ではなく、分国、つまり、守護上杉氏の意志（実際には事実上の「越後国主」である長尾氏の意志）に基づいたものであったということである。神余氏の在京初見は文明年間であったが、その上杉氏在京雑掌としての具体的な活動が見受けられる様になるのは、大凡永正年間以降に於いてである。当該時期は又、越後国より京都三条西家に納入されるべき青苧公事の未進が多くなる時期と同一であったと共に、更に『実隆公記』に神余氏の存在が初めて登場するという時期にも当たっていた。

これらのことから推測されることは、神余氏が有していたその職掌の一つである越後国青苧座よりの青苧公事納入に関して、神余氏がそれに関与する様になったのが当該永正年間頃であって、越後上杉氏が同国青苧座を三条西家の支配より切り離して自らの統制下に置こうとしたのも当該時期であり、そのために座の本所であった三条西家の調略が必要となり、神余氏にそれが任せられていたことが指摘される。つまり、同家に対する分国関係「時宜」や青苧公事納入に関する情報提供は、調略の一環であったとすることも可能なのではないか、ということである。

そして、神余氏に依る「京都之時宜」収集で特徴的なのが、同氏が積極的に機会を捉えて情報収集に当たっていたということである。特に神余昌綱は、当時、京畿を巡る紛争の当事者でもあった細川高国と会見をし、その結果を三条西実隆に報じていた。当然のことながら、三条西家に対する注進は序でであって、本来は分国へ注進することが主目的であった。昌綱の高国との面会も、或は分国主である上杉氏よりの指示であった可能性が高く、上杉氏・神余氏とは常時密接に連絡をとりあっていたことが推察される。以上の様な神余氏の京都に於ける活動に依って、当時上杉氏はかなり詳細な「京都之時宜」を把握していたものと考えられる。当該期地方公儀指向型政権にとっては、所有

「時宜」を逸速く、正確に、大量に、独占的に掌握していることこそが、分国内に於ける優勢な諸氏（国人）や近隣諸大名と自らとを峻別する指標として重要な役割を果たしていたのである。それは、当該期領域権力が地方的「小公儀」政権に転化・成長するためには、必須の条件として規定できるであろう。

註

（1）『蔭凉軒日録』（『増補　続史料大成』第二十一〜二十五巻）。
（2）拙稿「上杉氏在京雑掌神余氏を巡る問題」（『戦国史研究』一七、一九八九年。本書第二章付論二）参照。
（3）永禄九年十月四日付水原祐阿書状（『新潟県史』資料編3　中世一、四四八号）に依る。
（4）『上杉家御年譜』一　謙信公（米沢温故会、原書房、一九八八年）。
（5）『晴富宿禰記』（『図書寮叢刊』宮内庁書陵部）。
（6）『後法成寺関白記』（『陽明叢書』記録文書篇第三輯一〜三）。
（7）『後法興院記』（『増補　続史料大成』第五〜八巻）。
（8）『言継卿記』第一〜四（国書刊行会）。
（9）『親俊日記』（『増補　続史料大成』第十三〜十四巻）。

終章

以上、室町期～織豊期にかけての大名と、室町幕府・朝廷・宗教勢力、そして織豊政権等との関わり合いに関して、越後国の上杉氏・長尾氏の事例を基にしながら、検証を試みてきた。

本書の「序章」でも指摘した様に、当該期に於いて各地で成長した地域の権力としての大名は、自らの存在に対する共通した漠然とした不安を持っていたと見られるとした。それは、大名が保有していた私的実力に包括された諸要件とは関わりなく、政治的・軍事的要因や、更にはその他の要因に依って、外部より、又は内部より、いつ崩壊させられるか分からないという不安感でもあったのである。

一方、この時期の大名権力は自己完結的であったという評価がなされることもあるが、それは一面では正しく、又、異なった視角に於いては間違った見方でもある。自己完結的であるという以上、その権力は外部との連絡・交渉・指示、更に物的・人的補給が無くても自立可能な状態が長期間維持できることを意味するが、少なくとも、日本の大名の事例にあっては、それは達成することが非常に困難な課題でもあった。

そうであるからこそ、大名に依る一定の広がりを持った地域の支配が如何なる根拠に依ってなされていたのか、という大きな課題に対して、当時の人々を納得させ得るだけの内容を持った一定の回答を、常に用意しておく必要性に迫られていたのであった。完全な形での自己完結的な性格を保持することが不可能である以上、大名権力もどこかで他者との折り合いをつけながら、力に依る均衡状態を作り出さざるを得なかった。そうであったからこそ、上記の如き不安は常に大名に付きまとっていたのである。

大名がその存立基盤の多くの部分を、軍事力に依存していたことは事実であろう。本書で検証を試みた越後国の上杉氏や長尾氏の事例に於いても、彼らがその管轄域内であると見ていた地域に存在していた揚北衆等の反抗的な勢力、又、領域に近接する諸勢力に対して、軍事的手法を用いながら圧力をかけたことは、多くの場合、天皇(朝廷)や将軍(幕府)よりの直接の指示に基づいたものではなく、上杉氏や長尾氏が独自の判断に立脚して、その存立を保とうとしてそうしたものである。ただ、上記で指摘した一定の回答の考案も含めて、際限の無い軍事力の行使には限界があることを大名は知っていたと考える。

大名が自身の支配を安定、維持させるためには、軍事力以外の方法も採用せざるを得なかったのであり、その目標を達成させる一つの手段が京都にあった幕府・朝廷・宗教勢力等との恒常的な回線の維持と、その利用であった。大名にとっての最善の状態とは、どの勢力に傾倒するということでもなく、それらとの均衡状態を保持することであったものと見られる。そうした、京都を中心として残存していた伝統的な権威や機構との関係を維持することも、自らの政権の「公儀」化を達成するための一つの指標ではあった。

そして、特に上杉氏や長尾氏が活動していた室町~戦国~織豊期の越後国に於ける地上の物理的な状態を考えてみた場合、決してそこは豊かな場所などではなく、又、現在の状況よりイメージされる穀倉地帯ですらなかったのである。それ故、例えば当地に於ける米以外の主要な産品であった青苧に対しても、彼らは課役せざるを得なかったし、それを新たな収入源としたこと等を巡り、本書でも言及した様に青苧座本所の三条西家との間で軋轢を生んだ。その収拾に奔走させられたのが、越後国の京都雑掌に委嘱されていた神余氏であった。

現在、新潟県の平野部に展開している田畑の景観は、非常に新しいもの、場所に依っては第二次世界大戦後に湿田から乾田への大規模な転換が図られて出来上がったものであることを、認識する必要がある。それは農業技術の未発達という問題もあるが、それよりも、この地の自然環境によるところが大きい。すなわち越後国の沿岸部は、現在とは違い、大きく内陸部に入り込んでおり、潟湖なども広範に存在するなど、農耕地として適する地が少ない。また厳冬期には、風雪により人や物資の移動が困難となる。さらに地震・津波・水害・火山噴火などの災害も多かった。そのため、越後国の政治的・経済的・文化的中心地がはっきりしていなかったと思われ、その所在地について今なお論争が続いている(1)。

以上の様な支配上の諸条件の悪さは、上杉氏・長尾氏等に、軍事力行使の動機付けや意欲を失わせる要因となっていたことを、容易に推察することができる。災害発生や地形上・地理上の諸条件による支配の困難さは、当該期、越後国に限った話ではないが、とりわけ上杉氏・長尾氏にあっては、地震を始め、大雪の害、強力な季節風、時化等、気象条件より齎らされる困難もあって、他の諸大名との比較に於いても、軍事力の占める割合を低下させ、その分を外交・渉外の手法より得られる成果に依って補塡しようと考えたであろうことは、必然な流れと言うことが出来るであろう。

神余氏と並び、謙信期に於いて上杉氏の外交にも関わったのが、本書でも言及した直江氏である(2)。同氏は『姓氏家系大辞典』の記述に従えば、元々新潟県上越市直江津付近を根拠地としていたとされる氏族であり、かつて木曾義仲と共に各地を転戦して遂には源義経に捕らえられた樋口兼光の末裔でもあるという。その後の詳しい事績は不明ではあるが、後には越後国三島郡与板（新潟県長岡市）城主となり、直江兼続の義父、つまり景綱（初め実綱）の代に至ると、景綱は上杉謙信の奉行人として対外交渉に当たることとなり、その政権を支える大黒柱となっていた。

直江氏は、河田長親や吉江資堅といった謙信の重臣たちの様に、謙信の上洛時に近江国より召し出されて新たにその側近となった新参者とは違い、元々この地を活動の拠点としていた在地の武家なのである。上杉氏による対京都交渉に参与した神余・河田・吉江氏等が何れも上方出身者であって、その地域の情勢にも明るかったと考えられるのとは対照的に、直江氏は唯一、上杉氏の立場、越後国の事情を全面に押し出しながら当該外交の主導権を握ることが出来たものと推測される。

都である京都に並々ならぬ関心を示していた謙信は、自分自身の危険をも顧みずに二回もの上洛を果たし、また、父親である長尾為景の時代もそうであったように、京都に恒常的な代官を駐在させて対京都外交を展開させていた。元々室町時代の守護には常時在京する義務があり、その兵力が将軍家の親衛隊を形成するという性格上、守護が任国に下向するのは特殊な場合に限定されていた。それ故、特に都へ代官を置く必要もなかったが、応仁・文明の乱以降、状況は一変し、守護も国許へ下向し守護代と共に任国の経営に直接乗り出すこととなって、それまでの実質的な国主であった守護代との軋轢を生じさせた。

越後国に於ける守護上杉氏、守護代長尾氏の対立は、その典型的な事例と言えよう。そこで都を留守がちにする様になった守護上杉氏は、述べて来たように、京都禅院と関わりのあった武士である神余氏と契約を交わして、その京都代官を委任したのであった。もしかしたら、神余氏と守護家の上杉氏とは、都に於いて旧来よりの知己であった可能性すらある。それ以降同氏が上杉氏の代弁者として、朝廷・幕府・寺社等との交渉を一手に引き受けて行く様になったのであった。そうした神余氏も、足利義昭を奉じた織田信長の入京前後には越後国に召し出されて三条城(新潟県三条市)の城将となり、京都代官としての職は契約解除となった訳であるが、御館の乱の折には越後中央部に於ける景虎方の武将として、最後まで景勝・兼続を手こずらせた。その動機に就いては、尚判然とはしない。

何れにしても京都代官を廃止した以上、都を対象とした対外交渉も国許で一元的に行なわざるを得なくなり、そこで景綱は、河田長親、また当初は越後へ下向させた神余親綱と共にその任にあてられたのであろう。長親は元々近江国の出身であるから、京都周辺の状況には詳しかったと考えられるので対京都外交を任せられたのであろうが、景綱の場合はどうであろうか。実は景綱も永禄二年(一五五九)、謙信の二回目になる上洛の際にはこれに供奉の元老として付き従い、更に翌年の関白近衛前嗣による越後下向に対しては、謙信と前嗣とが「互いに誓紙身血をもって申し合わす」ことを調整したりしていた。実際に前嗣が直江津を来訪した際には、至徳寺を宿舎とすることの手配等、一切合財を彼が取り仕切っていたのである。こうして見てくると、景綱は決して外交に暗かった訳ではなく、政策調整や交渉事には一定の能力があったものと考えられる。彼が外交に携わった期間としては、天文末年頃より天正初年に至る二十年間余が確認されるが、その後、能登国の石動山城(石川県中能登町)の城主となり、天正五年(一五七七)四月に死去している。

又、室町将軍足利義昭(義秋)期に於ける上杉氏の対外交渉の場面に於いては、智光院頼慶の行動が特筆される。彼の出自は越後国直江津にある居多神社神職の花前家盛であるが、神余氏の越後国移転後に於いて、智光院頼慶が義昭と接触する記事が現れ始めることより、それでも尚、京都とのつながりを維持したいとする上杉謙信の意向が、そこには強く働いた結果であるかもしれない。智光院頼慶は、永禄十一年九月の織田信長・足利義昭上洛に付き従ったらしいが、その翌年二月には既に越後に戻っているので、京都(義昭)との外交交渉担当期間は極短期間であったことになる。

これ以降、謙信の死去(天正六年三月)に至るまで、特定の人物が上杉氏の対京都外交に携わる機会は減少する。それは、天正元年七月に義昭が槇島城で信長に降伏し、室町幕府が途絶えたことが大きかったのであろう。抑々、謙信による対京都交渉の眼目が室町幕府、守護体制の再構築にあった以上、その前提となる幕府、将軍の存在が消滅している状況では、都に対する彼の関心も価値も、それらと共に消え失せたということであったのであろう。

以上、本書では越後上杉氏に於ける対京都交渉を考えてみる上での一つの素材として、京都雑掌による活動を中心として提示しながら考察を行なって来た。京都雑掌自体は上杉氏に限らず、この時期には多くの有力武家に於いて設置され運用されていた交渉のための手法でもあった。その設置目的には、室町幕府・朝廷・寺社勢力等との交渉のための使者であり、情報収集、分析、注進を行なうといった共通項もあるが、大名の家独自の設置理由も存在した。それが上杉氏・長尾氏の場合にあっては、三条西家との関係、つまり、青苧支配という経済的な理由であり、謙信をめぐる将軍―守護体制再構築へのこだわりでもあった。それは、一面では単に事務処理、渉外のための機関を京都に設けていたということでもあろうが、それが大名規模の有力武家にしか事例として見出せない。そのことは、その地域・領域・(分)国を代表して対外交渉、対京都交渉を行なうのがその地域を統治していた大名の家のみに限定されていたことを意味すると指摘することができよう。それは正に、対外交渉を一元的に行なうこと自体が、「公儀」化を達成するための指標として位置付けられていたことに他ならないのである。

註

（1） 古代に於ける、新潟県域の中心地が何処にあったのかについては、諸説があり、不明な点も多い。そもそも、越後国の国司として類推できる最初の人物は、八世紀初頭の威奈真人大村であるが、その本拠としていた「越後城」が初期段階に於ける当国の国衙的性格を持ったものであるとされている。その所在地については、磐舟柵か渟足柵が候補として挙げられているが、つまり、現在の新潟県下越地方である。その後、国衙や国府は南下し十世紀段階では既に頸城郡内にあったとされる。越後城より頸城郡内への国衙、国府移動の時期であるが、越後国から出羽国が分離された和銅五年(五一二)が契機ではないかとされてはいるものの、これについては異論もある。つまり、旧三島郡寺泊町の横滝山付近に、八～十世紀初頭にかけて国府が置かれていたとするものである。

又、頸城郡内に移動してからも、その正確な所在地は明らかになっていない。当初は、頸城平野の北端に当たる直江津付近に比定する考え方もあったが、その後、より内陸に入った頸城平野南部(旧新井市国賀付近や旧妙高村今府付近等)であるとする見解も示され、現在に至る迄、結論を得るには至っていない(『新潟県史』通史編1原始・古代四三二～四四二頁参照)。又、『延喜式』に依る善光寺街道の駅名から類推し、信濃国の国府より北上して越後国へと至る経路から、沼辺(ぬまべ。現在の野尻湖付近)の次が越後国府となっていることより推定し、沼辺から四～五里(北方)の場所に越後国府を求める考え方もある(井上鋭夫『新潟県の歴史』県史シリーズ15、山川出版社、一九八九年、三六～四〇頁参照)。

しかし、『三代実録巻七清和天皇』(国史大系本『日本三代実録』に依る)貞観五年(八六三)六月十七日条に見える「戊申。越中。越後等国地大震。陵谷易処。水泉涌出。壊民廬舎。圧死者衆。自此以後。毎日常震」という記事は、新潟県の西隣の地域にあたる越中国と、当該越後国とで巨大地震が発生したとするものであり、「越中。越後」という記載は、その主たる被災地が両国の国境を挟んだ地域に想定され(つまり、現在の「下越地方は除外」され)、若しそうであるとするならば、そこでの大被害の発生が越後国の国司等に依って現認されていたからこそ被害の報告が朝廷に為されていたのである、と考える方が自然であって、その観点からもこの貞観五年段階(九世紀の中頃)では既に越後国の国衙・国府は頸城郡内に移されていたと見て差し支えないであろう。

以上、拙稿「日本古代に於ける災害対処の文化史—新潟県域に於ける事例の検出と人々の災害観を中心として—」

（『新潟産業大学人文学部紀要』新潟産業大学東アジア経済文化研究所、一九、二〇〇八年一〜四三頁）に基づく。

（2）以下、拙稿「コラム　直江家の外交」（花ヶ前盛明・横山照男監修『定本　直江兼続』、郷土出版社、二〇一〇年）に基づく。

あとがき

本書に於いては、室町期～戦国期にかけての大名の在り方を考察する一つの素材として、それらの多くが京都に設置、又は、そこに派遣していた「京都雑掌」を取り上げてみた。その中には武士身分の者もあれば、僧侶・商人・文芸者等である場合も珍しくは無かった。本書で取り上げた越後上杉氏の事例にあっても同様である。戦国大名に関して従来よりよく言われることに、彼らは自己完結的な性格を有しつつも、「天下」の中にそれは位置付けられ、「日本」の領域をはみ出すことはなく、その版図もその時点に於ける当該大名の実力を示しているということがある。とりわけ、応仁・文明の乱以降にあっては、諸大名に対して、最早、将軍と雖も威令を及ぼすことが不可能な状態となっていき、将軍自体を攻撃の対象とする勢力すら出現するのである、と…。聊か、テキスト的ないい方ではあるが、それらのことは、一面では真理ではあろう。しかし、それだけのことであろうか。そうであるとするならば、戦闘行為に依って荒廃していたであろう京都を、皆が目指す道理が解明されない。しかし実際には、この時代にあっても首都としての京都は依然として輝きを失わず、その将軍さえも「天下諸侍の主」としての求心力を保持していたとしなければ、上杉謙信・武田信玄、更には、織田信長等がそこを目指した合理的な理由も説明され得ないであろう。その意味に於いて、京都とは、誠に不思議な都市空間ではある。

昨秋、NHKの番組「BS歴史館」に協力を求められた時、製作担当者と打ち合わせをしている際に、彼らがロジスティクスを強調した番組制作を意図していることに気が付いた。こちらは、政治史的な側面、とりわけ、「政治的交渉」の面よりの話をするつもりでいたのであるが、いつの間にか、話は物流拠点を上杉氏が抑える、利益を出して軍資金にする、というあらすじに替わってしまった。そのお先棒を担いだのが上杉氏の京都雑掌であった神余氏である、と言うのである。その視点は確かに的を射たものであり、現代的な課題ではあるものの、筆者の研究課題よりすれば、それは京都雑掌の主たる業務に付随したものであった。

筆者は元々学生時代より、戦国時代研究、とりわけ越後国の大名であった長尾氏・上杉氏に於ける対京都（王権・幕府・寺社勢力等）交渉を、その在京の交渉担当者（京都雑掌）の活動を通して調べて来た。しかしながら、筆者が勤務している様な地方の大学では、近年特に地域貢献の要素が非常に強調され、本来の研究課題とは全く別に、地域や地域住民よりの要望を踏まえた研究も実施する必要性が高まりを見せている。これは、都市圏に所在する、大規模な大学には期待されない、殆んど無縁な役割ではあろう。地域貢献は推奨されるべきことでもあるが、その一方では、教員本来の研究課題の修正・変更が余儀なくされることをも意味する場合がある。筆者も、戦国期研究によって得られた研究手法、成果を元としながらも、現在は時期的・地域的、更に、課題的にもそれを拡大させつつ、その研究成果を地域に還元する方向に、進みつつある。それらは、古代史であり、過去の災害（原子力発電所の立地地域であるという事情も存在するが）のことであったりする。

そうした事情より、現在は、「日本語運用史」「災害対処の文化史」「日韓交流の古代史」の三本建てで研究を実施しており、私の中では戦国大名自体を対象とする研究は中断せざるを得ない。そのため、特に修士論文をもとにした本書第二章は、現在、読んでみると、内容的には修正の余地を多分に含んでいるが、敢えてそのまま掲載することとした。また、「京都雑掌」「在京雑掌」の用語についても、章のタイトルも含めて、原題を尊重することとして、そのままにした。「宗祇」についても、文中「飯尾宗祇」としている箇所がある。現在、「飯尾」としていいか疑義が出されているはいるが、初出のままとした。

なお「災害対処の文化史」については、ここ十年以上に渡る研究課題ではあるが、単なる災害史ではなく、発生当時の人々に依る克服活動を、文化論の中に位置付けようとした試みであり、この中には戦国期が含まれる。インターネット検索に依り、論稿本文もダウンロードすることができるので、閲覧願えれば幸甚である。

最後になるが、本書は筆者が大学院生時代に発表した論稿を中心としてまとめたものであり、決して当該分野に於ける最先端の研究成果ではないことを一言お断りをしておく。ただ、その後、現在に至る迄の間に、京都（在京）雑掌に関した研究の進化（深化）は余り見られなかった。そこで今回、「戦国史研究叢書」編集委員会のおすすめもあり、叢書の一冊として刊行させていただいた。同編集委員会並びに、岩田書院には、心より御礼を申し上げる次第であります。

平成二十六年十一月吉日

小林　健彦

初出一覧

序　章（書下し）
第一章　越後上杉氏の京都外交（『定本　上杉謙信』高志書院、二〇〇〇年五月）
　原題「謙信と朝廷・公家衆」
付論　京都泉涌寺文書と越後上杉氏（『柏崎　刈羽』一九、一九九二年三月）
第二章　戦国大名上杉氏の対朝幕交渉（『柏崎　刈羽』一五、一九八八年二月）
　原題「戦国大名上杉氏の外交について―対朝幕交渉を中心として―」
付論一　戦国大名家在京雑掌の経済的活動―上杉氏雑掌神余氏の場合―（『戦国史研究』一四、一九八七年八月）
付論二　上杉氏在京雑掌神余氏を巡る問題（『戦国史研究』一七、一九八九年二月）
付論三　上杉氏在京雑掌神余氏と京都禅林（『戦国史研究』一九、一九九〇年二月）
付論四　大内義隆の上洛志向と長尾為景（『戦国史研究』二五、一九九三年二月）
付論五　大内氏在京雑掌を巡って（『駒沢史学』三九・四〇、一九八八年九月）
　原題「戦国大名家在京雑掌を巡って―大内氏の場合―」
第三章　上杉氏京都雑掌神余氏と連歌師（『かみくひむし』九〇、一九九三年九月）
　原題「連歌師と戦国大名―越後上杉氏の京都雑掌神余氏を通して見た交渉―」

第四章　越後上杉氏京都雑掌神余氏と三条西実隆（『古文書研究』三六、一九九二年十月）

第五章　上杉氏在京雑掌神余氏に見る「京都之時宜」（『戦国期東国社会論』吉川弘文館、一九九〇年十二月）

原題「越後上杉氏在京雑掌神余氏にみる「京都之時宜」注進―二通の書状を中心にして―」

付論一　越後上杉氏在京雑掌神余氏と「時宜」注進（『かみくひむし』七七、一九九〇年五月）

原題「越後上杉氏在京雑掌神余氏と「京都之時宜」」

付論二　越後上杉氏在京雑掌神余氏と「京都之時宜」（『柏崎　刈羽』一七、一九九〇年三月）

原題「戦国大名と情報―越後上杉氏在京雑掌神余氏と「時宜」注進―」

終　章（書下し）

著者略歴

小林 健彦（こばやし たけひこ）

昭和37年（1962）生まれ　新潟県出身
学習院大学大学院人文科学研究科史学専攻博士後期課程満期退学
新潟産業大学経済学部准教授　拓殖大学大学院言語教育研究科客員教授
専攻　日本語運用史、災害対処文化論、対外交渉史
主要論文
「韓半島と越国との文化、政治的交渉～日本語で記録された両者の交流を中心として～」
　（『日韓比較言語文化研究』3、国際日韓比較言語学会、2012年）等

越後上杉氏と京都雑掌《ざっしょう》　　戦国史研究叢書 13

2015 年（平成 27 年）5 月　第 1 刷　350 部発行　　**定価［本体 8800 円＋税］**
著　者　小林 健彦

発行所　有限会社岩田書院　代表：岩田　博　　http://www.iwata-shoin.co.jp
〒157-0062 東京都世田谷区南烏山 4-25-6-103　　電話03-3326-3757 FAX3326-6788
組版・印刷・製本：シナノパブリッシングプレス

ISBN978-4-87294-898-1　C3321 ¥8800E